Joachim Ringelnatz

Nervosipopel

Joachim Ringelnatz

Nervosipopel

Elf Angelegenheiten und weitere Prosa

marixverlag

Inhalt

EIN JEDER LEBT'S

NERVOSIPOPEL

Elf Angelegenheiten

NERVOSIPOPEL

Mitschüler erzählten als Witz, seine Mutter sei Leichenbändigerin und seine Großmutter Löwenfrau gewesen. Es war etwas daran, aber der Fall lag doch anders. Indessen nahm Feix Daddeldu dergleichen Nachreden nicht übel. Er lachte dazu. Seine Gutmütigkeit lag nicht immer so offen, ward daher auch von vielen Leuten angestritten. Von dem Lehrer, dem Feix eine Stunde lang auf alle Fragen mit »Wie?« antwortete. Vom eigenen Vater, wenn dieser sein Pfeifenrohr mit Wachs verstopft fand, und sogar von der Mutter, wenn Feix durchaus nicht zu bewegen war, das Kippen mit dem Stuhl einzustellen. Diese eigensinnige Beharrlichkeit war das Häßlichste daran. Machte Feix seinen Bruder, dem das Rechnen sowieso von Natur aus schwer fiel, beim Addieren durch lautes, unrichtiges Mitzählen konfus, dann verdrosch Kuttel schließlich den Feix. Aber nachher fuhr dieser fort, laut, unrichtig mitzuzählen: »14, – 15, – 16, – 18, – 20«. Und ließ sich widerstandslos abermals verdreschen und zählte weiter, und das hätte sich – was an ihm lag – lebenslang so fortsetzen können. Lag aber nicht, setzte aber nicht.

Jedoch das Allerärgerlichste war das Lachen. Wie Feix zu dem, was er im Grunde genommen gar nicht tat, lachte. So gemein! Gemein konnte man eigentlich nicht sagen, Feix lachte ja die anderen nicht aus, nicht einmal an. Sondern er lachte einfach gleichmäßig heraus oder vielmehr in sich hinein, nicht boshaft, nicht schadenfroh, nicht höhnisch, aber so – so – so dumm! Obwohl er vermutlich gar nicht dumm war. Man wußte das zwar nicht. Er hielt in der Schule Schritt, drängte sich nicht vor, sondern war schweigsam, widersprach nie, fand sich in alles. Es war ihm überhaupt nichts Bedeutsames vorzuwerfen. Weil seine liebevollen Eltern keinen

Haken entdeckten, um ihn zu bestrafen, er aber doch nach ihrer Meinung irgendwie was Queres hatte, so versagten sie ihm seinen einzigsten Wunsch, Seemann zu werden, und schickten ihn in die Stadt zu einem Drogisten in die Lehre. Feix arbeitete normal fleißig bei dem kleinen nervösen Drogisten und wohnte und speiste mittelmäßig in der Fremdenpension der geschäftigen, vielseitigen, nur etwas leicht erregbaren Drogistenfrau. Herr Bulverin, so hieß der Drogist, wußte nur Gutes an die alten Daddeldus zu berichten. Leider wurde er von Tag zu Tag nervöser. Die Tür zum Privatkontor und das Fenster standen immer wieder offen, und der Zugwind wehte die Rezepte und sonstigen Papiere durcheinander. Im Laden standen die gleichartigen Flaschen, Phiolen und Dosen nicht mehr parallel, sondern schief zueinander. Die abends mit Bulverinschem Patentöl geschmierten Türangeln waren morgens verrostet und quietschten.

Auch die Erregbarkeit der Madame Bulverin nahm zu. Die bedauernswerte Dame verbrachte schlaflose Nächte. Weil die Wasserleitung tropfte, tupf, tapf, tupf, tapf. Irgendetwas – sicherlich eine Maus – nagte. Wo? – Woran? – Woher? Die Feldherrnbilder hingen schief. Etwas klappte von Zeit zu Zeit.

Erst nach sechs Monaten fingen die Eheleute Bulverin an zu ahnen. Wie Bulverins Patentöl in Blechkännchen zu Wasser wird. Seit wann die Pensionstische auf angesägten Beinen hinkten.

Da nichts nachzuweisen war und kein Entlassungsgrund vorlag, sondern aus anderen nebensächlichen Ursachen machte die Drogerie plötzlich Pleite, und Feixen blieb nichts übrig, als ohne Geld, aber mit viel bestem Zeugnis nach Hause geschickt zu werden.

Solche Leute wie Frau Daddeldu halten nichts von Zeugnissen und sehen auch nicht auf Geld. Aber in dem Nach-Hause-geschickt-werden fand die redliche Frau einen Fliegendreck. Und es mußte wohl auch im Benehmen ihres Sohnes mancher Fliegendreck oder wenigstens einer gefunden sein. Sie spürte dem vier Wochen lang nach, ohne recht dahinter zu kommen. Aber man schmettert nicht Türen zu, als gälte es, Büffel zu köpfen. Und als Feix wieder – nun schon zum elften Male – die Lampe so auf den Tisch gestellt hatte, daß ihre eine Hälfte über den Tisch hinausragte, wurde es Beschluß, daß Feix sich erst einmal als Seemann ein bißchen Lebensernst zusammensegeln sollte.

Er ward kein so tüchtiger und beliebter Seemann wie Kuttel, aber auch kein so leichtsinniger Abenteurer wie sein anderer, sein verschollener Bruder. Sondern genügte seinen Pflichten mit Durchschnittsleistungen. Seine Kameraden und Vorgesetzten hatten ihn im Grunde genommen gern, war doch sozusagen nichts gegen ihn einzuwenden. Aber seine Ruhe war keine Ruhe mehr. Nicht etwa Faulheit. Aber er machte die ältesten Janmaate, diese wetterharten, bedächtigen Bärenkerle, er machte sie kribbelig; und als ihm der sechzigjährige Segelmacher im Stillen Ozean mit dem Fuchsschwanz einen Mastsplitter aus dem After sägte und Feix während dieser Notoperation das gelehrte Buch des Kapitäns studierte (es war ein Reiseführer durch Dießen am Ammersee) und dabei unaufhörlich dermaßen lachte, daß der Segelmacher ein Jucken in die Hand bekam, wobei die Säge abbrach, darüber der erschrockene Segelmacher plötzlich tot war; da hatte sich Feix alle Sympathien an Bord verscherzt. Niemand bemitleidete ihn etwa, weil er fortan mit einem Splitter und einem Stück Säge im After sich durchs Leben schlagen mußte.

Später trieb er sich in tropischen Ländern herum. Jahre waren vergangen, seitdem er seine Mutter verlassen hatte, und nie bekam diese ein Lebenszeichen von ihm. Dennoch wartete sie vertrauend und tapfer auf seine Rückkehr und rühmte ihren Feix und seinen besonders guten Charakter, bis Feix nach 5 Jahren plötzlich überraschend heimkam; dann nicht mehr, im Gegenteil.

Was hatte er wohl alles erlebt? Er sprach nicht darüber. Was hatte er wohl seinen Angehörigen aus dem Auslande mitgebracht? Er stellte es auf den Tisch: eine große quadratische Pappschachtel und darin: ein Moskito.

Seine Angehörigen lachten durchaus nicht. Das war doch kein Witz. »Es ist dressiert«, sagte Feix erklärend. Aber das machte gar keinen Eindruck. Nur Paula riß den Mund auf. Feix sprach etwas zu dem Moskito in einer fremden Sprache, nicht Englisch. Sofort schoß das Insekt wie ein Pfeil in Paulas Mund. Paula spie es hustend wieder aus. Feix trocknete es mit Löschpapier. Dann gab es wieder ausländische Befehle. Das Moskito fing an, scharf summend und in schönen Brezelkurven um die Lampe herum zu sausen. Frau Daddeldu schlug mit dem Besen nach dem Tiere. Feix sperrte es vorsichtig wieder in die Pappschachtel. Die Angehörigen lasen die Lampensplitter vom Boden auf.

Feix wurde zu einem Pfarrer in die Stadt geschickt, um vier Wochen lang Anfangsgründe zu studieren. Er fuhr im D-Zug in der zweiten Klasse mit sechs sehr unterschiedlichen, aber durchwegs hochintelligenten Leuten zusammen, die ihn unterwegs unruhig und unbehaglich anschielten. Weil bei dem was nicht stimmte. Es war den Sechsen so, als habe sich über sie eine Gewitterwolke gelegt. Während der neu Hinzugekommene, dieser dauernd und lächelnd die Lippen bewegende Arbeitsmann mit seinem Köfferchen und der Riesenschachtel allein in Sonne gehüllt schien. Der erste Mitreisende nieste 42 Mal, der zweite juckte sich, der dritte blinzelte, der vierte suchte nach Ursachen, der fünfte schlug um sich. Der sechste aber schlief; er war syphiliskrank.

Feix saß, abgesehen von seinem ausländischen Murmeln, unbeweglich da. Und doch war er der Dirigierende. Er arbeitete Hand in Hand mit seinem Moskito. Wie ihn die Inder gelehrt. »Nimm Krankheit!« befahl er dem Tier. »Übertrage sie!«

Der Zug lief ein. Hinter Feixen verließen auch die übrigen Passagiere den Wagen, der Herr, der geschlafen hatte, verließ ihn geheilt, die fünf andern syphiliskrank. – –

Schon am folgenden Sonntage erschien der Pfarrer aus der Stadt bei Frau Daddeldu. Er war verbunden und total zerstochen. Hinter ihm stand Feix mit Köfferchen und Pappschachtel.

Frau Daddeldu hatte nie Feen mißbraucht. Zum ersten Male in ihrem Leben wanderte sie nach dem Hünengrab und kratzte dreimal mit dem Hufeisen unter die Distel. Die Fee erschien, vernahm die Klage und verschwand.

Als Feix anderen Morgens erwachte und den Pappkasten öffnete, um seinem Moskito guten Morgen zu wünschen, kam statt des Insektes ein Elefant heraus. Feix lachte mächtig. Da verwandelte sich der Elefant in ein schnappendes Krokodil. Feix hielt dem Krokodil mit der Linken das Maul zu, kitzelte es mit der Rechten und lachte. Nun entglitt ihm das Kroko und nahm ätherische Feengestalt an. Feix schnalzte mit der Zunge und lächelte.

»Lächle nicht!« sagte die Fee ernst. »Vom höchsten Glück bis zum tiefsten Unglück ist nur ein knapper Schritt. Gesundheit soll dereinst abgerechnet werden, denn sie ist geliehene Begabung, andern zu helfen.«

Feix schnalzte mit der Zunge.

»Schnalze nicht!« verwies ihn die Fee. »Es kann ein lästernder Töter gütig sein, und es kann ein schlafender Unterlasser ewige Mordschuld auf sich laden.«

Feix feixte. Die Fee wechselte ihre Beinstellung, dann rollte sie plötzlich ihre Augen feurig und sagte mit hohler Stimme: »Bebinissi kolabia ivustalinski!«

Feix feixte und schnalzte. »Du!« rief die Fee drohend. »Du weißt nicht, wer ich bin.«

»Doch« – erwiderte Feix – »ein rechter Nervosipopel!« Die Fee verschwand.

Von allen aufgegeben und gemieden, begann Feix nun einen liederlichen Lebenswandel. Sein Stammlokal wurde das Café Nashorn, wo Dirnen verkehrten.

Frau Daddeldu kratzte noch dreimal unter die Distel. Die Fee zuckte nervös mit den Achseln und verschwand. Aber heimlich verwandelte sie sich in eine Kokotte.

Feix verguckte sich. Seine Mutter gab sonderbarerweise immer aufs neue Geld heraus. Feix hielt die Kokotte aus. Die Kokotte ward schwanger. Feix heiratete sie trotz stärksten elterlichen Protestes. Das war sehr anständig von ihm. Lepopisov Ren, so nannte sich die Braut, stammte aus der Gegend von Rußland, bezog mit Feixen ein bescheidenes Zimmer und darin ein Wochenbett. Feix pflegte sie, aufmerksam, ordentlich, beharrlich, treu, rührend. Es klingelte; Feix schnitt die Drähte durch. Es klopfte; Feix rief ärgerlich: »Pst! pst! Sie schläft.«

Drei Monate vergingen. Feix brachte seiner Frau Erdbeeren, Schokolade oder die neueste Art von Bouillonwürfeln ans Bett, zog sich schon im Korridor die Stiefel aus, küßte – um nichts zu quetschen – bloß noch die Haare.

Wieder drei Monate vergingen. Feix verließ die Wohnung nimmer, nachdem er noch einmal eiligst Windeln und Bleisoldaten eingekauft hatte. Er schlief nimmer, sondern horchte vor der Türe. Er aß kaum noch. Er wurde vom Briefträger wegen Mißhandlung verklagt. Er schrie die Amme an, weil sie polterig hustete. Er zuckte, blinzelte, er suchte nach dem Moskito, welches abhanden gekommen war, er raste, schrie (aber stets in Kissen hinein, damit Lepopisov Ren nichts vernähme). Dann wieder ließ er sich stundenlang von der Wöchnerin erzählen, wie sie sich befinde, ob es sich wie ein Junge anfühlte. Und wenn sie »Ja« sagte, so freute er sich rein närrisch. Bis eine Fliege summte oder ein Tablett umkippte. Dann fuhr er aus der Haut.

Der Tag kam heran. Der Arzt ließ auf sich warten. Feix sprang von einem Bein aufs andere, unterdrückte. Die Hebamme ließ auf sich warten. Feix kroch Wände empor. Das und mehr wiederholte sich acht Tage lang, ohne das ersehnte Resultat. Der Termin war längst vorüber.

Vierzehn Tage vergingen. Lepopisov Ren nahm immer noch zu. Arzt und Hebamme kamen umsonst. Feix raste oder weinte.

Ein Monat verging. Lepopisov Ren nahm immer noch zu. Sie lag schon in zwei Betten; nun ließ Feix anbauen. Arzt und Hebamme

lachten in sich hinein. Feix stach nach beiden. Zwei Monate vergingen. Arzt und Hebamme blieben aus, sandten aber ihre Tele-
phonnummern.

Der dritte Monat war halb vorbei. Dreiviertel der Stube war von
der Wöchnerin ausgefüllt. Feix grübelte abmagernd darüber nach,
was an der Verzögerung schuld sei. Lepopisov Ren meinte: Die
verbrauchte Zimmerluft.

Also mußte sie ins Freie. Die Türöffnung maß 98 : 200, das Fenster nur 90 : 180. Feix brach eigenhändig die Frontwand des Zimmers nieder.

Es war ein sonniger Julitag. Lepopisov Ren hatte Ausgang. Feix
sah ihr außer sich vor Freude nach.

Sie glitt hinaus, halb schwankend, halb schwebend. Draußen
legte sie sich auf die Seite, – Feix war fieberhaft gespannt – drehte
sich kugelartig weiter herum, bis ihr Bauch zuoberst kam, und auf
einmal und langsam stieg sie. Stieg ruhig und majestätisch höher
und höher, himmelwärts. Feix verhatterte sich in eine Rouleau-
schnur. Und sie stieg stetig. Plötzlich fing Feix an, wie rasend zu
hüpfen, aber es war schon zu spät, er erreichte nichts mehr. Sie
stieg höher, feierlich, stieg wie ein Luftballon. Ohne Gondel. Aber
oben, im Zenith des Ballons, auf dem Nabel, saß deutlich, unbeweglich, ernst und blaß ein Moskito.

ABSEITS DER GEOGRAPHIE

Herr Droschkenkutscher Porösel wurde trübsinnig aus Langer-
weile; er wußte seinem Berufe nichts abzugewinnen. Müde und
stumpf saß er am Tag oder bei Nacht auf seinem Bock. Müde und
stumpf stand oder trabte auch der Gaul, der nun schon seit elf Jahren an Porösels Deichsel gewohnt war und, außer Dienst, sogar
Seite an Seite mit seinem Herrn schlief.

Eines Morgens ging der Kutscher wieder derart zu Stroh und seufzte sich hinstreckend:»Ach, wäre ich doch tot!« Und sich vorstellend, wie das sein müßte, wenn er tot wäre, kniff er unwillkürlich die Augen zu. Da er sie aber nicht völlig zugekniffen hatte, sah er zu seinem maßlosen Erstaunen, wie der Gaul ihm eine höhnische Grimasse schnitt, dann in lautes Lachen ausbrach und auf einmal, so als habe er zu laut gelacht, – genau wie ein Mensch mit der Hand es macht – sich einen Huf vors Maul hielt.

Der Droschkenkutscher riß die Augen auf, da nahm der Gaul sofort wieder seine ursprüngliche, müde, stumpfe Haltung an. Vielleicht hatte Herr Porösel doch geträumt. Es war doch unmöglich, daß ein Pferd sowas tat und obendrein noch seinen Herrn seit elf Jahren betrog. Immerhin. – Hier galt es nachzuforschen.

In der nächsten Zeit stellte sich Herr Porösel öfters schlafend, und da bemerkte er einmal, wie sein Roß sich plötzlich auf die Hinterbeine stellte, die Vorderbeine verschränkte und so, leise auf und ab gehend, vor sich hin murmelte:»Wäre ich eine Stute und Herr Porösel in mich verliebt, so würden unsere Kinder Maultiere.« »Was willst du damit sagen?« rief der Kutscher aufspringend.»Du falsches Vieh!«

»Gelt, ich bin doch schlauer als du?« sagte das Pferd ruhig und mit einer gutmütigen Sicherheit, die seinem Herrn die Peitsche aus der Hand wand. »Nun, nun«, fuhr es fort, als es Herrn Porösel hilflos baff zerknickt zusammenbrechen sah,»ich wüßte schon Rat, aber es kostet Überwindung.«

»Bin zu allem bereit«, stöhnte Porösel.

Das Roß schnäuzte sich zwischen zwei Hufen und sprach:»Du mußt dich aus der Welt schaffen, aus dieser Welt.«

Dumpf nickte der Droschkenkutscher.»Ja sterben. – Es ist das Beste.«

»Im Gegenteil! Hör mich an: Begib dich sofort nach der Fasanenstraße in das Haus Numero – – aber verzeih, wir müssen etwas leiser reden –« Der Gaul flüsterte das Weitere dem Kutscher leise, dicht ins Ohr. Es war ein sonderbarer Ratschlag. Porösel wurde abwechselnd rot und blaß und preußischblau. Aber zuletzt stand er überzeugt auf, umarmte sein Pferd dankbar und ließ sich umarmen. Danach begab er sich eiligst zu Fuß in das angegebene Privathaus in der Fasanenstraße, wo er, in den Salon geführt, zum Hausherrn folgendes sagte: »Bevor ich Ihnen Wichtiges mitteile, bitte – – wo ist – –? – Entschuldigen Sie – mir ist etwas übel –« Im Kämmerlein verriegelte der Droschkenkutscher die Tür, setzte sich irgendwo hin, tat irgendwas. Dann kletterte er hinein, reckte sich auf, zog am Spülgriff, wurde von Wasserstrudeln ergriffen und total durchweicht, fühlte sich länger und dünner werden und in ein Rohr hineingezogen.

Je länger desto schneller sauste Porösel durch das schier endlose Rohr und leider nicht mit dem Kopfe voran, sondern umgekehrt. Deshalb geschah es, daß, als das Rohr sich in zwei Arme spaltete, er an diesem Scheidewege mit dem einen Bein ins linke und mit dem anderen ins rechte geriet und – bumms! Au! Stopp! – steckenblieb. Da er aber am rechten Rohr die Wegweisernotiz »Zur Kläranlage« las und sich genügend auf- und abgeklärt dünkte, so zog er das dortige Bein heraus und rutschte sofort im linken Rohrschacht weiter. Sein Tagebuch, das auf später noch zu erzählende Weise zu uns zurückkehrte, vergaß bedauerlicherweise, Namen und geographische Bestimmung des eigenartigen Landes anzugeben, wo Herr Porösel endlich in einem Becken landete, welches dem Ausgangsbecken seiner Reise ganz ähnlich sah. Er stieg hinaus, und weil er sowohl Kammertür als auch Korridortür offen fand, sich außerdem genierte, die Bekanntschaft eines Fremden zu machen, dessen Wohnung er auf so unkonventionelle Weise betreten hatte, so entfernte er sich heimlich rasch.

Da fand er sich denn in einer Stadt in einem Lande, wo es nicht anders zuging als bei uns, bis auf wenige, aber tief einschneidende Unterschiede: Dortzulande tat nichts weh.

Ein Mann wie Porösel, der alles nur mit dem beschränkten Blick eines Droschkenkutschers sieht, war natürlich nicht im Stande, die großen, alles umwälzenden Folgeerscheinungen eines solchen Nichtwehtuns zu erfassen. Er berichtet in dieser Beziehung nur unwesentliche, oft geradezu dürftige Begebenheiten. So das große Vergnügen, womit er in den ersten Wochen täglich zum Zahnarzt gelaufen sei, um sich ganz gesunde Zähne ausziehen und dann wieder einhämmern zu lassen. Oder er findet an einer Droschkenfahrt Gefallen, bei welcher der Kutscher das mit einem Reibeisen gesattelte Pferd ritt. Die Wagensitze waren mit Stacheldraht gepolstert und trotz bester Federung fuhr der Wagen höchst holperig, weil dauernd Straßenjungen sich zum Jux unter die Räder warfen.

Porösel schreibt: es gäbe dort kein Verrecken, womit er Tod oder Sterben meint. Wenn einem beim Duell ein Ohr oder sonst ein Glied abgeschlagen wurde, so wuchs innerhalb von acht Tagen erstens ein neues Ohr an den Menschen und zweitens ein neuer Mensch an das Ohr. Zwischen den Zeilen des übrigens gewissenhaft geführten Tagebuches lesend, erfahren wir, daß es dortzulande auch keine Geburt oder wenigstens keine Zuneigung in unserem schmutzigen Sinne gab. Wer sich vermehren wollte, schnitt sich zum Beispiel einen oder zwei oder zehn Finger ab und wartete acht Tage lang.

Auch Porösel selbst kam einmal auf die Idee, sich zu vermehren, aber eigentlich nur, weil er eine Droschkenräder-Fabrik zu gründen gedachte, deren gesamtes Personal er aus zuverlässigen eigenen Kindern rekrutieren wollte, damit auch die Gehälter in der Familie blieben. Er tauchte seine Nase in die Fleischmaschine, verstreute die herausgedrehten Würmer aus Nase im Garten und freute sich darauf, nun allmorgendlich beim Kaffee vom Balkon aus zuzusehen, wie sich im Garten sein stattlicher Nachwuchs entwickelte. Ein Amselschwarm verdarb ihm das Vergnügen, fraß gleich am ersten Tage alle Fleischwürmer auf. Herr Porösel war froh, als ihm eine neue Nase wuchs.

Eine andere Episode schildert einen Streit mit einem Schmied, der aus Ungeschicklichkeit einen Amboß auf Porösels Füße fallen ließ. Obwohl der Kutscher nicht den geringsten Schmerz verspürte, gab er sich doch nicht mit dem höflichen »Oh, Pardon!« des Schmiedes zufrieden, sondern versetzte diesem eine Ohrfeige und, noch immer von der übertriebenen Empfindsamkeit seiner Heimat befangen, stach er sogar noch dem anderen ein Auge aus. Der Schmied floh, warum? war nicht erklärlich. Als er aber genügenden Abstand von unserem Kutscher hatte, schnitt er sich blitzschnell ein Bein ab, beugte dasselbe im Knie zu einem gewissen Winkel und warf es wie einen Bumerang derart in die Luft, daß es herabschwirrend Herrn Porösels linke Mittelzehe abschnitt. Ohne daran zu denken, daß er nun ein Kind bekäme, hob der Kutscher mürrisch Zehe und Bumerang auf und verschloß beides zu Hause in einem Kommodenfach. Später verbrachte er viele schlaflose Nächte, weil er von irgendwoher unheimliche Machauf-Rufe zu hören vermeinte.

Nichts weiß dagegen dieser engköpfige Tagebuchschreiber über die merkwürdige Kriegssituation in jenem Lande zu melden, wo doch jeder Heerführer beglückt sein müßte, wenn seine Armee vom Gegner kurz und klein geschlagen würde. Nein, unser Droschkenkutscher langweilte sich nur und bekam Heimweh, Sehnsucht nach seiner Schwester, die ihm noch dreißig Mark schuldete und die er allerdings aufrichtig liebte. Er wußte keinen Rat, wie er wieder in seine Heimat zurückgelangen könnte. Vergebens blinzelte er allen Droschkengäulen zu, redete wohl auch das eine oder andere an: »Nun??« – »Tu nur nicht so; ich weiß, daß du mich verstehst.« Aus keinem Gaul brachte er was raus. Bis er sich eines Nachts in einen Stall einschlich, sich neben ein Pferd aufs Stroh warf und sich alsbald stellte, als ob er schliefe. Er gewahrte jedoch nichts anderes, als daß das Pferd zu äpfeln begann, und weil es gleichzeitig Fliegen abwedelte, so kriegte Herr Porösel etwas ab und floh.

Dennoch bekam er später auf irgendwelche Weise das Rezept in die Hand, um sich, und zwar in der schon einmal durchreisten Art, wieder von dortzulande nach seiner Heimat und sogar direkt in die Wohnung seiner Schwester zu spülen. Der Zufall wollte, daß diese etwas kränkliche Jungfrau gerade saß, als Porösel unter ihr auftauchte.

»Pfui Teufel!« schrie sie und lief empört davon.

Der Heimkehrende war durch diese rohen Begrüßungsworte so tief enttäuscht und gekränkt, daß er einen Moment wie ange-wurzelt, wortlos dastand. Dann schleuderte er das mitgebrachte Tagebuch seiner Schwester nach, richtete sich entschlossen auf, zog am Strang und spülte sich zurück in jene geheimnisvolle Fremde, wo er verscholl.

DER ARME PILMARTINE

Schon seit Wochen hatten Plakate verkündet, der Franzose Pil-martine würde einen neuen Fallschirm vorführen. Auf der Sie-benhenkerwiese war ein 30 m hoher Holzturm erbaut. Und an dem Sonntag strömten die geputzten Einwohner der kleinen Stadt hinaus.

Es ging vergnüglich, festlich und spannend zu, wie bei jeder ähnlichen Veranstaltung, und als Monsieur Pilmartine in einem Automobil auf der Wiese eintraf, wurde er mit Händeklatschen empfangen. Es folgte eine Ansprache, Musik. Dann sah man den Franzosen unten am Treppenansatz des Turmes verschwinden und bald darauf oben auf der Plattform des Turmes erscheinen, wo er einen ungeheuren Schirm aufspannte.

Totenstille trat ein. Nur der infame Lümmel, der Fidje Pappen-deik, der Lehrling vom Bürstenhändler Hohmann, benahm sich auf dem Stehplatz lausejungenmäßig, indem er unentwegt laut gröhlte: »Abfahrt! Auf Wiedersehen! Adieu!«

Das weite Publikum zischte: »Pst!« Man rief empört: »Maul hal-

ten!« und schließlich: »Raus mit dem Flegel!« Aber Fidje Pappendeik überschrie alle: »Laßt mich doch, ich fahre jetzt nach dem
Monde!« Damit sprang er über die Barriere, lief in die abgesperrte
innere Wiese, wo außer einem Arzt, einem Schutzmann, einem
Fahrrad, einer Bahre und zwei Sanitätern sich nichts und niemand
befand. Fidje Pappendeik aber sprang mit behender Schnelligkeit
auf das Fahrrad, fuhr ein Stück über die holperige Wiese hin, und
auf einmal – – – ehe jemand daran dachte, den Störenfried – – auf
einmal – ohne daß irgend jemand bemerkte – – niemand ahnte
oder war darauf gefaßt – kurz, auf einmal hob sich das Fahrrad,
und Fidje Pappendeik fuhr auf einem ganz gewöhnlichen Fahrrad,
nicht anders, als wie jeder Radfahrer fährt, fuhr aber durch die
Luft, auf, über Luft, fuhr schräg aufwärts in die Wolken.

Kurzes Fluchen. Dann tausendfältiges »Ah!« »Bravo!« Begeistertes Schreien.

Dieses Phänomen war unbeschreiblich aufregend, packend, ver-
blüffend. Hinterher behaupteten alle Teilnehmer, es hätte eine
Stunde gedauert. Und vollzog sich so schnell! Denn Fidje Pappendeik mochte noch keine hundert Meter zurückgelegt haben, unten
schoß man Gratulationen ihm nach – als er ein schnelleres Tempo
anschlug und bald darnach zwischen zwei Lämmerwölkchen verschwand.

Flüche und Verwünschungen wurden laut. Dem Arzt war sein
Fahrrad, Herrn Hohmann sein Lehrling, den alten Pappendeiks
ihr Einziger und einem Zuckerbäcker sein Hauptschuldner entschwunden. Kein Mensch hatte mehr an Pilmartine gedacht. Darüber gebärdete sich der Franzose so wütend, daß er ausrutschend
ohne Fallschirm vom Turme fiel; und weil auch sein Genickbruch
vom Publikum über dem höheren Ereignisse unbeachtet blieb,
pumpten sich nun auch der Impresario und das pekuniär und ideell
beteiligte Festkomitee mit Zorn auf. Half aber nix.

Die Stadt, die Provinz, die Hauptstadt, die Sportwelt, die Wissenschaft beschäftigten sich mehr und mehr und nach zwei Jahren

weniger und weniger mit dem Wunder Fidje Pappendeiks Himmelfahrt. Kam auch nichts heraus. Denn einwandfrei ward nachgewiesen: daß der Sanitätsrat nicht mit im Spiel gewesen war, daß sein Fahrrad ein durchaus normales war und von Pappendeik gestohlen wurde und daß Pappendeik selber einen in jeder Beziehung ordinären Menschen und Lehrling darstellte.

Da Vater Pappendeik das Fahrrad und den Zuckerbäcker sowie einige Beschwichtigungen bezahlte, so blieb nichts übrig als eine sich mehr und mehr entstellende Erinnerung an eine Massenvision und an jemanden, der wirklich weg war.

Drei Jahre waren nach dem Vorfall vergangen, als der Bürstenhändler Hohmann eines Nachts durch Straßenlärm und Glassplitter geweckt wurde. Draußen stand fidel Fidje Pappendeik mit dem Fahrrad.

Lediglich aus Neugierde nahm Herr Hohmann den alten Lehrling wieder auf und war alle Welt zu diesem freundlich. Aber weder dem Bürstenhändler noch irgend jemand anderem, nicht einmal seinen Eltern erzählte Fidje auch nur das Geringste von dem, was er erlebt hatte oder wo er gewesen wäre oder wie er so habe fliegen können. Es kamen Petitionen, Reporter, Professoren, jedoch wenn nicht schon der eifersüchtige Hohmann diese endlosen Wißbegierigen aus dem Hause warf, so erstickte sein Lehrling jedes Interview im Keime, indem er sich plötzlich blödsinnig stellte und stumm Grimassen schnitt oder alle Fragen konstant mit Kopfschütteln beantwortete oder auch gar zu aufdringliche Beharrlichkeit durch noch aufdringlicheres unanständiges Benehmen in die Flucht jagte. Fidje Pappendeik war der verhaßteste Mensch.

Aber obwohl jeder Bürger gelegentlich jedem Bürger einmal versichert hatte, wie er für seine Person es nicht für der Rede wert hielte, sich mit einem unreifen Bengel und einer Jahrmarktsgaukelei noch länger zu befassen, so kochte und gährte doch überall eine alles Dagewesene übertreffende Neugierde. Das Gemüt einer ganzen Stadt blieb in qualvoller Unordnung. Längst war das Fahrrad verrostet, das man so oft photographiert hatte, ohne daß irgend etwas Auffälliges daran zu entdecken war. Zahllose Bücher waren ohne Resultat geschrieben worden. Und Fidje Pappendeik lebte harmlos vergnügt, durchschnittsmäßig dahin; ohne etwas zu verraten und ohne davon Notiz zu nehmen, daß ein bohrendes Fragezeichen von ihm ausgehend durch die Welt wucherte, welches an Bedeutung beispielsweise das Shakespeare-Bacon-Geheimnis übertraf. Hohmann kündigte seinem Lehrling.

Alle Mitbürger ignorierten den grünen Jungen. Nur der Kommerzienrat Dr. Ernst Levin bewies den Mut zu einer Sympathiebezeugung für Fidje, indem er ihm ein stattliches Vermögen schenkte; starb allerdings gleich darauf an einer Darmfistel.

Fidje Pappendeik war reich geworden, lebte indessen nicht viel anders wie bisher, harmlos, vergnügt, durchschnittsmäßig, ohne zu verraten und ohne Kenntnis zu nehmen. Alles bahnte Versöhnung mit ihm an und haßte ihn insgeheim noch grimmiger.

Weil eine ganze Stadt zu ersticken drohte, war es ein Verdienst des Staatsanwaltes Kirschrot, daß er einen Plan ersann zur sicheren und würdevollen Lüftung des Mysteriums.

Kirschrot bestach drei Gasarbeiter mit Enzianschnaps. Die drei Gasarbeiter erhoben Anklage gegen Fidje Pappendeik und beschuldigten ihn:

1. Die Tochter des einen Gasarbeiters entführt und verführt zu haben,
2. im Ausland Spionage getrieben zu haben,
3. als fanatischer Anhänger einer kirchlichen Sekte zwei Waisenkinder totgetreten und beraubt zu haben.

Dies alles verübt während der drei Jahre nach seinem Start von der Siebenhenkerwiese.

Dieser hochsensationelle sexual-politische Ritualdoppelraubmord-Prozeß mußte unter freiem Himmel verhandelt werden. Die ge-

samte Einwohnerschaft, das rostige Fahrrad und die Siebenhenkerwiese waren zugegen. Die Verhandlung gestaltete sich nach der
üblichen Einleitung etwa folgendermaßen:

Staatsanwalt: Wo fuhren Sie zunächst hin?

Angeklagter: In die Luft.

Staatsanwalt: Hatten Sie ein bestimmtes Ziel und welches?

Angeklagter: Ja, den Mond.

Staatsanwalt: Erreichten Sie ihn?

Angeklagter: Nein, ich verirrte mich und geriet auf den Fix-
stern Glyzerin. (Bewegung im Publikum.)

Staatsanwalt: Was taten Sie dort? Wie ging es zu? Wie lange
blieben –? Erzählen Sie der Wahrheit gemäß und recht ausführlich. (Atemlose Stille.)

Angeklagter: Auf Glyzerin geht es genau so zu wie bei uns,
bloß daß die Menschen dort nur von Leberwurst leben. (Heiterkeit.)

Staatsanwalt: Und was taten Sie dort?

Angeklagter: Ich aß sechs Monate lang Leberwurst. Dann
bekam ich den Durchfall, übergab mich und radelte davon. (Lärm,
Pfui-Rufe.)

Staatsanwalt: Ich verbitte mir jegliche Kundgebung seitens
der Zuhörerschaft, sonst sehe ich mich genötigt, den Ausschluß
der Öffentlichkeit zu be – (Atemlose Stille.)

Staatsanwalt: Angeklagter, berichten Sie weiter, genau und
ausführlich. Wo fuhren Sie hin? Was trafen Sie wie? Wodurch?

Angeklagter: Ich geriet auf den Planeten Klopsia. Dort gibt
es nur anständige Leute.

Staatsanwalt: Weiter! Weiter! Wieso? Was heißt das? Erzählen Sie doch! Welcher Gestalt taten Sie –?

Angeklagter: Ich legte mich in ein Kohlrabibeet, schlief zwei
Jahre lang und radelte dann weiter.

Staatsanwalt: Häm – Sonderbar. – In der Tat. – Aber die
Methode ist uns nicht mehr neu. Wir kommen schon dahinter.
Sprechen Sie weiter, Angeklagter. Wo? Nach welcher –?

Angeklagter: Ich landete auf dem Seitenmonde Exlibris.

Staatsanwalt: Exlibris?? (Unruhe.)

Angeklagter: Ja Exlibris. Dort ging es fürchterlich zu. (Hört! Hört!)

Staatsanwalt: Fürchterlich? – Ruhe auf der Galerie! wollte sagen unter freiem Himmel. – Wieso fürchterlich?

Angeklagter: Ja. Ich kam todmüde an, entkleidete mich, ohne recht zu wissen wie, stopfte meine Kleider in den Schrank, kroch ins Bett und schlief gleich ein. Bis das Entsetzliche geschah. (Alle Zuhörer stehen unwillkürlich auf.)

Staatsanwalt: Welches Entsetzliche? Stocken Sie doch nicht fortwährend.

Angeklagter: Ich erwachte plötzlich. Die Lampe brannte. Da sah ich aus dem Türspalt des Kleiderschrankes einen nackten Arm herausragen, der mir meine zerknüllte Hose reichte, und eine hohle Stimme sagte: »Liederjahn!« Ich sträubte mein Haar, kroch unters Bettdeck. Und als ich wieder erwachte, hatte ich ein halbes Jahr verschlafen. Da radelte ich zur Erde zurück. (Minutenlanger Lärm, dann Stille.)

Staatsanwalt: Angeklagter, Sie haben bisher dreist gelogen.

Angeklagter: Ja.

Staatsanwalt: Wir wissen Mittel und Wege, Sie zahm zu machen. Aber erklären Sie uns jetzt zunächst einmal, wie Sie es fertig bringen, sich mit einem Fahrrad in die Luft zu erheben.

Angeklagter: Das kann ich nicht. Ich setze mich einfach drauf und fliege los.

Staatsanwalt: Quatsch! Ich setze mich auch einfach drauf und fliege nicht los. Also!?

Der Angeklagte (schweigt.)

Staatsanwalt: Können Sie uns den Vorgang vielleicht praktisch vorführen?

Angeklagter: Ja. (Es wird ihm das rostige Fahrrad gebracht.)

Angeklagter (vormachend.): Ich ergreife die Lenkstange erst mit der linken, dann mit der rechten Hand. Dann setze ich den linken Fuß auf das linke Pedal. Dann hole ich ganz, ganz tief Atem. (Allgemeines tiefes Atemholen.)

Staatsanwalt: Das ist recht, so erzählen Sie vernünftig. Fahren Sie fort!

Angeklagter: Dann fahre ich fort. (Er schwingt sich auf den Sattel und tritt an. Fährt ein Stück über den Rasen, hebt sich dann in die Luft und bewegt sich erst langsam, auf einmal sehr schnell gen Himmel.)

Und kam nie zurück.

VOM ZWIEBELZAHL

Herr Tretebalg war von Beruf polizeilich verfolgter Wunderarzt, Naturarzt, Dentist; wie man's nehmen wollte. Von Zähnen und Hühneraugen abgesehen, gab es Hunderte von Geheilten, die seine Magie priesen. Den Glaser Lobesand hatte er von der Gallenpest befreit, einfach dadurch, daß er ihm zweimal mit einem Pferdeknochen über den Bauch strich und dabei sagte: »Lache mal!« Fertig: Gelacht – gesund.

Fachleute, wie Dr. Quilippi, nannten Tretebalgen einen fatalen Quacksalber.

Das Fernrohr in der Hand des fatalen Quacksalbers zitterte. Wahrhaftig: drüben im Garten war eine kleine aber festliche Tafel gedeckt, deutlich für zwei Personen. Tretebalg stand schon im Frack bereit. Aber nein. Nein, nein! Er wollte doch noch absagen. Mit einem Menschen zusammen essen, der – der –, wenn auch nicht –, aber schon dieses ewige Gelehrte, dieses Austüfteln! Dieser verknöcherte Aktenstaub, dieser muffige nichts wie Bücherkram! Tretebalg legte noch einmal das Fernrohr über die Brüstung. Ja, dort oben saß er! Der gebildete, gelehrte Herr Dr. Quilippi; nur ein Stück krummen Rückens sah man, aber dieser Rücken schnüffelte ohne Zweifel wieder mit seiner blutlosen Nase in blödsinnigen, stinkigen Schmökern herum, lernte jetzt, eine Stunde vor dem Festessen, allerlei veraltetes, verbohrtes Gewäsch auswendig, womit er dem andern Eindruck machen würde, klaubte sich vielleicht spitzfindige, hinterlistige, schuftige Fremdwörter zusammen, um – um den Quacksalber, den fatalen Quacksalber in Verlegenheit – – »Huach!!« Ein Ausstoß, fast Kreischen. Das Fernrohr entrollte. Erst über die Brüstung und, als Herr Tretebalg Zugriff, schnell in die Tiefe. »Hüukschä!« Das gab den Rest. Tretebalg hatte auf einmal einen Revolver in der Hand, legte nach drüben zu auf den krummen Rücken an und feuerte einen Schuß ab. Dann fiel er steif rücklings um. Ins Zimmer. Auf einen Teppich.

Der Naturarzt hatte meisterhaft gezielt. Der Berggeist Zwiebelzahl flog gerade unsichtbar vorbei. Er kam von einem überirdischen Billardspiel, und da ihm der Schuß natürlich nicht entging, machte er sich einen Scherz daraus, der fliegenden Kugel durch einen ebenso geschickten wie heftigen Stoß mit dem unsichtbaren Billardqueue ein wohlberechnetes Effet zu geben. Derart, daß sie rechts ab einmal um den Erdball herumsausen und erst dann wieder ihre alte Richtung aufnehmen mußte.

Tretebalg hatte den Doktor erschossen, der ihn – als Einzigen – zum fünfzigjährigen Geburtstagsschmause einlud. An dieser Tatsache kaute der Wunderarzt nun herum, wie ein junger Hund an seiner Speckschwarte. Er versuchte sie zu verschlucken; sie kam immer wieder hervor. Wie er sie auch anpackte, sie blieb, was sie war.

Herr Tretebalg erhob sich grau verstört, wankte nach dem Nachbarhause hinüber, verzweifelt entschlossen, nun die Rolle des Harmlosen, Überraschten, Entsetzten zu spielen. Welche Rolle!

Irgendwer führte ihn nach oben, öffnete die Tür zum Arbeitszimmer des Doktors. Tretebalg trat ein.

Aber nicht so wie ein Blitz aus heiterem Himmel oder wie von der Tarantel gestochen, sondern gerade umgekehrt anders, traf ihn der Anblick des ihm lächelnd entgegenschreitenden Doktors.

»Herzlich willkommen, mein bester *amicus* Tretebalg.«

»Leben Sie denn noch?« entfuhr es Herrn Tretebalg aus tiefstem Innern.

»Wie beliebt?« fragte der Doktor zerstreut und sah ernst nach der Uhr.

»Gottlob, daneben getroffen!« Tretebalg stammelte dankbar selig verwirrt. »Nichts, nichts! – Ich meine – ich dachte, Sie wären t-o-t.«

»Daß ich nicht wüßte«, bemerkte Herr Doktor Quilippi verbindlich. Tretebalg kam zu sich. »Meinen herzlichsten, allerherzlichsten Glückwunsch.« – »Danke! danke!« Der Jubilar wies dem Gast einen bequemen Stuhl an, und indem er sich selbst wieder auf seinen alten Arbeitsplatz begab, begann er: »Mein lieber Herr Nachbar, lassen Sie uns, ehe wir zum Essen gehen, hier nach alter quiozantolischer Sitte einen alten Drackfallqueribus trinken und eine echte Kakastimmbett dazu rauchen.«

Tretebalg war noch so froh erschüttert, daß er diese Fremdwörter nicht nur innerlich verzieh, sondern sogar dem Doktor gestand, wie er absolut nicht ahne, was sie bedeuteten.

»Was tuts?« sagte dieser freundlich. »Es beweist nur Ihre überlegene Ehrlichkeit, wenn Sie die von mir sinnlos und kompliziert erdachten Namen durch schlichtere, näherliegende ersetzen. Das, was sie bezeichnen, verändert sich darum doch nicht, sondern bleibt eben ein selbst präparierter Getreidekümmel und ein anspruchsloser, von mir selbst erfundener Tabak aus Lindenblüten und pulverisierten Wespen.«

Tretebalg öffnete den Mund. Er schloß ihn wieder, weil der Doktor einschenkte, Pfeifen stopfte, Feuer reichte und herzlich aufs neue den Faden aufnahm: »Ich beschäftige mich ein wenig mit allerlei praktischen Arbeiten und Erfindungen und bin nicht so ganz der verknöcherte Büchermensch oder Theoretiker, für den Sie mich vielleicht – –«

»Im Gegenteil«, warf Tretebalg mit feierlicher Betonung ein. »Und zum Beweise dafür«, fuhr der Doktor unter einer liebenswürdigen Verneigung fort, »möchte ich Ihnen hiermit« – (er öffnete ein Etui) – »diese Uhr verehren, die ich selber, nicht ohne mancherlei Schwierigkeiten und Vorstudien, hergestellt habe.«

Dem Wunderarzt ging es wie Glühen durchs Herz. »Aber Herr Doktor Quilippi! Das ist ja Silber! Da sind ja echte Diamanten darauf!« – »48 Stunden«, erwiderte der Doktor, der sich verhört hatte und über die Konstruktion nachsann. »Ich habe sie eben aufgezogen.«

Echte Tränen der Scham und der Reue tropften auf die Diamanten des Uhrdeckels.

Der Doktor wehrte, bescheiden nießend. »Aber lieber Kollege – –«

»Nein, Herr Doktor Quilippi, sagen Sie nicht Kollege zu mir; ich bin dessen nicht würdig –«

»Nicht würdig?« rief der Doktor. »Was fällt Ihnen ein? Es wäre mir fatal, wenn Sie mich auf der Seite derer glaubten, welche Ihre bewährte, rein praktische Heilmethode – –«

»Und doch«, unterbrach Tretebalg, »und doch bin ich im Grunde nur ein Quacksalber.«

»Offen gestanden: Ich auch«, sagte der Doktor. »Aber eben deswegen müssen wir uns gegenseitig immer an unser Nichtswissen und Nichtskönnen erinnern und einig sein in gemeinsamer treuer Stümperei. Und in diesem Sinne wollte ich Ihnen diese Uhr –« (Tretebalg hatte sie schon eingesteckt) – »übergeben haben, als Zeichen meiner aufrichtigen Verehrung und als schlichtes Andenken an einen Kollegen, der älter und studierter als Sie und doch ebenso dumm war.«

»Ist – nicht wahr!« rief Tretebalg begeistert; denn er hatte einen Freund gefunden, er hatte in dem früher ihm verhaßten – –

»Ist oder war«, rief der Doktor hüstelnd, »wie schnell verwandelt sich das eine in das andere. Aber lassen Sie uns das jetzt nicht nahe gehen. Sondern: Auf in den Garten zur Trüffelpastete!«

Nach dem Worte »Trüffelpastete« fiel der Doktor hart vom Stuhl. Eine Kugel war ihm vom Fenster her in den Rücken gedrungen. »Das Herz!« schrie er, die Hand auf die Brust pressend.

Tretebalg warf sich – riß ihm die Weste – sagte: »Die Lunge!«

»Zwischen Herz und Lunge!« stöhnte der Doktor.

»Ja, aber mehr nach den Nieren zu.«

»Wer hat mir das getan?«

»Ja, wer konnte –?« Tretebalgen überlief ein unheimlicher Schauder. Welcher Zufall: Zwei Attentate hintereinander auf ein und denselben.

»Wer hat mir das getan?« wimmerte Quilippi.

»Ich diesmal nicht!« rief Tretebalg unwillkürlich: »Ich rufe Polizei.«

Der Doktor hielt ihn durch eine schwache Bewegung zurück. »Bleiben Sie, es geht zu Ende.«

»Keineswegs! Rühren Sie sich nicht; ich hole einen Arzt.«

»Nicht!« flehte Quilippi, »Sie sind mein bester Arzt. Ihre Erfolge –«

Tretebalg fand die Wunde und ließ Speichel hineinträufeln.

»Ah, das tut wohl«, sagte Quilippi matt lächelnd. Der Naturarzt setzte sich nun mit seinem ganzen Gewicht auf die Wunde, um ein Verbluten zu verhindern. »Lache mal!« rief er dem Getroffenen zu, aber dieser hatte das Bewußtsein verloren.

Tretebalg rührte sich nicht. Nach sechs Stunden fing der Mann unter ihm zu phantasieren an. Tretebalg hörte jedoch nicht zu, sondern dachte in traurigster Zerknirschung an seine eigene Schlechtigkeit, an den gnädigen Ausgang seines abscheulichen Anschlages und den unbegreiflichen grausamen Zufall, der nun doch diese rührende, einfache Gelehrtengestalt hingestreckt hatte.

Denn nicht konnte Herr Tretebalg ahnen, daß er just in diesen

Stunden auf einem der abgefeimtesten Lustmörder saß, der jetzt von drohenden Erinnerungen gepeinigt wurde, die jene silberne Uhr betrafen. Diese Uhr hatte Dr. Quilippi in perverser Mordlust so konstruiert und eingestellt, daß sie zwölf Stunden nach dem Geburtstagsschmause eine konzentrierte Ladung Nitroglyzerin zur Explosion bringen mußte.

Ich will ihm alles gestehen, sagte sich Tretebalg, kniff den Doktor prüfend in die Nase und erschrak über die Kälte.

Quilippi erwachte. »Wie spät ist es?« keuchte er wild.

»Es geht zu Ende«, sagte Tretebalg sanft, »deswegen möchte –«

»Hören Sie«, stammelte der Doktor und richtete sich mit Mühe etwas auf, »ich muß Ihnen –«

Der Naturarzt wehrte ab. »Nicht! Bleiben Sie liegen. Ich habe Ihnen etwas –«

Der Doktor winkte heftig. »Andermal! – Jetzt – die Uhr – – Hören Sie mich an –«

»Schweig! Lassen Sie mich reden!« drängte Tretebalg.

»Nein, ich muß reden –«

»Erst ich!«

Dr. Quilippi versuchte zu schreien. »Ich habe –«

»Ich habe«, überschrie ihn Tretebalg hastig, um den Satz zu Ende zu bringen, »auf Sie geschossen!«

Quilippi streckte sich. »Sie?? – Wie?? – – Sie?? – Um die Ecke herum??«

Da explodierte die Uhr.

DIPLINGENS ABWESENHEIT

Nach dem sechzigsten Wirbelmotor mit Repetier-Kolben-Schaltung wurde Herr Silbig: Dipl. Ing., Diplom-Ingenieur und so reich, daß er sich in Kufstein neben dem Hotel Auracher ein kleines

Haus erwerben konnte, wo er sich und seine Frau zur Ruhe setzte. Beide Gatten waren entschlossen, auch dort wie bisher in Paris ohne Dienstboten zu leben. Ebenso besorgten sie die Einrichtung nach Möglichkeit ohne fremde Hilfe: Und diese Einrichtung war nicht nur komfortabel zu nennen. Da wurde ein Zimmer des unteren Stockwerks zum exotischen Wintergarten gewandelt. Schöne Palmen, seltene Orchideen und Kakteen entsprossen einer Erdschicht, die den zementierten Fußboden bedeckte, und zwischen den mit Schlingpflanzen verwobenen Gewächsen luden Amoretten und Lustbetten zum Ruhen ein. Über diesem Zimmer war im höheren Stockwerk, und gleichfalls durch Zement gesichert, ein Schwimmbassin für zwei Personen angelegt. Und alles andere war so perfekt auf Schönheit und Bequemlichkeit ausgearbeitet, daß Silbigs oder Diplingens, wie man sie in Kufstein nannte, schon nach vierwöchigem Aufenthalt sich gelangweilt nach Paris zurücksehnten. Da war es ihnen sogar angenehm, als ihr Neffe Oberreich aus Kopenhagen seinen Besuch anmeldete.

Hans war ihnen in Paris oft ein ungern gesehener Gast gewesen, weil er so viel Unruhe brachte und weil er einen Beruf, den es eigentlich nur in Witzblättern geben sollte – Hans nannte sich nämlich Impresario –, gewählt hatte und gar nicht ausübte. Aber diese Unruhe schien Diplingens nun beinahe willkommen; vielleicht freuten sich auch beide insgeheim darauf, dem Neffen mit ihrer Villa zu imponieren.

Als Oberreich eintraf, fanden Silbigs ihn übrigens gar nicht so übel, wie sie nach ihrer Erinnerung vermeint hatten. Im Gegenteil: er benahm sich außerordentlich wohltuend, wußte sich bescheiden und unterhaltsam anzupassen. Er brachte sogar ein drolliges Geschenk mit, einen kleinen, ganz jungen Goldfisch, den er, nicht ohne Schwierigkeiten, in einem Einmachglas von Dänemark bis nach Tirol transportiert hatte. Und überhaupt betrug sich der Neffe – er hatte so laute, begeisterte »Oh«-Rufe und »Ah«-Rufe für die Lustwohnung.

Erst nach Oberreichs Abreise entdeckten Diplingens, daß er das Schwimmbad mit Suppenwürze oder so was verunreinigt hatte. Sie suchten diesen unangenehmen Menschen zu vergessen, was nicht ganz leicht war, weil sie den kleinen Goldfisch so liebgewonnen hatten. Er war so rührend unbeholfen in seiner jugendlichen Unerfahrenheit. Er hatte auch noch gar keine rötliche, sondern sozusagen: gar keine Farbe, war überhaupt ganz unansehnlich, eigentlich nur ein kleines, etwas längliches Bläschen. Danach tauften sie ihn auch »Bläschen«. Für Bläschen wurde ein Goldfischglas beschafft, das man auf einem Gipssockel in den Wintergarten stellte, und man fütterte das Fischlein täglich mit 48 Ameiseneiern.

Bläschen hier und Bläschen da. Aber nach acht Tagen wird jeder Fisch langweilig. Diplom-Ingenieurs fingen, jeder getrennt für sich, an, zu überlegen, ob sich nicht gemeinsam erwägen ließe, inwiefern es berechtigt wäre, Pläne zu schmieden betreffs einer längeren Reise nach Paris.

Beide Gatten waren sich einig, aber doch war und blieb ein Hindernis. Wer sollte in ihrer Abwesenheit Bläschen füttern und wer die Pflanzen begießen? Etwa fremde Personen? – »Nein! Nein! – Nie! Nie!« Der Plan wurde aufgegeben. Die nächsten drei Tage hindurch stumpften Silbigs so hin. Es schien so, als wären sie böse aufeinander. Man hörte mal das Bullern eines Magens oder das eigene Herzklopfen. Ein andermal plätscherte Bläschen ein wenig, aber sonst –

Und doch hatte Herr Silbig noch nie so intensiv gearbeitet wie in diesen drei Tagen. Und am vierten Tag war das Wunderwerk, welches die Pariser Reise ermöglichen sollte, vollendet und angebracht.

Seitdem Diplingens abgereist waren, kreisten an der Decke des Wintergartens stetig langsam zwei Räder, von denen das eine dauernd einen ganz feinen Wasserstaub durch das Zimmer sprühte, während das andere nach jeder halben Stunde ein Ameisenei in das Goldfischglas fallen ließ. Das Wasser für die Sprühmaschine wurde vom Schwimmbassin hergeleitet. Das Reservoir für die Ameiseneier bildete ein großer hölzerner Schwebekasten.

Hans Oberreich hatte sich in diesem Fall keinen Scherz erlaubt. Er war, ohne es zu merken, selber betrogen worden von dem Kopenhagener Händler, der ihm statt eines Goldfisches einen ganz jungen Walfisch angedreht hatte.

Diplingens hätten eine dritte Maschinerie erfinden sollen, um die beiden anderen Räderwerke automatisch von Zeit zu Zeit mit neuem Öl zu versorgen. So aber ergaben sich Störungen, die allmählich schlimmer wurden. Der Zerstäuber am Wasserrad löste sich. Das andere Rad legte jetzt schon 20 Eier in der Minute, einige davon noch ins Goldfischglas.

Diplingens blieben abwesend. Die Gewächse im Wintergarten troffen. Starkes Rauschen übertönte das wohlige Plätschern des Goldfisches, welcher fraß und wuchs.

Das Erdreich war nicht mehr sichtbar. Die Lustbetten begannen zu schaukeln, die Amorchen torkelten. Eines Morgens erschrak der junge Goldfisch, weil er im Glase feststak, sich weder vor- noch rückwärts bewegen konnte.

Da überkam es ihn, daß er ein Walfisch sei; er blähte sich stolz. Das Glas platzte, und plumps – schwamm der Wal zwischen treibenden Lustbetten und entwurzelten Palmen. Er fing an, die Gips-Amoretten wie Biskuit zu zerknabbern.

So was bleibt auf die Dauer nicht unentdeckt. Die Auracher hörten nachts gräßlich gigantisches Schnauben. Eine Klage lief gegen die abwesenden Silbigs, weil der Briefträger, als er von außen die Briefklappe an der Tür öffnete, von innen mit Wasser begossen worden war.

Selbst der kaltblütige Revierschutzmann, der das Schloß aufbrach, kam einen Moment außer Fassung, als er beim Öffnen der Tür von einem herausschießenden, hydraulischen Walfisch die Treppe heruntergerissen wurde. Während im Treppenhaus der Schutzmann und andere Neugierige im Strudel der nachstürzen-

den Wassermassen ertranken und der Walfisch schon draußen auf
dem Marktplatz mit zornigen Flossenschlägen das Pflaster auf-
peitschte, gab der Magistrat telegraphisch eine Annonce an alle
auswärtigen Zeitungen auf: »Wer kauft einen lebenden Walfisch?«
Sofort meldete sich die Firma Hermann Tietz, Berlin.

Da man in Kufstein über kein großes, transportables Bassin ver-
fügte, so wurde der Walfisch in nasse Tücher eingewickelt und
während der Fahrt nach Berlin durch Klistiere künstlich ernährt.

Am Anhalter Bahnhof geriet die Begleitmannschaft mit den
Arbeitern von Tietz in Streit, weil letztere außer dem Walfisch
auch noch die Walfischwindeln beanspruchten, diese blieben aber
zuletzt doch in den Händen der siegreichen Kufsteiner.

Da war es in der Tat kein leichtes Stück für die acht Berliner, das
zappelnde, schlüpfrige Riesentier durch die Königgrätzerstraße
und weiter zu tragen.

Und kein Wunder, daß ihnen beim Übergang zum Tempelhofer
Ufer das grauenhafte Luder entwischte und in den Kanal stürzte.

Kürzen wir den Wasserweg Spree-Landwehrkanal-Havel-Elbe
etwas ab. Halten wir uns nicht länger bei erschrockenen Bade-
gästen, zerstörten Apfelkähnen auf. Übersehen wir die verschluckte
Leiche im Landwehrkanal und vermeiden wir überhaupt jede Aus-
führlichkeit, wie sich der Walfisch über Schleusen, ausgespannte
Fischernetze und das Binnenschiffahrts-Gesetz vom 15. Juni 1895
hinwegsetzte. Er erreichte die nördlichen Meere, gründete viele
Familien, um denselben seine wunderbaren Erlebnisse aus Diplingens Abwesenheit zu erzählen. Ob er dabei das Maul zu voll nahm,
niemand schenkte ihm Glauben, und so zog er sich von den Mit-
walen zurück.

Und wenn er nicht gestorben ist, so lebt er noch heute in den
eisigen Wassersteppen um Grönland herum, einsam seine Fur-
chen ziehend, traurig schaukelnd und nachdenklich blinzelnd, als
suche er vergeblich nach treibenden Lustbetten und Gipszwieback.

VOM BAUMZAPF

Magdalissimus Baumzapf ging zu seinem Onkel.

Magdalissimus hatten seine Eltern ihn taufen lassen, damit er etwas Apartes, Originelles werden möchte. Denn sein Vater war zeitlebens in langen Haaren und Sammetjackett umhergewandelt. Da sich der Alte zum Sterben streckte, hatte er ohne Zweifel keine Ahnung von dem berühmten Ausspruch Lord Byrons, daß zwei Rosse keine Violine nageln. Denn nunmehr, das heißt 28 Jahre nach des Vaters Tode und 29 Jahre nach seiner eigenen Taufe trug Magdalissimus außer diesem Namen, einer Stinkwut und zwei dicken Foliobänden illustrierter Bechstein-Märchen nichts weiter Wesentliches zu seinem Onkel.

Er haßte seinen Onkel. Der Onkel liebte ihn. Der Onkel lieh kein Geld her. Magdalissimus schenkte immer wieder Bücher hin. Der Onkel sammelte leidenschaftlich, u. a. Bücher. Magdalissimus borgte leidenschaftlich, aber unleugbar war der Onkel ein außerordentlicher Geizhals. Seitdem er z. B. einmal als Gast bei einem Diner Schnepfendreck gespeist hatte, wünschte er nichts sehnlicher, als eine Schnepfe zu sein.

Doch billigerweise hat gerade diese übelste Wurzel, Geiz, meist eine oder mehrere sonderliche Tugenden in Begleitschaft. Und allein die Freude, das Verständnis und die Sorgfalt, womit der Onkel Bücher sammelte, Bücher stapelte, hätten genügen müssen, um im Busen seines Neffen einen ganz raffinierten Mord- und Racheplan zu ersticken. Rache, weil der Onkel kein Geld gab; Mord, weil er viel besaß.

Mittelst anderweitiger Geldanleihen, zäher Energie und Schwindeleien konsultierte Magdalissimus Architekten, Notare, Literarhistoriker, besuchte er Antiquariate und Buchbinder. Und nach zwei Jahren feindseliger Zurückgezogenheit wußte er allerlei Bedeutsames, z. B. wieviel Gewicht ein Balken trägt.

Da ging er zum erstenmal wieder zu seinem Onkel, bat um Verzeihung und verehrte ihm zur Versöhnung die Memoiren Casanovas, die sehr seltene Originalausgabe, vor d. franz., 12 Bände, in Bronze gebunden.

Der Onkel umarmte ihn, weinte, blieb – der neunundsechzigjährige Mann! – seines Neffen wegen bis 2 Uhr morgens wach, sein Bestes erzählend, und begleitete sogar noch den jungen Mann vier Meilen weit bis an dessen Wohnung. Denn Geizige sind unermüdlich in ihrer Dankbarkeit. Sie leben sehr lange.

In der Folge kam Magdalissimus oft, später täglich; jedesmal brachte er Bücher für den Onkel mit. Schöne alte Bücher, interessante Bücher, dicke Bücher, Folianten. Vielbändige Werke, Brockhaus, Meyers Lexikon, Große Ausgabe; den ganzen Luther, Europäische Annalen. Erbauliche Werke. Eine umfangreiche Bibelsammlung auf einmal und dann nach und nach ixerlei, wahllos oder vielmehr encyklopädisch. Auch anfechtbare Sachen, wie Karl Mays Schriften, alle Sammelbände Simplicissimus und dergl. All das neu und solid gebunden. In Holz gebunden mit Messingbeschlägen. In Lederdeckeln mit Bleieinlage. In sammetüberzogenes Eisen gebunden. In Nickel; in Kupfer.

Magdalissimus Baumzapfens Mutter starb am Magenkrebs und hinterließ, was aus zwölfjährigem Mittagstisch herauszuschlagen war. Der Onkel weinte, küßte, tröstete, dichtete einen Nekrolog, zeichnete die Verblichene aus dem Gedächtnis, wanderte jeden Sonntag eigenhändig nach dem Friedhof, um das Grab zu begießen, und schenkte die Jugendbriefe der Toten hin. Schenkte!

Magdalissimus wendete die halbe Erbschaft daran, um sich mit wertvollen Reisebeschreibungen und sämtlichen Jahrgängen der »Times« zu revanchieren.

Er redete auf seinen Onkel ein: Hier eine kostbare unersetzliche Bibliothek in dauernder Feuersgefahr. Demgegenüber nichtswürdig hohe Versicherungsgebühren. Und dahinter fast lächerliche, nein trügerische Ersatzansprüche. Der Onkel verließ nicht mehr seine Wohnung.

Magdalissimus kam und schenkte. Er wog seine Geschenke zuvor, ideell wie materiell. Sein zweijähriges Studium hatte ihm eine gewisse physikalische und mathematische Gewandtheit verliehen, und eine verständliche Vorsicht gab ihm den Vorsatz ein, die letzten fünf Zentner nicht mehr persönlich zum Onkel zu schaffen, sondern sie lieber eingeschrieben per Post aus Influenza zu senden. In seinen Gedanken galt ihm dabei ein zerquetschter Paketträger für ein schreckliches betrübliches, aber unumgängliches Opfer.

Onkels Bewegungsradius verkleinerte sich. Bücher drängten sich an Bücher, übereinander bis an die Decke. Und da sandte Magdalissimus das neue, verschließbare und feuersichere Bücherregal aus Stahl.

Onkels Zimmerwände knackten spukhaft. Es knackte in den Bohlen des Fußbodens. Onkel wurde unruhig. Er merkte schon lange was, aber nicht richtig was.

Jetzt wieder zurück zum Anfang der Erzählung. Magdalissimus Baumzapf ging zu seinem Onkel. Das letzte Mal.

Er schenkte zwei illustrierte Foliobände: Bechsteins Märchen, in vergoldeten Marmor gebunden. Onkels Stube betretend, ließ er die Bücher im Schreck fallen, weil er eine Senkung im Fußboden gewahrte; und das Fensterbrett war verbogen. Aber gleich hinterdrein erschreckt, hob er die Bücher hastig wieder auf, um den Fußboden wieder um ihr Gewicht zu erleichtern.

»Mach dir's leicht, guter Junge, und nimm Platz«, sagte der Onkel. Onkel hatte heute etwas zum Anbieten: Zigaretten, eine ganz besondere Sorte, zwei Stunden weit extra für den Neffen herbeigeholt. Der nickte nur, weil ihm der Atem noch nicht zurückgekehrt war.

»Mein Gott! Junge, du bist ja ganz blaß! Fehlt dir was?«

Magdalissimus wehrte verwirrt, suchte nach irgend – – Aber es klopfte, und ein halbes Dienstmädchen meldete, die erste Lieferung von Bollermann sei angelangt.

Vielleicht erhoffte Onkel eine neue bibliophile Dedikation Magdalissimi; er sagte: »Bitte, man soll sie hereinbringen.« Dabei griff er mit erstaunlicher Stärke und Behendigkeit sechs Bibeln aus einem Regal, als wollte er Platz für das Kommende schaffen. »Onkel«, rief Magdalissimus, sich erregt erhebend, »erwartest du etwa noch – –?«

»Bitte halte mal!« antwortete der Onkel und drückte ihm die sechs Bibeln so wuchtig in die Arme, daß der junge Baumzapf damit in den Sessel zurückfiel. Da klopfte es, ging die Türe auf, brachte ein bügelförmiger Mann die erste Lieferung von Bollermann herein: Zwei Zentner Kartoffeln. »Macht fünf Mark.«

Wo die Senkung im Fußboden war, knackte es. Der braune Fußbodenlack bekam das Muster windbestrichener See.

Magdalissimus wollte sich – – die Bibeln – – »Onkel!!« – – Kennacks – Prrracks – Tschsch-Tu – Tsch – Lipp-Wupp – Huihhh – (Fallen).

(Onkel bewohnte im vierstöckigen Geschäftshause eine preiswerte Mansardenwohnung.)

Bum – Kladdera – Bumms –. Mit den tausenden von Büchern mischten sich plötzlich Akten, Schreibmaschinen, junge Mädchen und Tintenfässer. – Nack – Nicks – Pracks – Drucks – Uhüiihh – Bum – Kladdera – Bumms –. Mit den Büchern, Mädchen, Akten, Tintenmaschinen und Schreibfässern vermengten sich plötzlich tausende von Korsetts – lila, weiß, rosa. Krrr – Uiehks – schlitterteklitterte huihhh Bumms. Intimes Interieur. Ganz flüchtig. Ein Arzt schrie auf. Die Geburt eines Zwillings war abgebrochen. Knacks – Huih – Bumms – Bumms – –. Stille – –.

Magdalissimus war so verschüttet, daß sein Kopf eben noch herausragte. Zwei Stunden dauerten die Aufräumungsarbeiten bis zu seiner Befreiung, und gerade so lange lebte er noch. Aber während dieser Zeit sah er dauernd seinen Onkel beflügelt in den Wolken kreisen, einen Fünfmarkschein in der Hand schwenkend, und hörte ihn fröhlich zwitschern.

EHEREN UND HOLZEREN

Die babylonische, die aztekische, die chinesische. Aber sprechen wir nicht mehr davon. Wer sich näher dafür interessiert, sei auf Otto Bergmanns Berge und Täler der Äonen, Jena 1804, Verlag Weidebach, 8°, Halbfranz, hingewiesen.

Um 4700 vor Christi Geburt herum lebten hoch im Norden, von Meeren und Eisbären eingeschlossen, die Eheren, Nachkommen und Untertanen des greisen Königs Holzkopp. Der war berühmt wegen seiner weichen, gütigen Seele, die ihn bewog, mit jedem harten, trotzigen oder auch nur energischen Menschen, der ihm begegnete, Händel anzufangen und ihn kleinzukriegen. Und so hatte er längst alles, was ihn im weiten Kreise umgab, kleingekriegt und herrschte darüber in gütiger Weichheit. Handel und Wandel und Künste blühten. Nutzhölzer, Zierhölzer, Fässer, Wagen, Schlitten, Laubsägearbeit und Holzbildhauer. Das Volk war zufrieden, verfiel auch nicht in bosheitbrütende Langeweile, weil im Laufe der Jahre sich immer mal wieder ein Fremder nach dort verirrte, der die Eheren in ernstes oder heiteres Erstaunen versetzte. Weil er seltsame Kleider und Gegenstände trug, nicht Eherisch verstand, und keinen Mihinka trinken mochte, diesen köstlichen, aus Renntierläufen und Meerrettich hergestellten Naturwein.

Selbstverständlich wurde solcher Fremdling zuerst zum König geführt, der ihm vieles schenkte, einiges nahm und ihn in der Form von Belehrungen ausforschte. Besonders sympathischen Gästen pflegte er sogar ein Geheimnis mitzuteilen, von dem keiner seiner eigenen Untertanen etwas wußte. König Holzkopp war nämlich Erfinder und Besitzer des magnetischen Nordpoles. Dieser bestand aus einer kleinen Pastete, die der König in guter Stunde gebacken hatte und nun in einem, von hohen Mauern geschützten, großen Garten aufbewahrte. Die Pastete blieb aber auch für die sympathischen Gäste unzugänglich und unsichtbar, weil sich darüber ein gigantischer Haufen von angezogenen Eisengeräten angesammelt hatte. Speere, Schwerter, Nagelfeilen, Ankerketten, Enterhaken, Nähmaschinen, Stacheldraht.

Die Fremdlinge, die ins Land der Eheren verschlagen wurden, waren zum Teil recht bemerkenswerte Leute. Im Gästebuch des Königs stehen Namen wie: Luluhili, genannt der eiserne Kanzler von Phönizien. Oder: Mabius, Degenschlucker aus Mittweida.

Solchen Persönlichkeiten von zähem, willensstarkem Naturell oder stählerner Entschlossenheit und den sympathischen Gästen pflegte der König später, nachts, in guter Stunde, wenn sie schliefen, unter gütigem Lächeln die Kehle abzudrücken.

Die drahtlose Telegraphie – in anderer Methode als später in Europa – wurde erfunden. Allerdings zunächst nur der gebende Teil. Der König und seine Untertanen sandten zahllose Telegramme in die unbekannten Fernen hinaus. Zum Beispiel: »An alle. Ich, König Holzkopp, habe durch mein Volk die halbe drahtlose Telegraphie erfinden lassen.« Auch kurze Kabelworte: »Prosit Neujahr! Die Eheren.«

Ungeheures Aufsehen erregte es, als der zweite, der aufnehmende Teil der drahtlosen Telegraphie erfunden wurde. Mit elementarer Spannung wartete alles. Wirklich traf ein Funkspruch ein.

Uha, die greisenhafte Großmutter des Königs, war die einzige, der es gelang, Sinn in die fremdsprachlichen Worte zu bringen. Sie übersetzte: »Ihr, König Holzkopp, und ihr Eheren alle könnt uns, die Holzeren, Eure Antipoden, am –«

Das Telegramm war noch länger, jedoch beim Vorlesen des Wörtchens »am« ward Uha vom Schlage gerührt. Weil sie derart zu Tode beleidigt worden war, und man nun den Schluß nicht erfuhr, so fühlten sich die Eheren gekränkt. Und der König geriet in solche Wut, daß er sich nackt auf den Thron begab, die Mobilmachung befahl und niemals wieder Kleider anlegte. Das Volk hingegen bekleidete sich mit hölzernen Rüstungen und Schuhen, denn Metall war ihm unbekannt, griff zu hölzernen Waffen und schiffte sich auf hölzernen Barken ein. Der König nahm heimlich die halbe Pastete mit.

Damals gab es außer und nahe dem geographischen Südpol noch einen holznetischen Südpol, der die Eigentümlichkeit besaß, alles Hölzerne anzuziehen. Daß die Quelle dieser Wunderkraft letzten Endes in einem Pudding bestand, wußte nur Stahlhaupt, der harte, grausame König der Holzeren. Er hatte den Pudding gekocht und wußte ihn im Geheimgarten, unter einem Riesenberg von angezogenen Holzgeräten verwahrt. Ruder, Bootsplanken, Spindeln, Pfahlbauten, Särge, Quirle, Bleistifte.

König Stahlhaupt lief sein Leben lang immer nackt herum. Er haßte Weichlinge und Schlappschwänze, und wenn je Fremdlinge von derartiger Charakterbeschaffenheit sich ihm oder seinem Lande näherten, so reizte er sie durch Beleidigungen und stellte sich gleichzeitig ängstlich, unsicher, bis die Gekränkten ihn angriffen. Dann, weiterreizend, floh er zum Schein, ließ sich sogar etwas verprügeln, um ihre Tapferkeit noch weiter anzuspornen. Bis er sie schließlich aus Notwehr totschlagen mußte.

Ein historischer Funkspruch traf ein. Die Holzeren betranken sich mit Wimmhubs, ihrem schmackhaften, aus Pinguinbutter und Soda hergestellten Nationallikör. Dann legten die Untertanen Stahlpanzer an und bestiegen eiserne Schiffe, denn Holz war ihnen ein unbekanntes Mineral; und der nackte Stahlhaupt folgte ihnen und trug heimlich den Pudding in der Hand.

Ob es anno 4680 war, also in dem Jahre, von dem der Vikinger Historiker Wlehd erzählt, daß es durch eine ungeheure magnetische Deviation alle nautischen Berechnungen über den Haufen warf. Oder später? Sicher ist nur, daß auf dem Meere, welches damals die Gegend des heutigen Rastenburg bedeckte, die beiden Flotten einander in Sicht kamen.

Da geschah sofort etwas Unerhörtes, Einzigartiges. König Stahlhaupt war, der besseren Übersicht wegen, mit seinem Schiff etwas hinter den anderen zurückgeblieben. König Holzkopp andererseits stand, die halbe Pastete in Händen, auf seinem Flaggschiff und hatte aus kriegerischer Bescheidenheit den anderen Schiffen einen gewissen Vorsprung gelassen. Plötzlich sahen beide Könige ihre Flotten in rasender Geschwindigkeit dem Feinde zufliegen und fühlten beide gleichzeitig, wie ihr eigenes Schiff ihnen unter den Füßen wegglitt. Eine tausendstel Sekunde später war folgende Situation perfekt: König Stahlhaupt stand von lauter holzgepanzerten Eheren umringt auf einem der dicht aneinander gepreßten Holzschiffe. König Holzkopp hingegen befand sich auf der eisernen Flotte von lauter Holzeren umringt. Erst jubelten beide Völker über den gefangenen König, dann trauerten sie über den verlorenen König, dann entdeckten beide Völker das Ausgleichende ihres Schicksals und verabredeten funkentelegraphisch einen Königsaustausch. Auf ein bestimmtes Signal hin sollten beide Parteien ihren Gefangenen in einem Ruderboot entlassen, ohne zu folgen. Beide Völker brachen aber diese Verabredung nachher, indem beide den entlassenen Gefangenen mit sämtlichen Schiffen folgten. Ob dieser beiderseitigen Niedertracht wurde der Waffenstillstand abgebrochen. Die Seeschlacht sollte beginnen. Da die königlichen Gefangenen selbstverständlich nicht daran teilnehmen konnten, sondern überwacht Zurückbleiben mußten, ergab sich ein merkwürdiger Beweis für die Hilflosigkeit führerloser Streitkräfte. Beide Flotten gingen nicht vor. Sie beschimpften sich nur aus der Entfernung gegenseitig per Funkentelegraphie. Als aber die Vorräte zur Neige gingen, kam Unzufriedenheit auf. Bald war man hüben und drüben auf Friedensverhandlungen erpicht.

Die Eheren sandten den Holzeren zehn Tonnen Mihinka. Die Holzeren sandten den Eheren fünf Tonnen Wimmhubs. Danach vereinigten sich die beiden Flotten. Die Könige küßten sich. Und alle betranken sich und betrugen sich so laut und rüpelhaft, daß ein noch nie dagewesener Seesturm losbrach, wobei sämtliche Eisenschiffe mit den Holzeren samt König Stahlhaupt und dem Pudding untergingen.

Die Eheren aber retteten sich auf ihren kieloberst treibenden Fahrzeugen nach ihrer südöstwestlich vom geographischen Nordpol gelegenen Heimat.

DAS SCHLAGENDE WETTER

Alle Welt kennt E. T. A. Hoffmanns Leben, schätzt seine Werke. Niemand weiß, daß zwei uneheliche Söhne des Dichters die Hamburger Bergakademie besuchten. Wer vermöchte heute anzugeben, wo das angeblich in einer italienischen Schublade gefundene Schriftstück des fragwürdigen Norwegers Tenkjörd geblieben ist? Ob jemand wagen wird, die folgende Darstellung zu widerlegen?

Bei allem Fleiß und größter Begabung fühlten die Brüder Reinhard und Wolfgang sich doch auf der Bergakademie nicht recht wohl. Von dem theoretischen Wust angewidert, verließen sie die Anstalt, um sich dem praktischen Teile ihres Berufes und innerhalb desselben wieder der phantastischen Seite zuzuwenden. Sie gingen aufs Bohren aus, wollten Kali, Wasser und alles Mögliche bohren.

Unbemittelt, nicht im Stande, sich ein Bohrwerk anzulegen, zogen sie zunächst mit zwei Wünschelruten und langen Handbohrern versehen durch Hamburg. Sie waren viel zu klug, zu weitblickend, um den Mut zu verlieren, als die Wünschelruten lange Zeit weder in Wolfgangs noch in Reinhards Händen reagieren wollten. Als aber, da die Brüder eines Tages gerade den Jungfernstieg an der Alster querten, beide Wünschelruten mit eins ausschlugen, setzten die Brüder auf der Stelle ihre Bohrer an und drehten fieberhaft, ohne sich um die Einsprüche der Polizisten, Kutscher und anderer Verkehrs- und Geistesgestörter zu kümmern. Nachdem sie die erste Gasleitung unterm Asphalt zerstört hatten, gelang es, die Brüder zu überwältigen und ins Gefängnis zu bringen. Wo sie zwei Jahre verbüßten.

Ihre Entlassung fiel zeitlich gerade in eine ebenso Aufsehen erregende wie nützliche Reklameveranstaltung, in die sogenannte »Hamburger Höflichkeitswoche«, auf die eine dortige Kaffeefirma nach dem späteren Beispiele eines Berliner Verlages verfallen war. Acht Tage lang durchstreiften nämlich Angestellte jener Firma unauffällig beobachtend die Straßen und Plätze, und wenn sie auf besonders höfliche öffentliche Handlungen oder Gespräche stießen, so traten sie auf den Höflichsten unter den Höflichen zu und sagten, ihm einen kuvertierten Tausendmarkschein überreichend: »Da, mein Junge, nimm das Geld und merke Dir: Hoppenstiels Kaffee ist der beste!« In jener Woche war allenthalben in Hamburg zu beobachten, wie die Leute auf einmal sich an Höflichkeit zu überbieten suchten.

Damals also verließen die beiden Hoffmanns die Strafanstalt und bestiegen, obwohl sie keinen Pfennig Geld besaßen, teils dreist, teils ahnungslos eine Straßenbahn. Eine Strecke weit wußten sie sich durch geschickten Platzwechsel dem Kondukteur zu entziehen. Als dieser sie aber schließlich doch mit der anständigen Frage stellte: »Belieben die Herren vielleicht ein Billet zu erwerben?« zog Reinhard seinen Entlassungsschein hervor, tat sehr erschrocken und rief mit geheucheltem Bedauern: »Ach, verflucht nochmal, wie fatal! Ich dachte, das sei ein Tausendmarkschein, und nun habe ich kein Geld bei mir.«

Unverzüglich erhob sich da der nächste Fahrgast und sagte: »Mm-hh-tp ist mein Name; dürfte ich Ihnen vielleicht mit einem Tausendmarkschein unter die Arme greifen?«

Wolfgang Hoffmann überkam etwas wie Ahnung von verwandelter Menschheit. »Sie wollen uns borgen?« sagte er und wurde rot, weil er unwillkürlich den Schein schon ergriffen hatte.

»Borgen?« erwiderte der Fremde errötend. »Ich bin sehr beschämt, daß die voreilige Ausdrucksweise meiner ergebensten Absicht eine Mißdeutung –«

»So sehr es mir zur Ehre gereichen würde«, fiel der Schaffner ein, »dem Herrn Reichsgrafen einen Tausender zu wechseln, so fehlt es mir doch leider –«

»Vergeben Sie mir«, stammelte emporschnellend ein anderer Fahrgast, »wenn ich so frei bin, die Kleinigkeit des Fahrpreises in stimmender Münze –«

Dieses Höflichkeitsgeflecht wurde quer durchschnitten, indem die Brüder Hoffmann plötzlich mit dem Tausendmarkschein das Weite suchten.

Über die Frage, wie der geschenkte Raub zu teilen sei, gerieten Wolfgang und Reinhard in Streit. Weil sie an Mut, Wut und Stärke einander nichts nachgaben, so teilten sie letztlich das Geld und ihre Brüderlichkeit durch 2 und gingen feindselig auseinander. Reinhard verscholl. Denn niemand wußte darum, daß er sich und seine 500 Mark bis China durchgebracht hatte. Wolfgang aber pachtete für sein Geld eine städtische Bedürfnisanstalt an der Alster.

Vier Zellen hatte dieses primitive Etablissement. Davon florierten drei sehr ersprießlich zum Ärger des Pächters, während die vierte zum Ärger des Publikums dauernd verschlossen blieb. Sie sei von einem Chronischen besetzt, erklärte Wolfgang auf Befragen. In Wirklichkeit benutzte er jede frei Minute zwischen Aufschließen und Adieu-Sagen, beziehungsweise Einkassieren, um in jener geheimnisvollen Zelle emsig Bohrversuche anzustellen.

Bald entdeckte er zu seiner Freude, daß er auf eine Wasserader gestoßen war. Gleichzeitig versagte in den Nebenstellen die Wasserspülung, aber Wolfgang beachtete das nicht weiter, sondern gab dem neuentdeckten Strahle eine Rohrbettung, die er zunächst verschloß, um sie später einmal wirtschaftlich und pekuniär auszubeuten. Inzwischen entzog er die zweite Zelle der öffentlichen Nutznießung und bohrte dort weiter. Mit seiner ingeniösen Begabung und mit dem reichlichen Gewinn, den die beiden anderen Zellen noch abwarfen, konnte er seine Bohrwerkzeuge aufs Trefflichste vervollkommnen.

Abermals ward er fündig. Petroleum. Rohrleitung zugestopft. Ausnützung auf später verschoben.

Während das Publikum vor der vierten, noch einzig aussichtsvollen Zelle in langer wartender Schlange anstand, bohrte Wolfgang in der dritten. Und er wurde dort – wenigstens moralisch – der Entdecker einer heißen Mineralquelle. Nicht juridisch, weil, als ihn seine Bedürfnisanstaltspflicht im entscheidenden Moment abrief, ihm zwei andere, harmlose Augen zeitlich zuvorkamen. Übrigens hatte Wolfgang nahezu das gleiche Interesse daran, diese heiße Quelle und die Kenntnis davon wieder zu verschütten, wie jener harmlose Senator, der in so mysteriöser Weise hinterrücks angebrüht worden war.

Aber, wie das so geht, etwas sickerte doch durch. Die Anstalt blieb – öffentlich hieß es wegen Reparatur – vier Wochen lang geschlossen.

Wolfgang nutzte diese Zeit aus und bohrte und bohrte in der vierten Zelle. Bohrte und nahm immer längere Bohrstangen, verlängerte diese, fügte einen Ansatz nach dem anderen an die Verlängerungen, bohrte Tag und Nacht. War sich, nach dem Maße der Schnelligkeit, womit er tiefer drang, jederzeit darüber klar, welches Gestein oder welche Erdschicht er gerade durchbohrte. Bohrte unermüdlich, zuversichtlich, denn er wußte, daß das von ihm und seinem Bruder gemeinsam erfundene Material des Bohrers auch das härteste Gestein, ja, selbst Stahl überwinden würde.

Dennoch stieß er eines Tages nicht nur auf Widerstand, sondern sogar auf Gegendruck. Er erbleichte für einen Moment. Dann hatte er's.

»Mein Bruder! – das Luder!« rief er aus, ohne etwa in dieser haßerfüllten Stunde reimen zu wollen; er riß den Bohrer heraus und näherte ein Fernrohr und sein Auge der Öffnung.

Wahrhaftig! Sein Bruder! Sein Bruder hatte von einer Gegenseite der Erdkugel aus ebenfalls gebohrt, und die beiden Richtungen begegneten sich zufällig in ein und derselben Linie.

Deutlich erkannte Wolfgang durch den etwa fünf Zentimeter breiten Bohrgang das giftige blutunterlaufene Auge des Bruders.

»Schwein!« schrie er berstend vor Wut in die Öffnung hinein.

»Rindsvieh!« kam es als Antwort zurück.

Einen Tag lang beschimpften die Brüder sich wechselweise, dann versuchte jeder den anderen anzuspucken. Beide Spucken kamen niemals an. Dann versöhnten sich Wolfgang und Reinhard und riefen einander herzliche Grüße, Geburtstagswünsche und Neujahrsworte zu. Darauf kamen sie auf sachliche, demzufolge auf geschäftliche Gespräche. Dann rohrpusteten sie sich gegenseitig Schmuggelwaren zu: Opium gegen Bayerische Malzbonbons. Schließlich tauschten sie politische und börsianische Berichterstattungen aus und wurden – der eine in China, der andere in Hamburg – innerhalb von fünf Tagen als Propheten so reich und angesehen, daß jeder von ihnen den anderen, also den Mitwisser des Bohrlochgeheimnisses, aus der Welt wünschte, um sich dann unbesorgt zur Ruhe setzen zu können.

»Hallo!« Beide Brüder riefen sich in demselben Moment den verabredeten Anruf zu. Beide Brüder setzten im nächsten Moment eine Pistole an die Öffnung und schossen los; legten sodann ein Auge an, um die Wirkung ihres Schusses zu genießen.

Im Erdinnern platzten die beiden losgefeuerten, mit Aufschlagzündern versehenen Geschosse aufeinander, an einer Stelle, wo sich Gase angesammelt hatten. Das schlagende Wetter fand nur zwei schmale, etwa fünf Zentimeter breite Ausgänge, die es mit Stichflammenkraft benützte.

In einem chinesischen Tempel und in einer Hamburger Bedürfnisanstalt wurde gleichzeitig je ein verkohlter Nachkomme E. T. A. Hoffmanns gefunden.

VOM TABARZ

Auf der Wiese zu Jekaterinburg geboren und wißbegierig war die kleine Fliege, aber unverschämt. Es war unvermeidlich wie ungewollt, daß sie durch ihre Neugierde mancherlei lernte. Damit prahlte sie dann, überhob sich ihren Gleichalterigen und war undankbar gegen abgegraste Lehrer. So besuchte sie oft ihre gebrechliche Großmutter, um sich alte Fliegensagen erzählen zu lassen: Von der Schlange Leim, die sich aus Kronleuchtern herunterläßt und Zucker ausschwitzt, um ihre Opfer anzulocken. Oder vom Ungeheuer Klatsche, das auf Menschen wohnt. Und mehr. Aber waren derartige Erzählungen zu Ende, dann warf die schnöde Fliege die Eier durcheinander, die Großmutter während des Sprechens gelegt hatte, und flog nach solchem oder ähnlichem Unfug ohne Abschied davon, um den Freunden und Bekannten Selbsterlebtes betreffs der Schlange Leim vorzulügen.

Die Mitfliegen staunten über Wuppys Kühnheit. Wuppy setzte sich in ihrer Gegenwart auf die Schiene, als das D-Zug heranbrauste, und schwur hoch und teuer, sie würde nicht weichen, sondern das D-Zug anhalten. Die Lokomotive tutete.

»Es hat Angst! Es schreit!« triumphierte Wuppy. Der Zug bremste, hielt. »Na, seht ihr's?« Viele Menschen entströmten dem Zug.

»Es gebiert lebendige Junge«, erklärte Wuppy wichtig und flog neugierig hin, um die Neugeborenen zu berüsseln.

Geriet in den Leib des D-Zuges und nahm dort auf einem Wurstbrot Platz, das auf dem Schoße eines D-Zug-Embryos balancierte.

Die transsibirische Eisenbahn fuhr weiter; über Tscheljabinsk und Irkutsk. Neben dem Wurstbrot lag eine verkorkte, mit Kaffee gefüllte Flasche. An einem rindenartigen Teil derselben klebten zwei süße Tropfen; aber die Fliege wurde gestört durch trampelnde Finger des Kornhändlers Pagel. Der versuchte ohne Pfropfenzieher zu öffnen. Weil das mißlang, stieß er den Korken mittelst eines

Bleistiftes hinein, danach tat er einen Schluck. Die Fliege war, als sie die Rinde mit den süßen Tropfen entschwinden sah, sofort hinterdrein geschossen. Plötzlich ward sie von einem Strudel gepackt, verlor die Besinnung, und als sie wieder zu sich kam, schwamm sie. Wie damals im Tümpel hinter der Dotterblume. Sie wußte instinktiv und durch Großmutter etwas von der Gefahr des Ertrinkens. War daher überglücklich, ein Rindenland zu erblicken, erreichte, bestieg es und stürzte sich auf zwei süße Tropfen. Dabei beschäftigten sich ihre Hinterbeine mit Abtrocknen.

Herr Pagel hatte die Flasche mit Papier zugestopft und ins Gepäcknetz gelegt, nun las er, dann streckte er sich zum Schlafen.

Nach fünf Reisetagen stieg in Strjetensk ein kleines Kosakenmädchen ins Coupé. Der Kornhändler wollte ein Gespräch anknüpfen, aber sechs Tage später, in Chabarowsk, stieg das Mädchen schon wieder aus.

Fürchterliches hatte die Fliege in diesen Fliegenjahren erlebt: Erdbeben, Springtiden, Seestürme und gräßliche Wasserhosen. Wuppy machte eine naturwissenschaftliche Beobachtung: Nach jeder Wasserhose war das gelbe Tümpel um sie herum seichter.

Schon längst und wiederholt hatte die entsetzte Fliege versucht, das Rindeneiland zu verlassen. Sie hatte sich dabei sogar vorgenommen, ein neues, bescheideneres Leben anzufangen. Aber überall, in gewissen, unterschiedlichen Distanzen fand sie eine gefrorene Luftschicht, die sich zwar durchsehen, aber nicht durchfliegen ließ. Wuppy vermeinte anfangs, sich verirrt zu haben, doch stellte sie fest, daß ihre Umgebung dieselbe war und blieb.

Fünfzehn Werst vor Wladiwostok hielt der Zug auf offener Strecke infolge Achsenbruches. Der Kornhändler öffnete das Fenster, um nach der Ursache zu fragen. Dann öffnete er die Flasche, um zu trinken; mußte aber vorm Trinken erst niesen. An diesem Fliegentage fand Wuppy, der Luftströmung folgend, einen Ausweg und war auf einmal auf einer Wiese, auf ihrer Wiese. Der Gefahr entronnen blähte sie sich sofort übermütig auf.

Sonderbar: die Blumen hatten sich verändert. Wie lange mochte es wohl – – Es schien doch, als – –. Wuppy kam aufs philosophische Nachdenken. »Ja!« – »Aha!« – »Seltsam!« – »Aber selbstverständlich!« Aber wie lange mocht es nur her sein? Wuppy suchte vergeblich nach ihren Gespielen. Endlich entdeckte sie den alten Brummer vom Kaninchenaas. Tobbold, oder wie er hieß, ein unwissender Proletarier. Aber aus Neugierde sprach Wuppy ihn an: »Na, Vater Tobbold, was machen denn die alten Knochen?«

Der alte Brummer glotzte, ohne zu antworten. Offenbar war er vertrottelt, denn auch sein Äußeres war verzerrt. Als aber Wuppy nun auf andere Fliegen stieß, die alle keine Antwort gaben und alle auch äußerlich entstellt waren, fragte sie sich: Sollte eine ganze Generation Fliegheit vertrotteln können? Dann reflektierte sie weiter: Ich, Wuppy, habe das Problem aufgerollt, ob eine ganze Generation Fliegheit vertrotteln kann. Da meine Mitfliegen diesem Gedankengang ersichtlich nicht zu folgen vermögen, muß ich doch ein – ich darf aus genialer Demut nicht aussprechen, was – sein.

Der große Wahn verstärkt die positiven Fähigkeiten. Wuppy erblickte auf 20 Meter Entfernung eine ihr von Jugend und Großmuttern her bekannte Gefahr: das Laubfrosch. Wuppy begnügte sich nicht damit, ihr Leben in Sicherheit zu bringen, sondern stellte eine Intelligenzprobe an, indem sie in Überlaubfroschhupfhöhe kreiste und durch provozierendes Lachen das Frosch reizte. Es quackte wütend, schließlich kleinlaut. Wuppy wurde in diesem superioren Moment mordsmäßig durch eine Schwalbe erschreckt, die in Rüsselbreite an ihr vorbeisauste. Wuppy flüchtete. Die Schwalbe folgte. Wuppy setzte sich auf einen Ast. Die Schwalbe auch. Wuppys Herz klopfte zum Zerspringen. »Ich fresse Sie nicht«, sagte die Schwalbe beruhigend, »ich bin schon satt.«

Die Schwalbe suchte Unterhaltung. »Ich bin noch gar nicht lange aus Afrika zurück. Auf dem Meere – – wissen Sie, was ein Meer ist?«

Wuppy schüttelte furchtsam den Kopf.

»Sie brauchen keine Angst zu haben«, versicherte die rührende Schwalbe, »vielleicht interessiert es Sie, von meinen Reiseerlebnissen zu hören.«

»Wenn Sie mir Ihr Ehrenwort geben, daß Sie mich nicht fressen«, sagte Wuppy heiser vor Aufregung.

Die Schwalbe gab's. »Ich weiß sehr wohl, was ein Meer ist«, hub Wuppy dreist an, »und habe überhaupt in meinem tausendjährigen Leben mancherlei –«

»Tausendjährig?« fragte die Schwalbe.

»Ja, tausendjährig. Ich habe hier noch erlebt, daß die Luft stellenweise gefror; ich weiß nicht, ob Ihnen der Begriff Eiszeit geläufig ist.«

Die Schwalbe zog ein sehr einfältiges Gesicht. Wuppy wippte und fuhr dann, mehr wie zu sich selber, aber immerhin sehr laut und deutlich fort: »Damals vor dem Seesturm, als ich das D-Zug zum Stehen brachte.«

»Bitte, erzählen Sie!« bat die Schwalbe.

»Nein, ich spreche nicht gern davon. Außerdem nehmen mich zur Zeit ernste philosophische Probleme so in Anspruch – – Sicherlich ist Ihnen doch wohl bekannt, wer ich bin –?«

»Nein«, sagte die Schwalbe.

»Nein?? Ach wie drollig!« Wuppy lächelte gezwungen. »Aber schon recht. Reden Sie ganz wie mit Ihresgleichen. Sie wollten Erlebtes berichten. Es ist mir durchaus nicht uninteressant, sowas in der primitiven Vorstellungsweise, in der naiven Sprache des Volkes zu vernehmen.«

»Ich wage es nicht«, sagte die Schwalbe.

»Papperlapapp! Schießen Sie mal los mit Ihrem Schwalbenlatein.«

Die Schwalbe begann eine lange Geschichte anspruchslos vorzutragen. Wuppy hatte drei Beine über drei andere geschlagen und sich ein wenig abgedreht, als hörte sie nur mit einem Ohr zu. Sie

hörte aber überhaupt nicht zu, sondern erwog heimlich Flucht-
pläne. Plötzlich brach die Schwalbe ihre Erzählung ab.

»Nun? Was weiter?« fragte Wuppy.

»Mich hungert«, sagte die Schwalbe verlegen und wurde rot.
Im selben Moment schwirrte Wuppy, was sie schwirren konnte, in
die Tiefe hinab, um sich ins Gras zu retten. Dort wurde sie vom
Laubfrosch verschluckt. Die rote Schwalbe aber flog verärgert nach
Afrika zurück, wo sie mit ihrer Farbe viele Büffel wild machte. –

Der aus Canada stammende Naturforscher, der den Laubfrosch
zersägte, fand die Fliege und sagte: »Ei ei!« Er sagte es natürlich auf
Englisch. »Egg egg!« Wuppy legte zufällig in diesem Augenblicke
ihr erstes Ei. Sie war längst in dem Alter. Diese vermeintliche
Reaktion ließ den Naturforscher selig erschauern. Die Entdeckung
war gemacht, der theoretische Beweis einmal praktisch belegt. Es
gab eine tierische Vernunft im menschlichen Sinne. Es gab eine
Verständigungsmöglichkeit zwischen Insekt und Professor. In der
Stärke und Sicherheit dieser Überzeugung gelangen dem Forscher
weitere Fortschritte. Es bedurfte nur eines Rohres mit feinsten
Membranen. Das hatte Professor Nipp aus Canada schon mitgebracht.

Die Fliegensprache zerfällt erstens in einen pantomimischen Teil.
»Guten Morgen« heißt z. B. auf Fliegisch nicht »*Good morning*«.
Rechtes Mittelbein dreißig Grad nach oben gekrümmt, bedeutet:
»Wie spät ist es?« Mit unermüdlichem Fleiß lernte Professor Nipp
Fliegisch. Der phonetische Teil dieser Sprache kennt keine Masku-
lina.

Nipp schloß einen Vertrag mit der Fliege. Sie verpflichtete sich,
den Professor auf einer sechsmonatigen Vortragsreise durch Canada zu begleiten und während der Vorführungen durch promptes
Antworten und folgsames Reagieren die demonstrative Beweis-
führung des Professors zu unterstützen. Dieser verpflichtete sich
dagegen, ihr während der Reise angemessene Nahrung und Unter-
kunft zu bieten, und garantierte dafür, daß das Auftreten der Fliege

im streng wissenschaftlichen Rahmen bliebe und keiner merkantilen Ausbeutung ausgesetzt sei. Wuppy Unterzeichnete den Gegenkontrakt fliegisch mit mehreren plastischen Pünktchen.

Professor Nipp kabelte nach Canada, bestellte Säle, Reklame und Impresario. Er kaufte ein schönes Fliegenspind, setzte Harzer Käse, Erdbeeren und Pferdedung hinein und bat Wuppy, näherzutreten. Dann schiffte er sich und sie ein.

Es war eine herrliche Überfahrt. Die frohe, durch eine gewisse wissenschaftliche Weihe gehobene Stimmung des Professors machte ihn aufmerksam und gütig gegen alles und jedermann. Er kletterte mittags ins Matrosenlogis hinunter, spendierte Cognak und unterhielt sich mit den Seeleuten. Es waren merkwürdige Kerle, etwas einseitig, aber durchaus gar nicht dumm, sondern sogar nachdenklich und amüsant. Wie sie bei großer Weltkenntnis oft noch am seltsamsten Aberglauben festhielten, wobei ihre schnurrige Phantasie die wunderlichsten Wege ging.

Der Leichtmatrose Fritzsche erzählte von dem unmenschlichen Riesen Tabarz, den er schon mehrmals auf See angetroffen hätte. Professor Nipp lächelte, aber auch die eignen Kameraden nahmen Fritzschen nicht ernst, weil er aus Friedrichroda stammte. Der Leichtmatrose stieg beleidigt an Deck. Nach einer halben Stunde rief er dringlich von oben herab: ›Herr Professor! Herr Professor!‹«

»Was gibts?«

»Er ist da!«

»Wer ist da?«

»Der Riese. Wollen Sie ihn sehen?«

»Ei ei«, sagte der Naturforscher und kletterte an Deck. Die andern folgten. Die See lag glatt. Nirgends im Rund war Land oder ein Schiff zu erblicken. Kein Wölkchen zeigte sich am blauen Himmel. Die Matrosen lachten.

»Na, wo steckt denn Ihr Herr Tabarz?« fragte Nipp freundlich eingestellt.

»Dort!« Fritzsche zeigte überall hin.

»Wo?«

»Sehen Sie den blauen Himmel?« fragte Fritzsche.

»Freilich, aber –«

»Nun, der ganze blaue Himmel ist ein Stück mittelste Füllung von einem Knopf an der Hose von dem Riesen Tabarz.«

Der Professor wurde in diesem Augenblick vom Steward abgerufen.

In Nipps Kabine war eingebrochen worden. Fritzsche hatte, ohne böse Absicht, nur aus Neugierde, das Fliegenspind entdeckt. Und weil er den Käse und die Erdbeeren darin für die Hauptsache und die Fliege und den Pferdedung für die Nebensache ansah, so hatte er die Hauptsache aufgefressen und das Nebensächliche zerquetscht.

DAS HALBE MÄRCHEN ÄRGERLICH

Aber es geschah nicht, obwohl von gar keiner bestimmten Zeit die Rede war, auch kein eigentlicher Ort dabei eine Rolle spielte. Nur entzog sich der Kenntnis was – ohne in Existenz zu verharren – auch nicht annähernd von jemand erdacht werden konnte.

Damit war keine Lüge ausgesprochen, ja nicht einmal das Unmögliche eines Vermissens änderte etwas, weil die Pause, die hätte eintreten müssen, lächerlicherweise sowohl eines Anfanges als auch des Endes entbehrte. Da im übrigen ein Dazwischentreten verhindert schien, so blieb (wenigstens so lange nichts Bedeutenderes geschah) kein Resultat aus, vorausgesetzt, daß es überhaupt durchführbar wäre, Resultate wie Samenkörner von Keim zu Keim zu tragen.

Ungeachtet dieser Ermangelung gebrach es doch nicht an einem gewissen Fehlen, während sich andererseits weder ein Laut kundgab noch sonst etwas regte, es sei denn, man wolle einwenden, daß keinerlei Aufmerksamkeit in Anspruch genommen wurde. Vielleicht hätte man gerade in dem Nichtzugegenseienden das Abwesende suchen müssen; jedenfalls unterblieb das Unverhoffte eines Tages, und indem hierdurch die nicht unterbrochene Hohlheit einfach nicht im Stande war, einem von jeher bestehenden Leersein Platz zu machen, wurde Graf Quiekenbach geboren. Vormittags.

Der quietschte wie ein Schieferstift auf der Schiefertafel. Nachmittags wuchs er auf, so daß er nach zwei Jahrzehnten bereits 20 Jahre alt war; wonach er sofort jenes kindische, läppische Benehmen aufnahm, das man mit Würde übersehen muß. Sehr zu Recht lehnten dann auch alle ernst zu nehmenden Lektoren seine geschraubten Schreibereien ab, dieses dumme Zeugs, welches er, wie er sich unbescheiden ausdrückte: »Aus Blut und Wonne geschrieben« hatte.

Graf Quiekenbach wurde nie gesetzt. Stehend, auf der Treppe, schlang er elf Rouladen in sich hinein. Und es ist ein recht billiger Witz, der kein Kommentar verdient, wenn es überhaupt ein Witz und nicht nur eine ekelhafte und sogar recht dürftige Zote ist, statt »Gesäß«: »Arsch« zu sagen.

Weder auf Tag noch auf Nacht gestimmt, kostete der Graf nach Laune jeweiliger Situation bald von diesem, bald von jenem und genoß zutiefst: heute die Rotweinflecke auf Seite 11 eines in Schürzenleinwand gebundenen Klostermemoires, morgen ein Milchmädchen am Sendlinger Tor, auf deren Zinkdeckel der Strahl der Morgensonne splitterte.

In seiner unvernünftigen Tollkühnheit verabscheute der Graf jegliche Arbeit. Bei strömendem Regen lustwandelte er elfmal die Friedrichstraße auf und ab, kam dabei elfmal an elf Bettlern vorüber, und indem er jedem jedesmal zurief: »Seien Sie vergnügt, mein Lieber, denn jeder Junior ist ein Senior!« rief er diesen Satz also 11 mal 11. Der Graf hatte eine Vorliebe für eine bestimmte Zahl, die er pflegte und verehrte, und der er besondere Bedeutung beimaß, nämlich die 14, die Vierzehn.

Er begab sich darum Punkt 11 Uhr von der Friedrichstraße über die Reeperbahn nach dem Stachus, wo um diese Zeit die Kinder der ärmeren Bevölkerung Danzigs ihre zarten Leidenschaften austoben lassen. Quiekenbach suchte sich unter diesen Kindern eins heraus, das sich durch bessere Kleidung und ein etwas unsympathisches, leichthin dummfreches Gesicht von den anderen unterschied, und dem schenkte er seine volle Börse. Der Kind nahm das Börse, stammelte etwas von Betrunkener Esel, streckte die Zunge meterweit heraus und lief davon. Lange noch sah der Graf ihm nach, bis die flatternde Zunge am Horizont verschwand. Dann wanderte er langsam heim, in ein abendliches Lächeln gehüllt von dem Gedanken an billige, bunte, ewigdehnbare Schlangen aus Zuckergummi.

Auf der Treppe zu seiner Wohnung holte ihn ein Herr ein, der, als Quiekenbach stehen blieb, um die Türe zur Wohnung aufzuschließen, ebenfalls stehen blieb und ebenfalls einen Schlüssel z o g.

»Wollen Sie zu mir?« fragte Quiekenbach.

»Nein, ich wohne hier«, erwiderte der andere lächelnd …

»Sie?? Das ist ein Irrtum. Hier wohne ich.«

»Bitte überzeugen Sie sich.« Der Fremde zeigte lächelnd auf das Namensschild an der Tür. Der Graf sah aus Höflichkeit flüchtig hin. »Nun?« sagte er. »Bitte, was steht dort geschrieben?«

»Quiekenbach«, sagte der Fremde lächelnd.

»Quiekenbach«, sagte Quiekenbach.

»Ich bin Graf Quiekenbach«, sagte der Fremde lächelnd.

»Sehr angenehm«, erwiderte der Angeredete, »aber ich bin Graf Harald Oskar Fridicenius von Quiekenbach, hier seit dreizehn Jahren wohnhaft.«

»Ich auch.«

»Pardon, ich wage nicht anzunehmen, daß Sie Scherz mit mir treiben oder angeheitert sind –«

»Erlauben Sie, ich halte es für ausgeschlossen, daß Sie unzurechnungsfähig sind oder mich zum Besten halten.«

Es entwickelte sich eine endlose Kette von Argumenten für eine unerhörte Duplizität. Beide Kontrahenten, oder vielmehr Kongruenten traten ein, waren mit der Wohnung vertraut, bewiesen einander durch Griffe, Papiere etc. eine völlige Gleichheit und stritten sich darüber auf selbe Art, daß jedes Schimpfwort des einen dem anderen sozusagen aus der Seele gesprochen war, also wieder sofort zur Versöhnung führte. Frau Gräfin Mutter wurde herbeigerufen. Sie erkannte in jedem der beiden den einzig Richtigen.

Da die Gerichte in diese mysteriöse Angelegenheit sicher kein Licht, aber wahrscheinlich Lärm und Unkosten hineingebracht hätten, so verzichtete man auf sie und einigte sich.

Es wäre schade gewesen, solch doppeltes Leben nebeneinander zu verpuffen. Vielmehr reizte das Problem: Das eine Leben abzustellen bis zum Ende des anderen und es dann zur Fortsetzung des anderen wieder loszulassen. Man würfelte. Unser Quiekenbach gewann. Er steckte den anderen Quiekenbach in eine Tonne, salzte ihn ein und schrieb auf den Deckel: »Nach meinem Tode zu öffnen.«

Durch diese Arbeit sehr ermüdet, besuchte Quiekenbach, einen geschmiedeten Plan in der Tasche, seinen Freund, den arktischen Maler Dlonuxam, dessen Heimat, wie bereits angedeutet, die arktische Zone war und dessen Spezialgebiet es war, Stilleben zu malen. Halbierte Melonen auf rosa Plüschdecke. Gurkensalat zwischen Ziegelsteinen.

»Guten Tag«, sagte Quiekenbach, »möchtest du Gesandter des Staates – –«

»Halt!« schrie der Maler, der gerade die ersten Maltakartoffeln, das Pfund zu Mk. 1.60, das halbe Pfund zu Mk. 0.90 malte, »tritt nicht in die Gruppierung.«

Quiekenbach ging vorsichtig um die Erdäpfel herum. »Ich gedenke mich als Missionar im Innern Afrikas zwecks Bekehrung eines noch unbekannten Heidenvolkes zum fuhlitanischen Glauben niederzulassen.«

»Grün ist eine unhörbare Farbe«, sagte Dlonuxam weitermalend.

»Glaubst du, daß der Staat Arktikum meine Mission befürworten wird?«

»Das Knollige muß mehr zum Ausdruck kommen.«

»Dann bitte bestätige mir als Gesandter durch Unterschrift und Stempel, daß deine Regierung mich ausgesandt –« Quiekenbach legte ein Schriftstück auf den Tisch.

»Laß mich zufrieden, wahnsinniger Uhu!« rief Dlonuxam, nach der Tür weisend.

Quiekenbach trat vor die Kartoffeln hin und holte langsam mit dem Fuße aus wie ein Fußballstößer bei Beginn. »Du willst also nicht durch Unterschrift und Stempel – –??«

»Halt! Ja doch! Ja!« Dlonuxam unterschrieb und drückte viele Stempel unter den vorgeschriebenen Text der Urkunde: »Einschreiben« – »Mitglied der Neuen Secession« – »Vorsicht Glas!«

Wenden wir uns jetzt von den beiden ab und zu Quiekenbach. Nach Quiekenbachs Abreise war Quiekenbach sofort von einem neugierigen Dienstmädchen aus der Salztonne befreit worden. Sofort lehnte er sich weit aus dem Fenster seiner Wohnung und knallte 24 Stunden lang mit einer aus Mulattenblinddarm geflochtenen Peitsche, während er unausgesetzt in die Nacht hinaus laut konjugierte: »Kakaich, Kakadu, Kakaer, sie, es –«

Solches unreife rüpelhafte Betragen verdient selber nur die Peitsche. Und wenn das nichts hilft, dann noch härtere und härteste Züchtigung.

Es war ihm schon etliches versetzt; dann wurde aufs strengste zugepackt, den Burschen zu strafen. Die Hämmer sausten zuletzt im Asphalt-Arbeiter-Takt auf den Grafen.

Darüber wurde der lange hagere Herr Quiekenbach kurz und breit, wurde schließlich zu einer Scheibe mit beweglichen Sohlen. Aber dieser Wanze verblieb ein großes, grünes Glasauge; grün und doch schön, aus Glas, weil starr, aber es war doch beseelt und trotzte allem Illustren, überblendete alle bestehenden Lumina.

Wenden wir uns jetzt zweimal um uns selber herum und dann zum Grafen Quiekenbach. Der hatte ein afrikanisches Buschvolk entdeckt, dessen kanibalischen Appetit er durch Überreichung seines Beglaubigungsschreibens sozusagen ausbluffte. Danach rief er den Negern devot lächelnd zu: »Ihr Gesäßlöcher!« und schlug sein Zelt auf. Acht Tage lang bewirteten ihn die Wilden aus Neugierde, sie brachten ihm Kokuskaktosbier ans Bett und eine an Rindfleisch erinnernde Mehlspeise. Als ihn die Neger am neunten Tage fressen wollten, rief er ihnen in ihrer Sprache zu. »Halt!« denn er war nicht müßig gewesen. Er hielt sie in Furcht und Schrecken. »Ich bin ein mächtiger Zauberer aus einem furchtbaren Lande. Wenn ich will, kann ich euch jederzeit durch 1111 gleichzeitige Blitze vernichten, aber wenn ihr zwei Jahre lang eure jungen Mädchen um mich versammelt und mir reichlich Kokuskaktosbier – –« Er versprach ihnen Märchen; und es ging ihm gut, denn zwei Jahre lang ließ er sich Kokuskaktos und junge Mehlspeise und viele schöne, an Rindfleisch erinnernde Mädchen ans Bett bringen. Hatte dafür nur Märchen zu erzählen. Erzählte sie, anfangs versuchsweise in der Sprache der Eingeborenen, später aus Bequemlichkeit in Magdeburger Dialekt. Improvisiertes, Erlogenes und Erstunkenes, was er halt so einkokuste oder auskaktoste, Fuselgefasel.

Dieses nichtswürdige zentralafrikanische Betrügerleben des Grafen Quiekenbach wurde jäh durch ein ebenso sonderbares als grausames Ereignis gestört, welches berufen war, endlich einmal Licht in viele erwähnte, sowie auch bisher unbekannte und zum Teil haarsträubend unsittliche Begebenheiten zu bringen. Wenden wir uns zuvor noch einmal zum Grafen Quiekenbach zurück.

DIE WALFISCHE UND DIE FREMDE

Bereits eine Stunde später bildete sich ein Komitee. Man wollte den Schiffbrüchigen das Mitgefühl der Stadt übermitteln, sie als Fremdlinge gastlich bewirten beziehungsweise unterhalten und von der offiziellen Sympathie für Deutschland überzeugen. Man wollte auch bei dieser für den kommenden Sonntag gedachten Veranstaltung ihnen ordentlich imponieren.

Großzügig vorausgesetzt, daß sie sich bis dahin erholt haben, ferner auch nicht an den Folgen gestorben sein würden, sollte sich das Programm etwa so entwickeln:

Warme Begrüßung am Genesungslager. (Schon schloß sich ein Senator nach dem andern zum Auswendiglernen ein.) – Rundfahrt durch Stadt und Musehenswürdigkeiten. (Lastautos stellte in hochherziger Weise die bedeutendste Speditionsfirma.) – Flüchtige nähere Besichtigungen. (Die städtische Bibliothek sicherte freien Eintritt, das Museum für internationale Laryngoskopie Stundung der Garderobegebühren zu.) – Der berühmte, aus gerösteten Bananenschalen hergestellte Wolkenkratzer sollte von oben bis unten mit deutschen Briefmarken beklebt werden. (Gestiftet von einem ungenannt bleiben wollenden, sechsfachen Multimillionär, der sie von Bittgesuchen abgesammelt hatte.) – Trauliches Beisammensein mit Kaffeekredenz und Kuchenbergen im Klubhaus der inneren Mission für Kammerjagdsport. – Wohltätigkeitskonzert. – Tanz der tausend vornehmsten Babys. – Dann vielleicht Feuerwerk im Germanischen Ratskeller, Böllerläuten, Glockenschüsse oder so. Die Entscheidung über den weiteren Verlauf balancierte vorläufig noch auf einem Gewoge von Portwein und Beleidigungen.

Die Frau von dem Verwalter von der Schlauchhalle von der Hafenstation von der Feuerwehr lernte lügen. Während ihr Mann seit Stunden von Lokal zu Lokal eilte, um den wachthabenden Arzt zu suchen, erfuhr sie, daß ihr Geld und ihr Ansehen wuchsen, je

mehr sie den neugierig Zuströmenden vorlog. Sie kam sich, nicht
zu Unrecht, vor, als habe sie selber Schiffbruch gelitten. Anfangs
wußte sie nur wenig. Man hatte die sieben besinnungslosen Riesen
in die Schlauchhalle getragen. Man hatte ihnen die nassen Matro-
senkleider ausgezogen und dafür erst mal saubere Feuerwehr-
uniformen angezogen. Dann hatte man sie in Wolldecken gehüllt
und auf die elastischen Schläuche gebettet. Nun mußten sie vor
allen Dingen einmal schlafen, schlafen und nochmals schlafen.
Keinesfalls durfte man sie stören. »Nein, auch nicht einmal
sehen!« – »Nein, danke, auch nicht für Trinkgeld.«

Ergreifende Stunden verrannen. »Sagte ich's nicht?«, der wacht-
habende Arzt wurde gefunden. Er sagte gleich: »Vor allen Dingen:
Ruhe, Ruhe und nochmals Ruhe!« Dennoch setzte er sich sofort
mit den Kollegen vom Krankenhaus in Verbindung, die im Nu un-
geteilter Meinung waren. In der Hauptsache galt es, die Geretteten
zunächst einmal stundenlang unbehelligt zu lassen.

Diese gründlich ausgeübte Passivität fand leider eine jähe Unterbrechung durch Feueralarm. Im Schuppen einer Spritfabrik
hatte Stroh Stroh entzündet. Die Deutschen schliefen auf den
Spritzenschläuchen. Es überstürzten sich viele Ansichten und
Telephongespräche, verpaßten sich oder hoben sich auf. Indessen
hatte einer der beiden Uhrzeiger noch keine Rundwanderung
vollenden können, als ein Chefarzt, mehrere Unterärzte, viele
Seitenärzte und zahllose medizinische Handwerker sich in Rang-
ordnung, lautlos, auf Strümpfen der Tür der Schlauchhalle der
Hafenstation der Feuerwehr näherten. Leise wurde die Klinke
herabgedrückt, laut quietschten die Angeln. Und die Versamm-
lung sah auf den Schläuchen sieben sauber zusammengefaltete
Wolldecken. Und das Fenster stand offen.

Etwa zwei Seemeilen südlich vom Bananenkratzer und zirka
ebensoviel Knoten westlich vom Klubhaus der inneren Mission
für Kammerjagdsport schlängelt sich zwischen freundlich bunten Delikateßgeschäften und lustig belebten Wirtshäusern ein an-

spruchsloser Weg im weiten Bogen um die städtische Bibliothek
herum. Kurz vorm Germanischen Ratskeller schwenkten die sieben Deutschen nach links ab. Das Geld in ihren nassen Taschen
hing wohlverschlossen im Trockenschrank der Hafenstation der
Feuerwehr. Die Feuerwehrknöpfe mußten schlecht vergoldet sein;
niemand wollte sie als Zahlungsmittel anerkennen. Aber es war
schon erfreulich, mal wieder an Land zu sein, ohne arbeiten zu
müssen, frei herumzubummeln und sich in der Fremde heimisch
zu fühlen. Hier fiel ein deutsches Firmenschild auf. Dort war ein
Feuer ausgebrochen; und weil dort leere Hektoliterfässer herum-
standen, schöpften die Deutschen damit Wasser aus einem Kanal
und löschten das Feuer. Und dann kam plötzlich ein hochanstän-
diger, feiner Herr auf sie zu, wahrscheinlich der Fabrikdirektor, ein
echter, eleganter *gentleman*, und schenkte ihnen ein volles Hekto-
literfaß. Und weil keiner von ihnen »danke« gesagt oder irgendwas
gesagt hatte, genierten sie sich und zogen sich mit dem Faß in
einen dunklen Hofwinkel zurück. Bald setzten sie ihren Spazier-
gang fort.

Nicht etwa, daß sie stumpf und blind dahingeschossen wären.
Nein, sie gingen einmal auf die andere Seite der Straße, um irgend-
worüber zu lachen, und dann waren sie wieder auf der einen Seite,
um das Elterngrab zu pfeifen. Bis sie auf einmal hart hinfielen.

Weil sie einer vornehmen, jungen Dame ausweichen wollten,
die mit zierlichen Schritten um die Ecke bog. »Wir tun Ihnen
nichts. Wir sind Seeleute.« Ein zartes Stimmchen antwortete auf
italienisch. Das kleine, blonde Persönchen verstand zwar nicht die
deutsche Sprache, aber sie hatte sich verirrt. Und sie hätte soviel
Vertrauen zu Seeleuten, und ihr Mütterchen vermißte sie gewiß
schon, und ob sie sie nicht bis an ihr Häuschen begleiten wollten,
sie fürchte sich sehr, überfallen zu werden, weil sie sehr viel Geld
und Schmuck bei sich trüge und sei aus adliger Geburt, aber man
sollte sie einfach mit ihrem Vornamen Darlingchen anreden, zumal sie Landsleute wären. Und sie trügen gewiß nicht so viel

Schmuck bei sich, und sie würde schon dafür sorgen, daß sie daheim ein Schlückchen Wein zur Stärkung bekämen; aber viel Geld hätten Seeleute auch immer bei sich –

Die Matrosen nickten zu allem ja und waren total begeistert verdattert. Sechs von den sieben blickten immer verlegen weg, weil die so reden konnte, aber alles hatte Hand und Fuß, und weil das kurze Samtkleidchen so tief ausgeschnitten war. Der siebente beguckte sich immer derweilen heimlich aus dem Hintergrunde das fremde Mädchen ganz lange. Abwechselnd war jeder mal der hintere.

Langsam mußten sie einen Fuß vor den anderen setzen, damit die lila Beinchen mit den trippelnden Goldkäferchenschuhchen nicht außer Atem kämen. Sprach sämtliche Sprachen; alle Länder hatte sie bereist. Sie kannte sogar die Burgstraße in Leipzig und den Gänsemarkt in Hamburg.

Das Häuschen hatte rotseidene Gardinchen. An dem großartigen schmiedeeisernen Treppengeländer hingen Girlanden. Oben waren alle Möbelchen aus Lack. Und neben dem schönen Ofen mit den vergoldeten Kacheln saß das Mütterchen, die war nicht so schön wie Darlingchen (eigentlich sah sie wie eine dicke Sau aus), aber sie machte allen Ulk mit, rauchte Pfeifchen, und Darlingchen nannte ihr Mütterchen nur auf französisch »Madamchen«. In der Ecke hockte ein Negerchen, das Zither spielte. Aber draußen schlich ein häßlicher – ein häßliches Halunkchen herum; Darlingchen rief ihm »Hälterchen« zu, da verschwand es. Und Darlingchen war wie ein ausgelassenes Kind. Sie neckte die Seebären, weil sie gar nicht wie richtige Deutsche tränken. Und trank ihnen selbst ein Literchen Rum vor. Sie konnte blitzschnell eine Reihe Knöpfchen aufknöpfen. Tausend urkomische Einfälle hatte sie. Auch ein Kunststück mit einem deutschen Tausendmarkschein fiel ihr ein. Aber da erinnerten sich die Matrosen an ihre nassen Kleider bei der Feuerwehr und sangen auf einmal die Lorelei.

Doch mit dem Negerchen und dem Hälterchen stimmte was nicht. Die tuschelten an der Tür so hinterlistig, so, als ob sie gegen Darlingchen was im Schilde führten. Deshalb erhoben sich die Deutschen ein wenig und indem hatten sie den Ofen und das Treppengeländer in der Hand.

Weil sie morgens völlig nackt auf dem Bürgersteig erwachten, blickten sie sehr erstaunt nach dem Häuschen auf. Aus dem Fensterchen rief ihnen Madamchen Schimpfwörtchen zu, und neben ihr stand Darlingchen und warf Ofenkachelchen, Glassplitter und Treppengeländerchen herab. Daraus schlossen sie, daß das Häuschen ein öffentliches Häuschen wäre, und machten sich beschämt auf, um ihre nassen Hosen von der Feuerwehr zurückzuerbitten.

Sie tanzten in hastigen Wendungen umeinander vorwärts, um durch Schnelligkeit der Bewegung ihre Blößen zu verdecken. Trotzdem wurden sie unverhofft verhaftet. Drei Wochen durch schliefen sie sich willig im Gefängnis aus. Danach trug man sie in schwere Ketten gefesselt in den Gerichtssaal und lehnte sie dort gegen die Wand, unter deren Fenstern die freie, ewige See brandet. Bei dem Nacktsein auf der Straße hatten sich die Seeleute etwas verkühlt. Deshalb niesten sie, als das Urteil verkündet wurde. Da zerplatzten ihre Ketten wie Zigarettenbanderolen, und die Wand stürzte ein.

Als sich die ungeheure Staubwolke langsam auf alle Bilderrahmen der Stadt gesetzt hatte, sah man fern draußen im wogenden Ozean sieben Walfische unter ruhigen, weit ausholenden Flossenschlägen entschwinden.

… LINER ROMA …

1.

– erfolgreichen Razzia vier Spielhöllen
auszuheben und in der Motzstraße 296
die Eheleute Krusis zu verhaften, die
dort gegen Eintrittsgeld eine
Nacktvorstellung gaben.

Sie waren beide heißen Blutes trunken, auch von einem ausgesuchten Wein und von ungewöhnlichen Worten berauscht. Er rief sie Wiga, ohne ihren Nachnamen zu kennen. Aber spät morgens, als der Schlaf sie doch übermannte, betrachtete Gustav lange und nahe die Falten in Wigas Gesicht und das Tal zwischen ihren Brüsten und stand behutsam auf, um nackt und glücklich durch das Zimmer zu wandern. Er liebte den geheimnisvollen Modergeruch, der aus Gasthofkommoden strömt. Er las sieben Haarnadeln auf, die sich zwischen die Sofapolster verkriechen wollten. Und Wiga war wieder erwacht, denn sie sagte: »Wenn wir jetzt stürben, dann würde kein Mensch uns hier suchen.« Hierauf stieg auch sie aus dem Bett, hoch und schlank, und stellte sich hinter Gustaven und lugte mit ihm zum Fenster hinaus auf den Kleinstadtmarkt, der für andere Leute unansehnlich, nun überdies vom Regen verdüstert war. Und eine fast vergessene Stadt in weiter Ferne hieß Berlin.

2.

– – zusammengebundene Leichen,
die gestern aus der Spree gelandet
wurden, die Zwergin Kosanko aus der
Skalitzerstraße 210 und der wegen
Sittlichkeitsverbrechen mehrfach
vorbestrafte Rechnungsrat B.
rekognosziert.

»Eintreffe 2 Uhr nachts Lehrter Bahnhof, Henkelchen.« Selbstverständlich holen wir sie ab. Du, Gustav wirst ihre Koffer tragen. Solche Provinzler fallen immer Kerlen in die Hände. »Was für Kerle?« Alberne Frage! Schwindlern! Kerle, die das Gepäck abnehmen und damit verschwinden. Oder die Fremden in ein nahes anständiges Hotel bringen wollen und sie dann per Auto meilenweit in eine Kaschemme verschleppen, wo der Schofför mit unter einer Decke spielt und ihnen noch 50 Mark abknöpft, ehe sie im Schlafe ausgeraubt und erwürgt werden. Man liest es doch täglich.

Die Leute an der Haltestelle messen einander mit kalt kalkulierenden Blicken, wie internationale Ringkämpfer am Start. Und wartend präparieren sie Tricks, die man noch soeben durchgehen läßt. Warten vergiftet. Eine rumpelnde Bahn nach der andern wächst heran, schrumpft davon, die 46, 107, nochmals die 107, zum Donnerwetter! dreimal hintereinander die 107. Dann die richtige. Spitz strömt das Häuflein Nervöser in das Perrontor, wie Wasser in eine Gosse, siebt sich durch die Aussteigenden hinein, klemmt sich, preßt. Frau Purmann, von würdelosen Paketen umpuffert, rudert im dicksten Strudel mit Gesten einer Ertrinkenden, aber genau betrachtet: offensiv. Sie schimpft: Anfangs weinerlich, weil unbestimmt, allgemein über Empörendes, Unerhörtes, dann aber superior scharf über eine ungesicherte Hutnadel. Schimpft jedoch nur halblaut, denn Gustav, hinter ihr, wäre imstande zu kichern. Der Schaffner flucht rückwärts. Zurückbleibende knurren

oder bellen dem überfüllten Wagen nach. Sozialistisch, wilhelmi-
nisch, anarchistisch. Daß er seiner grauhaarigen Gönnerin den
Arm beim Aussteigen bietet, daß er den Hauptteil des sehnendeh-
nenden kompromittierenden Gepäckes schleppt, versteht sich.
Aber seine Grimasse faltet sich zunehmend ärgerlich, gleich einem
Wurstzipfel. Und er keucht ihr hinterdrein durchs Gedränge, wie
in einer Polonäse um Säulen herum. Schall und Rauch! Die alles
zermalmenwollenden Autos tuten ohrenbetäubend und verpuffen
ranzigen Buttergestank. Dabei haben die Schofföre rote, rüde,
vergnügte Gesichter! – Frivol, unangreifbar, schadenfroh springt
der Straßenschlamm ohne Unterschied alle Beine an. – Daß um
diese Stunde vor der Passage ein Spalier von Zeitungsweibern betet: Abendzeitung, Ambdeitun … Maria … benedeit … Amd …
eit …, so was entgeht Elfchen.

Sie rennt vorwärts, streckenweise in einer Art hinkenden Ga-
lopps, nicht mehr Dame, kaum noch Mensch; schneidet eine
Diagonale durch die Kurse der Fahrzeuge und Fußgänger, durch
witzige Zänkereien, wunde Melodien, groteske Ansprachen von
Händlern und Bettlern. Kopfschüttelnd, andauernd wiederholt:
»Nur 5 Gramm Kartoffeln und ich wäre glücklich!« – Alle Bettler
heucheln. Aber einem davon schenkt Elfchen eine geborstene
Zigarre von Heinz. – Wer nur arbeiten wollte, Arbeit ist genug da.
Das Wort ist unter friedfertigen Bürgern aktuell; es beruhigt das
Gewissen und legitimiert auskömmlich eine politische Tendenz.
Nur Nörgler oder Idealisten suchen mehr aus dem Satz herauszu-
sophoristorieren. – Trunkenbolde rempeln an, Matrosen stechen
freche Blicke in fremde Blusenausschnitte. Gemeine Bollemädchen
beschimpfen sich ordinär vor einem Aschinger. – O, daß Elfchen
einen langen Schwanz und an dessen Quaste ein drittes Auge hätte,
um sich aus Distanz selber beobachten zu können, wie sie so blind
brutal und häßlich dahinwütet. So kraxelten die Maikäfer durch
meine Bleisoldaten. – Schauläden rufen an. Hier Hummer, Langu-
sten, Ananas, Gänsebrüste, Blumenkohl, Trauben, indische Vasen

mit Ingwer und große französische Birnen. So gefällig aneinander-
gehäuft, daß sattgespeiste Künstler es dankbar anstaunen, es aufsuchen wie eine Sezession. – Elfchens böse Blicke versengen sich an
den Wucherpreisen. – Pompöse Blumenarrangements locken Ohs
und Ahs heraus. Aber sie sind lange nicht so geschmackvoll wie in
Bayern. – Man weiß, wie sparsam Elfchen einkauft. Sie ersteht ein
Paar Schnürsenkel für eine Mark und spottbillige Schuhwichse
und viele lieblichgelbe Keks für wenig schmutziges Papiergeld.
Die Keks für Henkelchen. Man wird gemütlich einig schwatzen,
ohne auf Widerspruch zu stoßen. Über Augsburg; wie ganz anders,
unvergleichlich besser man in Augsburg lebte. – Vor geschmink-
ten, auffallend behängten Frauenzimmern lacht Elfchen heraus-
fordernd laut.

Gustav trägt einen der unzähligen revolutionären Teufel in sich,
der immer heraus will, um im Wahne einer objektiven Gerechtigkeit zu protestieren, manifestieren, opponieren. Jetzt etwa zu
rufen: Alle Straßenmädchen sind zunächst nett! Gustav gibt sich
Mühe, den Teufel zurückzuhalten. Aber es verstimmt, wenn man
unterdrückt, was heraus will. – Zu Hause wird Elfchen entdecken,
daß die Wichse nichts taugt, daß die Schuhbänder wie Zwirn
reißen. Das anspruchslose, rührende Henkelchen aber wird die
Keks dankbar loben. Und zu Weihnachten wird Elfchen einem
Kutscher Wichse und Schnürsenkel bescheren. Schenken und
Geschenke nehmen, das ist eine Kunst, die ... still, Teufel! – Alles
ist Lug und Trug in Berlin. Zwischen »Hauptgewinn« und
»50 000 Mark« übersieht sich das winzig gedruckte Wort »im
Werte von«. Und die Wagschalen beim Kaufmann verstecken sich
hinter Kisten, und die Wurst macht sich mit Wasser und der Kaffee macht sich mit Nägeln gewichtig. – Nächsten Sonntag darf
Gustav bei Purmanns Gänsebraten speisen. – Gerade, als er sich
verabschieden will, am Haustor, wo steht »Nur für Herrschaften«,
biegt Herr Binding um die Ecke. Einem Phrasenwechsel ist nicht
mehr auszuweichen, Herr Binding wettert über eine unkompli-

zierte Neuigkeit, Gustav gerät wie immer vor ihm in dürftige Verlegenheit. Herrn Bindings nachweisbares Ebenmaß ist mit Purmanns Gold so elegant gerahmt. Und wo der Schöne schon zu erkannt ist, um noch durch weisheitsdunkle Schweigsamkeit oder gesetzte Haltung zu imponieren, da behauptet er sich schmeichelnd oder taktlos unverschämt. – Gustavens Wirtin, Frau Grätke, schimpft vor ihrem Gemüsekeller unflätig über die Hunde, die einen Rübenkorb zur Nachrichtenvermittlung benutzen. Die Hökerin geht nie aus, ist schneckenartig mit dem Hause Nr. 70 verwachsen. Aber durch Fenster, Zeitungen und Ladenklatsch fluten ihr die Lokal- und Weltereignisse vorüber. Für Frau Grätke ist Schimpfen etwas wie Schnupftabak. Andere schimpfen aus andern Gründen; manche, weil sie die Großstadt nicht vertragen oder nicht begreifen.

3.

Perserteppiche, alte Gebisse, Gold,
Brillanten, Pfandscheine, Korken,
Armeepistolen kauft oder tauscht
gegen Lebensmittel – Isidor Rosenmilk,
Spittelmarkt.

Das beschämende Trinkgeldwesen ist abgeschafft, dafür der obligatorische Aufschlag eingeführt. Aber vor Leuten, was sage ich, vor Baronen, wie Kehlbaum schwänzeln die Kellner devoter denn je. Denn der pocht eisern jeden Samstag auf das Trinkgeldgeben wie auf seinen Stammsessel vis-à-vis dem »Für Damen« und auf Fürstenberg-Auslese. – Herr Blasewitz (Glatze, bauchglattglänzend) fragt Kehlbaums mitgebrachten Gast jovial: »Na, Herr Deeters, wie gefällt Ihnen Berlin?« Wenn man den Kopf wegläßt, sitzt Blasewitz da wie Napoleon nach der Schlacht bei Leipzig. Der

Livländer erwidert nur mit einem glücklichen Lächeln und einer Geste, etwa: ach, klapp den Deckel drauf! Aber Kehlbaum schildert Deeters Debut und die Botschaftersgattin, die der Balte am ersten Tage im Café kennenlernte und die ihn in eine elegante und vergnügte Sozietät einführte. Daraus er tausend Jahre später blutig und mit verschwommenen Reminiszenzen, aber ohne Brieftasche erwachte. Kehlbaum nützt die Gelegenheit, von eignen ersten Eindrücken zu berichten, von dem Denkmal am Schloß, das aussieht wie ein Bombenattentat, und wo hungrige Bestien über Bodengerümpel schreiten. Kehlbaum erzählt langsam, steif, zwischen schmollenden Lippen heraus. Wie er neben den adretten Noskitos, Noske-Soldaten, durch die Siegesallee marschierte, und wie sie und er so furchtbar erschraken über den gigantischen hölzernen Nußknacker Hindenburg. Und konnte sich dann gar nicht trennen von der Säule mit dem goldenen Engel im Unterrock. In Kehlbaums betriebsamem Stammlokal, in dieser Räucherkammer, gibt es außer Deeters keine Zuhörer. Der anständige expressionistische Maler Knauer verteidigt holprig seine unangegriffene Zukunft im Prinzip. Gustav atmet im Sinne einer nur halbseitigen politischen Polemik. Blasewitz redet jovial auf Edith ein, über schwach gesalzenen Kaviar, französische Küsse und Poularden von Le Lans. Edith raucht seine Ägypten, aber antwortet nicht, und niemand außer ihm spricht mit ihr. Aber wäre Edith nicht zugegen, jedermann würde das ansehnliche, treuherzige und trinkfeste Mädchen vermissen. »Wo steckt heute Noktavian?« – In der Lüderitzbucht; er knüpft Beziehungen an. – In den Strom Fürstenbergauslese münden Bäche erklügelter Schnapsmischungen. »Was soll werden, wenn die Quelle Fürstenberg einmal versiegt?« Vielleicht kommt es mit dem Staatsbankrott. – Jedermann, auch Noktavian, der bei Aufbruch erst eintrifft, will die Zeche bezahlen; Gustav, weil er weiß, daß letzten Endes doch Kehlbaum oder Blasewitz das erledigen werden; Deeters, den armen Kunstmaler, hat sein Stipendium aus Kopenhagen mit dänischem Gelde herübergeschickt, und die

Valuta machte ihn auf den Grenzfaden zum reichen Manne. – Man torkelt weiter, im Berliner Größenwahn neigen sich verschrobene Stirnen, grüßen Hüte, die einmal in München (oder war es in Paris?) ebenso flüchtig und geheimniseinig zuwinkten. Man gerät nach Polizeistunde in verbotene Bars, die nur eingeweihten Gentlemännern sich nach Geheimsignal auftun, und wo tanzende Nacktissen, siedende Musik einem unvermerkt teuren schlechten Sekt einflößen. Denn das geknechtete Berlin schlemmt und tanzt, wie man in Paris tanzte vor dem Geköpftwerden. Die Bürger schmunzeln sich morgens über Pulte hinweg zu: »Die Mark ist wieder gesunken; wir treiben rapid dem Abgrund zu! Schönes Wetter!« – Wie begeistert weiß Deeters Berlin zu rühmen. Manchmal versagen ihm plötzlich die Worte. Aber dann, viel anschaulicher vollendet er den Satz durch eine gewisse gewinnende Handbewegung, annähernd so, als striche er fein sanft ein Stäubchen vom Tisch. – Fürstenberg-Auslese mündet in ein tosendes Meer. Deeters und Gustav fanden sich, küßten sich, reden sich fortan mit Du an. – Noktavian ist nüchtern zu einer sicherlich vorgenommenen Zeit entwichen. Vermutlich wird er noch mit Lupe, Riesenbrille und Fingerspitze auf der Landkarte nach Spanien reisen oder lesend einen Schiffsjungen nach Britisch-Honduras begleiten – »Knauer, streiten wir nicht! Du baust dein Leben in Überzeugungen, ich das meinige in Zweifeln auf.« – Aber Knauer fällt vom Omnibus. Deeters und Gustav springen ab, vergessen Knauern, fallen umschlungen immer wieder in Schneehaufen und schwärmen, sich wieder aufrichtend, umschlungen weiter von 1001 Nächten der Tauentzienstraße. Der baltische Hüne packt vorübergehende Männer am Arm und fragt seinen neuen Freund: »Gustav Gastein, soll ich den (oder die) für dich verprügeln?« Nein, danke, laß den harmlosen Soldaten, er hat uns doch nichts getan. Aber Deeters schüttelt erst nochmals sein Opfer. »Du?! Wenn Du ein Wort gegen meinen Freund Gastein sagst, dann –« Weit zurück folgt steif, mit langsamen Schritten, nörgelnd, Kehlbaum. Seitdem ihm zweimal ein silbernes Etui aus der linken Manteltasche gestohlen wurde, trägt er in der gleichen Tasche neben dem dritten Etui eine gespannte Rattenfalle. Überhaupt ist er etwas mißtrauisch. Er hat aber das andere Mißtrauen, das der freigebigen, zu oft ausgenützten Menschen, nicht das der berechnenden Geizhälse.

4.

*– kürzlich vermeldete Attentat Unter
den Linden mit bolschewistischen
Umtrieben im Zusammenhang –*

»Ich schenke sie dir!« Hat er in Deeters Ohr geflüstert, als er die keck überrumpelte Nuscha vom Nebentisch heranschleppte. Frech für andere, so wurde ihm schon mancher Erfolg. – Einfach fragen sie das Mädchen aus. Tippmamsell in einer Firma für Wohnungseinrichtungen. Der Chef hat sie aus Ostpreußen hergelockt, ihr den wohlbezahlten Posten verschafft, hat das staunende Kind zunächst einmal städtisch eingepellt: Eine Modegarnitur für zwei Mille. Nun trägt die Eigensinnige zu dem täglichen bordeauxseidenen Kleide doch hartnäckig ihre alte schmutzwollige – meinetwegen kleidsame – Dorfmütze. Dr. Mulatti will sie doch später heiraten, soll sie heiraten. Denn er ist ihren Eltern befreundet, sendet wöchentlich Berichte nach dem Bauerngut, und die Antwort ist immer Butter und Speck. – Nuscha ahnt nicht, wieviel sie einmal von den Eltern mitkriegt, und die Eltern ahnen wohl nicht, welchen Reichtum ihre Siebzehnjährige besitzt. – Nuscha, wir sind nur simple arme Künstler, besonders ich, (Gustav spricht leiser) mein Freund wird einmal ein berühmter Maler. O, er ist ein lieber urgoldiger Kerl, (wieder laut) hohe, reichere Kavaliere werden sich an dich heranpirschen; gib reiflich acht, ob du nicht manches Gute,

auch manches Bessere bei uns findest. – Nuscha füllt ihre Bureau-
stellung aus. Sie verabscheut ihren Chef, den Mulatten. Ihr gefällt
Berlin. – Nach Geschäftsschluß speist sie zwischen Gustav und
Deeters Gulasch zu vier Mark. Dort gibt es sogar noch weiße frie-
densmehlerne Schrippen, trotz Polizeiverbot. – Der Stacheldraht
und die Polizeivorschriften wuchern derzeit. Aber Gewohnheit
schwimmt wie ein Fischlein zwischen Korallen, und die Exekutive
ist Knetgummi in goldenen Fingern. – Nusch, warum ließest du
damals, ehe ich dir Zeichen gab, den älteren soliden Herrn abblit-
zen, der sich zu dir setzte? – Nuscha kaut mit schamlosem Appetit.
»Weil er mir Geld anbot!« Bald unterläßt es Gustav, seinen Freund
noch unauffällig herauszustreichen. Sie liebt ihn schon, den star-
ken, trotzäugigen Balten, der so zart, fast ehrfürchtig über Frauen
denkt, liebt ihn mit all seinen Ungeschicklichkeiten und seinem
ungekämmten Haar. Vielleicht sogar fühlte sie längst heraus, daß
er eigentlich in der Fremde treu verheiratet ist. – Deeters und
Gustav äugeln sich zu: »Welch ein Mädchen! Welch ein seltener
Fang!« – Still, weder langweilig noch gelangweilt, lauscht sie, wenn
die beiden eine Stunde lang mit wenig Worten oder ohne Worte
reden. Über die deutscheste Stadt: Russisch-Riga. Oder über das
schmarotzende Straßenvolk in dem schmählich weltverhaßten
Berlin. – Sie legen verkrüppelte Beine über das Trottoir, und die
Luft trägt ihre Gesänge wie lampiongeschmückte Ruderbarken dahin. Sie fiedeln, leiern oder würgen die Ziehharmonika; singen
schöngeistig oder kläglich oder idiotisch.

Jeder auf seine Art, eingestimmt, die kriegsverhärteten Herzen
zu schmelzen. Und singen sie von der Festung Köln am Rhein,
dann fallen ihre Geschwister summend mit ein, die Ohr verbrü-
henden Zeitungsschreier, die halbwüchsigen Schokoladeverkäufer,
Seife, Zigaretten, die Streichholzkinder, die weißglutigen, Schlan-
genhaft bannenden Dirnen. Alles, was an der Ecke und unterm
Tunnel herumlauert. – Gustav erfindet allerhand Blödsinn. Wenn
Nuscha lacht, macht sie erst den Mund ganz weit auf, wie ein Karp-

fen, dann, zwei Sekunden lang, überlegt und begreift sie das Spaßige, und dann folgt ein schmetterndes Silberlachen. – Das bordeauxfarbene Faltenspiel, die Strümpfe ... bitte Nuscha, steig mal auf den Stuhl. – Sie gibt Gustaven einen Stüber: »Nein, du willst nur meine Beine sehen.« Warum auch nicht. Er weist durchs Fenster. Guck dir einmal die Straße auf Beine an. So wunderbar zeigt sich die Welt den Hunden. Nimm es lustig oder geil oder lärmend: Jede Teilbetrachtung überrascht und belehrt. Die Wissenschaft und die Statistik bedienen sich ihrer. Auch die Propaganda. Dann lassen die großen Geschäftshäuser abends ihre Schwärme von Briefen los, die beispielsweise alle nur zu den verstreuten Berliner Rechtsanwälten hinfliegen. So läßt sich eine bunte Wiese nur auf rote Nelken hin betrachten; so magst du auf einer Perlstickerei nur blau bemerken. –

Ungefragt wird Nuscha nie aus ihrem eignen Leben berichten. Etwa von ihrem Geschäft, wo doch die Kauflust parallel und verträglich mit der Preissteigerung ins Unermeßliche wächst. Denn die Leute hasten danach, ihr Geld in Möbeln, Brillanten, Autographen oder im Bauch vor Besteuerung und Wegnahme zu schützen. Deeters weiß keine bloßen Höflichkeiten zu sagen. Doch innig beachtet er die Kühle an Nuschas Haut und Wesen und das Erwachen in ihr, Raffinement, Fraueninstinkt, Kampf. – Gustav führt seine Freunde zu einer Entdeckung. Am Zoo ist eine Stelle. Da fährt die dunkelqualmende Stadtbahn über den menschensaugenden Viadukt. Fährt mitten in ein fünfstöckiges Mietshaus hinein, hindurch und an einer düsteren fensterlosen Häuserwand entlang, die riesig und seltsam gegen den Himmel absticht, der eigentlich zwielichtgrau und von sturmflüchtigen Regenwolken bedeckt sein muß. Damit das Bild heiße: »Großstadtelend!« – Unter dem Viadukt geigt jemand auf einer Metallsaite, die sich über Besenstiel und Zigarrenkiste spannt. Es tönt wie Cello. Er spielt und singt: »Das Band zerrissen und du bist frei ...« Kehlbaum soll einmal nach dem Liede geschossen haben. – Deeters und Nuscha Arm in

Arm, Gustav umschwatzt sie. Denn das Gefühl für solche warme Dreisamkeit beherrscht ihn wie ein Rausch. Aber minutenlang vergißt er sie doch. Weil ein schmaler weißer Spitzenstreif unter nachtschwarzem Sammet hervorschimmert und wirkt auf Gustavens Blut wie Mondschein auf Ebbe und Flut. – Gustav, Nuscha, Deeters. Es fällt ihnen gar nicht ein, über das Gedränge in der Friedrichstraße zu schelten oder der trotzigen Schieberbarone zu spotten, und sie umgehen in heiterem Bogen zwei hitzig verhandelnde Juden, die den Weg versperren. Unterschiedliche Eindrücke aus dem von Zufall, Ort und Stunde gefärbten Menschengewoge bleiben an den drei Wanderern hängen. Es scheint, als ob der Siebzehnjährigen nichts entginge, obwohl sie niemals Erstaunen äußert. Später in der Hochbahn spricht Deeters eine Beobachtung aus, ungelenk, mit kargen Worten. Die strengen, düster zurückhaltenden Blicke der Deutschen fielen ihm auf. Er sagt: Es ist doch unbegreiflich schauerlich, daß all die Menschen soviel entbehren müssen, was anderwärts … Hör mal Deeters, wenn du heute abend mit Nuscha zu den Boxern gehst, dann bleibe ich lieber zu Hause. Ich muß Briefe beantworten, eine Frau von Sidow bietet mir eine Aupairstellung auf dem Lande an. Ich müßte im Garten mit zugreifen und … Deeters winkt heftig ab. Du kommst auf jeden Fall mit uns.

5.

Cabaret »Rosiger Kürbis«, Fasanen-
straße, Treffpunkt der eleganten
Lebewelt, Austern, Sekt, erstklassige
Weine, tadellose Bedienung, diskrete
Musik, hochkünstlerische Darbie-
tungen: Bia Tartuffe (Gazetänze),
Fedora Sill (Lieder einer Verseuchten),
Bläschens Revoluzzerhüpfl
(urkomisch).

Selbst überfleißige Vorgesetzte dürfen von Untergebenen keinen Überfleiß verlangen. Und mürrisches Wesen läßt sich durch
Arbeitsüberfülle erklären, aber nicht entschuldigen. Doch wie sollten Leute das einsehen, die nach der alltäglichen Arbeit ohne Buch
und ohne ungelöste Frage schlafen gehen. Leute, die keine herbe
Freundschaft ertragen, also nur mit Lohndienern verkehren. – Der
Frau Purmann laufen alle Dienstmädchen davon. Unzuverlässiges,
anspruchsvolles, undankbares Pack. So hält Elfchen die große
Wohnung und den komfortablen Haushalt eigenhändig in muster-
gültiger Ordnung, hantiert geschickt, nervös und emsig von früh
bis spät herum. – Heinz Purmann, Immobilien und Hypotheken.
Hochkonjunktur. Häuser werden jetzt unbesehen telephonisch gekauft und der Chef: »Mein armer Mann arbeitet sich zuschanden.
Er ist so gut. Und er gönnt sich nicht …« Nein, er gönnt sich nie die
Zeit, um auch nur einmal nachzuprüfen: Was tust du? Wie? Wozu?
Was tun andere? Ist der Vorteil des einen etwa der Nachteil des
andern? Ließe sich das innere Gewissen vielleicht nach dem äußeren Erfolg bemessen? – Es stünde einem abhängigen Dichterling
übel an, seine um 30 Jahre älteren Mäzene belehren oder tadeln zu
wollen. – Als Elfchen Gustaven öffnet, prüft sie gleich seinen
Anzug, bürstet seinen Rücken ab. Denn außer Henkelchen ist
noch ein altes Frauchen zu Besuch erschienen. Gustav streicht sich

vorm Spiegel die Haare glatt, was einem Versprechen gleicht, sich recht unkünstlerisch, recht solid und bescheiden zu geben. Welche Zeit! Dieses Berlin! Wo sind die alten Handwerker hin, die treuen Briefträger, die freundlichen Schaffner! Täglich Einbrüche, Mord und Totschlag! Keinem Herrn fällt es mehr ein, seinen Platz einer Dame zu überlassen. Und ein Gesindel treibt sich umher! Am schamlosesten treiben es die Weiber! Aber gar erst damals, als die Menschen gegen Menschen rasten und soviel Unschuldige getötet wurden, Elfchen hat während der ganzen grauenhaften Kämpfe stundenlang ganz verlassen allein in der großen einsamen unbewachten Wohnung gesessen und bei jedem Schuß gezittert und stundenlang geweint. Sie weint jetzt in Erinnerung dessen wieder. – Ach, Heinz ließ sich ja nicht vom Geschäft zurückhalten. Er hat kein Verständnis. Kann so lieblos sein, kümmert sich tagelang nicht um sie. Fragt nie: Hast du Kopfweh, Halsschmerzen, Leibschmerzen, Migräne, Fußleiden, Gelenkentzündung, Sehnenerweiterung, Gerstenkörner? – Und nun tröpfelt der Honig … Kunsthonig … hernieder, der Elfchens armseliges bitteres Leben versüßt, für den sie lebt. »Ach, liebstes Elfchen, das halten Ihre Nerven nicht aus. Sie müssen ein paar Wochen nach Tirol.« – – Ich kann ja nicht. Wer soll denn für Heinz sorgen? Er ist ja wie ein Kind und rackert sich ab wie ein Lastpferd. Und ist so dankbar. Freilich sehr verwöhnt – »Nein, wie Sie es nur möglich machen, Frau Elfchen!« »An alles denken Sie, trotz der Hüftschmerzen. Und immer rührend besorgt, andere zu erfreuen. Da mag Ihr Pflegebefohlener, Herr Gastein, sich wohl verwöhnen lassen!« – Herr Gastein erwacht bestätigend. Er hatte darüber nachgesonnen, ob sechs Liter dünnen Kaffees in drei Weiberbäuchen, beim Gehen ein plätscherndes Geräusch erzeugen. – Die Danaergeschenke für die scheidenden Gäste stehen bereit. Selbstgebackenes und ein paar Kragen, die dem Heinz zu eng sind, aber für den Bräutigam von der Schwester von Henkelchens Obsthändlerin immerhin … Elfchen holt vielgereiste Packpapiere hervor und zieht eine Schublade

auf, darin tausend oftbewährte Schnürchen und Bindfäden unheil-
bare Darmverschlingung spielen. – Spät kehrt im Pelzmantel Herr
Purmann stattlich heim, grüßt Gustaven königlich herzlich, läßt
sich müde von Elfchen ein Bad herrichten und zwei Mitesser aus
der Nase drücken, ißt wortkarg von der auserlesenen Abendmahlzeit und nickt wenig überzeugt, als Gustav anfängt zu berichten,
was er für neue Schritte unternommen habe. Um endlich einmal
eine feste Anstellung, irgendeine anständige, geregelte Tätigkeit zu
erlangen, denn das Dichten mag ja nebenbei recht … Elfchen legt
ein großes Wort für Gustaven ein. Herr Purmann entnimmt seiner
blühenden Brieftasche eine königliche Kleinigkeit und ist so takt-
voll, sein Gute Nacht möglichst heiter zu wünschen. Denn innerlich sinkt seine Achtung, sowie sein Mitleid aufsteigt. – Während
er badet, traktiert Elfchen Gustaven mit Süßwein und Schokolade
und kaut.

Und schon lockert sich in Gustaven viel angesammelter verhär-
teter Groll. Und weil Gütiges Gustaven geschwätzig macht, fängt
er an, kindlichen Unsinn zu reden, auf den sie lachend eingeht.
Das ist ihm die aufrichtigste Manier, sich mit ihr zu unterhalten. –
Wie aus Treibhausluft tritt er ins Freie – es übermannt ihn wieder
tieftraurig, daß er diesen nächststehenden Menschen gegenüber
seine reinsten Gedanken in graue Lügen kleiden muß. – Wie sonderbar: Die waren einmal jung. Wenn Frau Purmann ahnte, wie
ihr heute der Kosename Elfchen steht.

6.

Zu dem Artikel »Menschenfleisch in Ziegenleberwurst« erfahren wir von zuständiger Seite – – –

»War es schön, Deeters? Habt Ihr das Hotel gefunden?« – »Ach wunderschön! Sehr schön! obwohl es zu nichts gekommen ist. Das brauchts ja auch gar nicht. Wahrhaftig ein eigenartiges Weib! Dann ist sie plötzlich ganz Kind. Und ich weiß nicht: vielleicht bin ich ihr nur ein Spielzeug.« – Pünktlich hinter einer Riesenbrille nahen sich Noktavian und Nuscha. Sie kehren von einer Weltreise zurück. Noktavian berichtet. Erst waren wir in Babylonien, Ägypten, Griechenland. Dann wandelten wir unter Palmen. Dann betätschelten wir das spiegelglatte nasse Zwergnilpferd. Dann schlichen wir ehrfürchtig auf den Zehen durch einen Lesesaal der Wissenschaft. Stärkten uns in China an Teegebäck. Guckten durch Bullaugen zum Nordpol herum den Pinguinen zu. Und nun … – »Ja nun seid ihr am Strande des Potsdamer Platzes« – Genießen teure Schnäpse, das heißt: Noktavian darf seiner Zahnschmerzen wegen nur ein Stück Torte genießen. – Das Meer vor ihnen flutet und tutet, rattert und knattert. – Autoreifen, Bahnpuffer, Pferdenasen und Deichseln greifen ineinander wie Zahnräder. Eine uralte Dame bittet einen Schutzmann, sie nach dem andern Ufer zu geleiten. – Weißt du, Noktavian, diese Polizisten, das sind die Lotsen des Potsdamer Platzes. – Gustav weiß, daß seine maritimen Vergleiche dem Freunde Vergnügen bereiten. – »Ja, Gustav, du wirst doch ewig der alte Hochseematrose bleiben. So mag ich dich leiden. Und schau, Nuscha, diese alte Dame war eine von den Mumien, die wir vorhin nicht betasten durften. Gewiß hat irgend jemand sie gekitzelt; da wachte sie auf und entsprang.« – Nuscha öffnet den Mund ganz weit, karpfenartig, sinnt zwei Sekunden lang, und dann gellt ein silberhelles Lachen. – Wir reisen weiter. In diesem Erdteil wird ewig ein unerforschtes Inneres bleiben. Noktavian proponiert ein Programm. Gustav unterbricht ihn: Nuscha, willst du dich einmal im Durchschnitt als Fleisch, Sehnen und Knochen betrachten? Oder irgendwo nebenan Frau Hempel singen hören? Man kann in Berlin auch im Sommer Schlittschuh laufen, und es gibt ein Lokal, wo ein Hummer 1000 Mark kostet. Und es gibt Leute, die dort hingehen, bloß um anzuschauen, wie Parvenus solche Hummer essen. Oder willst du auf einem Rummelplatz als Weihnachtsengel mit zehn dankbaren Kindern schwindlig durch die Lüfte quietschen? Oder reizt es dich, die Wand anzustaunen, hinter der unser Präsident schläft? Deeters stammelt: »Lassen wir uns doch vom Zufall treiben! – Erst mal irgendwo ein ordentliches Mittagsbrot essen …« – Ja, ordentlich essen, und wollen uns einmal vorsätzlich und bewußt ein wenig betrügen lassen. Noktavian verabschiedet sich; er hat noch mancherlei vor. – Was hat er denn noch Geheimnisvolles vor? – Vielleicht noch eine Reise nach Transnubien. Vielleicht will er dort Beziehungen anknüpfen. Er begeht nie eine Torheit. Er tut und sagt nur, was er zuvor exakt erwogen und gerichtet hat. Daß er sich von solcher Lebensweise Gewinn verspricht, das könnte das einzige Naive an ihm sein. Aber niemand versteht entzückender als er zu erzählen und Erzählungen zu lauschen. Alle neuen Frauen verlieben sich für einige Zeit in ihn. – Die Untergrundbahn reißt den Dreibund mit sich fort. Dächer unter ihnen, Keller über ihnen. Stelle dir vor, wie bei einer Entgleisung Hirn verspritzt. – Auf einem Umsteigeperron sehen sie sich das Miterlebte von außen an. Wie die eckige Gliederschlange herangleitet, stoppt, steht, Türen aufschlägt und wimmelnde Vielheit entlädt. So rieseln Korinthen aus gespaltenem Faß. – Gefällt uns das Meer, gefällt uns die Woge. Des wird man nicht müde: In die Massen zu staunen. Hätte es Nuscha vordem nicht verstanden, dort, derzeit mochte sie es lernen. Und nicht die tausend Menschen mit Auswüchsen und Einwüchsen füllen Berlin, sondern die Millionen, die durch alle Siebe fallen. – Sie wundert sich nicht, das rätselhafte Bauernkind. Sie nimmt auf, paßt

sich unheimlich rasch an. Einmal stieg auch in Gustaven ein Mißtrauen auf. Sie wußte, was eine Nutte bedeutet. Wovon nahm sie
diesen üblen Fachausdruck der Dirnen? – Stadt ist Fels. Würmer
nagten Löcher und Gänge hinein. Aber an aufgerissenen Baustel-
len, an den Wunden der Stadt und in den Oasen der Straße, den
Raseninseln, wo Wallwurz und Löwenzahn wuchern, dort offen-
bart es sich, daß unter dem Stein noch Erde, feuchte Erde dünstet.
Kalt und starr blickt die Stadt einem vorbei. Aber liegt ein blutiger
Leichnam quer über die Schienen oder bei eines Schaffners Witz
über einen Lehrjungen, der mit einem roten Farbtopf hinpurzelt ...
gelegentlich spürt man, daß unterm Asphalt das Herz der Großstadt schlägt. Leute, wie Heinz und Elfchen, zart besaitete, würden
allerdings weitergehen: Ein Leichnam? Komm weiter! Ich kann so
was nicht ansehen. – Sie schwimmen in der hilflosen Weite neuer
Straßen, lassen sich von winkligen Felsspalten verschlingen,
schauen über Geländer in Tiefen, steigen Stufen, schreiten unter
Brücken durch, um Pfeiler und Streben herum. Die Wonne erfaßt
sie, mit der Kinder im Wirrwarr eines Baugerüstes klettern. Jetzt
Nuscha, werden wir uns noch wie Bücherwürmer durch ein für
Kinder illustriertes Reallexikon winden, durchs Warenhaus. Du
wirst noch alles haben wollen. Wir sind darüber hinweg. Abends
wählen wir zwischen dem Theater in der Königgrätzer Straße und
einem Kinofilm »Zur Dirne um ein Diadem«. – Nuscha kaut auf
offener Straße Äpfel und schweigt. »Recht so, Nuscha: die alten
Purmanns leben satt und bequem und haben, sieht man vom Gähnen ab, ihr Leben lang nie philosophiert.«

7.

- - Mordkommission stellte Raubmord
fest und beschlagnahmte einen
Regenschirm und einen Handkoffer,
der modernstes Einbrecherwerkzeug
enthielt. Eine Belohnung von
10 000 Mark ist - -

Frau Grätke hat eben sein Bett geglättet, das genau ein Viertel des
Zimmers einnimmt, da bricht Besuch herein. Gussi Feridell, Ro-
stock, Warnemünde, einst tägliche, jetzt auswärtige Freundin, eine
Kunstgewerblerin, die nicht mehr leidet, seit ihre drolligen Kaffee-
wärmer reißenden Absatz finden. Sie stellt ihre Berliner Freundin
vor, ein Fräulein Anna von Camphusen. Auf der Durchreise begriffen, wird Gussi fünf Tage bei Camphusens wohnen. – Wollen gnä-
diges Fräulein bitte dort auf den weichen Stuhl … Der weiche Stuhl
ist Herrn Gasteins Salon. Gussi erhält den hölzernen, dreiachtelbei-
nigen, und Gustav selbst will auf dem Bibliotheks- und Speisesaal,
nämlich einer großen Palminkiste Platz nehmen. Aber es gelingt
nicht. Erst müssen die Damen noch für eine Minute das Zimmer
verlassen, damit er den Tisch umdrehen kann. – Feridell spricht
noch wie die Luftbläschen in dem Aquarium am Zoo. Wie es ihm
ginge? … Gut? … Na, na! … Ob er fleißig schaffe … Sie hat mit
Anna Einkäufe besorgt … Berlin ist gar nicht wiederzuerkennen …
Um 12 Uhr wird Mutter Camphusen beide mit eigener Equipage
abholen. Auch Gustav soll mitfahren. Er ist zu Tisch zu Fabrikbesit-
zers geladen. – Ob er noch immer keine Frau gefunden habe. – Er
scherzt verlegen. Das schmutzige Handtuch und zwei Aktstudien
von Pfenninger lasten auf seinem Gemüt. Und nun bedenkt er
noch die selbstgewaschenen Halsbinden am Bindfaden hinter dem
Ofen. – Warum sie so braun wären? – Ja, er hat Malheur gehabt. Er
hat sie zusammen mit Taschentüchern und braunen Strümpfen in
Sodalauge gekocht. – Merkwürdig, Fräulein von Camphusen lacht

kaum. Auch nicht über seine Winterfliege, Musca Kehlbaumi, nach einem Freunde benannt, der sie dressieren will. Aber einen hochmütigen oder prüden Eindruck machte, Anna eigentlich nicht. Sie scheint mehr verdutzt … Vielleicht weltfremd. – Ob das Licht den ganzen Tag über brenne? (Sollte ihr das elektrische Licht imponieren?) – Ja, den ganzen Tag. Es gibt viele Wohnungen in Berlin, die jahraus, jahrein niemals Tageslicht, geschweige denn Sonne haben. Und wenn ihre Bewohner sich sonntags mit einem Buch in den Tiergarten setzen, dann haben sie Rivieragefühle. – Er läßt sie aus dem Parterrefenster in den Hof blicken, den er so lieb hat, obwohl es eigentlich nur ein steinerner, verrußter Kamin ist. Aber aus dem Nachbarhofe ragen zwei Kastanienäste herüber, der eine über Fensterhöhe; der spielt, wenn ein Lüftchen weht, mit tausend grünen Fingern auf unsichtbaren Klavieren. Den unteren Ast schützt eine Planke vorm Wind. Seine gespreizten, geschichteten Blätter nehmen sich aus wie ein Teppichmuster, das in die dritte Dimension spukt. Manchmal, nachmittags stellen sich fremde, große Frauen in den Hof und singen ganz laut, ohne sich zu genieren, das Lied: »Das Band zerrissen und du bist frei«, dann wirft man Geldstücke in Papier gewickelt in den Hof hinunter. – All das scheint Fräulein von Camphusen gar nicht zu rühren. – In Gustavens Flucht von einem Zimmer verirrt man sich nicht. – Frau Purmann hat einen großen Öldruck hineingestiftet, die bekannte Reiterstatue, deren Namen man stets vergißt. Midships im Zimmer steht der Kleiderschrank. Öffnet man dessen Tür, so werden aus Gustavens einem Zimmer zwei Zimmer. – Hohe gediegene Stiefel trägt Anna von Camphusen, sie schmiegen sich glatt und sauber um die runden Beine. – Was für Beine! So gediegene Beine! Aber sie könnte jetzt doch einmal ein gutes Wort finden. Plötzlich träumt er von einem gebatikten Lampenbehang, der an die aufregende bunte Bühne auf einem Bilde von Weißgerber erinnert. – Gussi fragt treulich: »Weißt du noch, wie wir morgens auf der Anlegebrücke frühstückten?« – Genau weiß ich's. Wir legten die Butterbrotpapiere auf die Mole nieder, neugierig, was der Wind mit ihnen anstellen würde. Manche trotzten. Andere überschlugen sich zweimal und schliefen dann ein. Wieder andere glitten schwankend, stockend vorwärts, wie eine landende Krähe oder wie ein windentführter Regenschirm. Und jenes eine, das nach langer Bedenkzeit auf einmal unaufhaltsam davonrutschte und einem weißbehosten Popo glich, und darauf nun das kleine, zerknautschte Papier eifersüchtig hinterdrein kullerte … was haben wir gelacht? Das die wichtigen Zollbeamten über uns und wir wieder über die Zollbeamten lachen mußten. – Auf Frau Grätke und die Nachbarn wird die Equipage aber ihre Wirkung nicht verfehlen. Für Gustaven ist es dieserzeit keine stolze Wonne, durch Volk zu fahren. Er späht auch nicht etwa nach Bekannten aus, die ihn zufällig bemerken und dann weiterberichten möchten. Außerdem weiß der städtische verkünstelte Geschmack Ledergeruch und Kommisstiefel überhaupt nicht richtig zu würdigen. – Auch Frau von Camphusen hat bei aller Liebenswürdigkeit jene sonderbare Zurückhaltung an sich. Die Villa ist im Vorort gelegen, hat Einfahrt, Vestibül und Etagen mit vielen Spezialräumen. Aber die Bilder an den hohen Wänden weichen den Blicken aus. Der auserlesene Wein macht Gustaven redefroh, bis er gewahrt, daß Gussi und Anna seine wachsende Freimütigkeit besorgt verfolgen. – Einmal, als der sympathische alte Herr Gustaven zutrinkt, »es freue ihn stets, wenn ein Vaterlandsverteidiger sich in seinem Hause wohlfühlt «, geht ein warmer Hauch durch den Speisesaal. Aber Gustav hat Schnupfen und vergaß sein Schnupftuch. Und ins Gästebuch, das man ihm vorlegte, schrieb er endlich: »Das Leben …« (»ist« wäre schon bedenklich viel behauptet). – Nun fragten sie ihn, was das heißen soll. Camphusens tun recht daran, so geradeaus zu leben und zu fragen. – In seiner Bude, die ihm untertan und vertraut ist, legt Gustav den steifen Kragen ab und vergräbt sich behaglich geborgen in sein Bett. Wenn er hustet, brummt ein Geist in der Matratze mit. – Der Wasserhahn überm Waschtisch hält nicht dicht. Der Gummi taugt nichts. Deutschland ist ja heruntergekommen. Nun tropft es die ganze

Nacht hindurch tropf ... tropf ... als ob jemand im Hofe Teppiche
klopfe. Oder, wenn man noch fester andreht, als ob draußen jemand
vorbeiginge, der zum Bahnhof will. Und schließt man mit äußerster
Kraft, dann wird es ein Schutzmann, der auf und ab geht. – Alle
äußeren Sorgen zerfielen mit eins, wenn sie seine Frau würde; in
Ruhe könnte er schreiben und Gutes tun und sie glücklich machen. – Wieder fällt ihm der Lampenschirm ein und eine kluge,
nebenbei (sehr, sehr nebenbei) auch wohlhabende Frau, die alles
versteht, der man alles sagen kann. – Am Freitag wird Gustav die
Anna und die Gussi spazieren führen. Wird es auch mit ihr so werden, wie es mit den andern war? Daß sie in einer weichen Stunde
dann seufzt: »Könnte ich dir doch etwas sein!« Und dann vollzieht
sich allmählich kältend, stetig, das Durchschauen. Sie hat nie einen
eigenen Gedanken, nie eine Überraschung. Oder ist sie nur Weib.
Oder unordentlich. – Das Durchschauen möglichst hinauszuschie-
ben, darauf käme es vielleicht an. Jenes reizvolle Fremdsein genießen wie wunderstarre, kalte Sternennacht.

8.

*– – zusammengebundene Leichen, die
gestern aus der Spree gelandet wurden,
die Zwergin Kosanko aus der
Skalitzerstraße 210 und der wegen
Sittlichkeitsverbrechen mehrfach
vorbestrafte Rechnungsrat B.
rekognosziert.*

Mein Privatehrenbürger von Berlin,
deine Billigung, der ich sicher war, bringt mich wieder in Form.
Denn Purmanns hatten mich im Mörser ihrer Geringschätzung
mit dem Vorwurf der Unbeständigkeit total zermürbt. Dabei ahnte

Elfchen nicht, daß ich außer den Fett- und Sahnetöpfen sogar noch eine reiche Bauerswitwe ausgeschlagen hatte, die Gutspächterin. Was brauchen unsere Frauen von unserer Kunst zu verstehen, Deeters? – Ich ließ mich von der blanken Bäuerin in die Schweineställe einführen, wo es zur Fütterung klingt wie tausendfältig Rülpsen nach Kakao. In Kuhduft und Sonne schmolz das Nikotin, wurden die Nerven sanft, und ich lachte in der Hängematte über die kinoartigen Bewegungen der Hühner. Eine Sau schlief im Hof. Die Fliegen hatten ihr blutige Wunden hinter die Ohren eingefressen. Ein kühnes Küken sprang auf die Sau und pickte die Fliegen weg; ich habe gezählt: In einer Minute 72 Fliegen, also in der Stunde 4320, also im Jahre?! – Nachts, denn dort stieg man durchs Fenster aus und ein, besuchten wir das Birr-Grab in der Heide. Denn dort gibt es Mondenschein und Rehe und Sturm. – Wir sind auch Boot gefahren. Und dabei habe ich das einzige tiefere Erlebnis gehabt. Nicht mit der Bäuerin. Die war albern, unecht. Aber Gänse beknabberten ein Paket, das auf dem Flüßchen trieb. Als ich die nasse Hülle neugierig aufzupfte, enthielt sie Druckbogen einer Kolportageschrift, immer wieder nur die Seiten 22 bis 29, und zwischen den mittelsten, ganz trocken gebliebenen, hing ein abgerissenes Stück vom Titelblatt, darauf noch zu lesen war: liner Roma. – Da habe ich nachgesonnen, wie das Paket in das Flüßchen geriet, und das schien mir nun ein Geheimnis. Ein Geheimnis auf dem Lande, wo man sonst alles übersieht und um jedermanns Treiben weiß. Und was bedeutet liner Roma? Da fehlt was vorn und was hinten. Ich hab' mir's ergänzt »Berliner Romane«. Berliner Romane haben meist keinen ordentlichen Anfang und kein rechtes Ende. (Übrigens die Nuscha war auch mir nie wieder begegnet. Sehr schön so. Eine Erinnerung wie Jasmingeruch.) – Wohl war zwei Stunden von Sidows ab ein Städtchen zu erreichen, grünlich getüncht und mit verborgenen Turmspitzen. Auf dem Kirchhof im Efeu liegen Steintafeln wie gestaute Eisschollen, und umgitterte Gräber wie Schiffe. Darüber schatten fruchtbare Birnenbäume, gedüngt von Toten der achtziger Jahre. Ich aber sehnte mich nach einem Zeitungskiosk, der die neuesten Beine von Tanzsternen zeigt und die semmelheiße Nachricht bringt, daß in Tokio vier Kasernen brennen. – Frau von Sidow haßt die Großstadt, die sei hart und schartig wie Austernbank, Gehäuse an Gehäuse. Erzählt Frau von Sidow von den Streiks oder den Straßenkämpfen im Zeitungsviertel, dann sollen ich und die Hausdame mit den Köpfen nicken, wie Omnibusschimmel. Da hab' ich gesagt, es sei gar nicht so schlimm gewesen, immer nur zwei Tote. Und die Löcher in den Mauern habe man andern Tags wieder zugegipst. – Das hat aber meine adlige Brot-, Bett- und Ofenherrin arg verstimmt. – Andermal, weil sie mich in den Wald bestellte, fragte sie: »Nicht wahr, Sie lieben doch auch die Natur?« Da hab' ich gesagt: »Nein.« – Danach lernte ich nicken. Nur noch einmal, mit einer scheuen Saatkrähe, habe ich über das aufgestocherte Berlin gesprochen; von den schreienden Rednern erzählt, über 100 Milliarden von Hüten, und von den Matrosen auf Panzerautos, die die Häuser erbeben machten. Vom sektsaufenden Pöbelmund, den öffentlichen Diebesbörsen. Das ganze große Erheben. Das behält seine Farben in meinem Gedächtnis. – Ich half im Garten graben, und wenn die impulsive, despotische, freundliche Jüdin auf dem Piano oder Tennis oder mit fremden Sprachen und mit all und jeder Kunst und Wissenschaft spielte, wurde ich zugezogen. Was fehlte zu ihren Millionen? zu ihren guten Büchern und Bildern? zu ihren traumschwarzen und pelzweichen Augen? – Sie wußte ganz tiefverschwommen zu philosophieren. Aber ich saß dabei wie ein Klotz, sehnte mich nach Leuten, die ihren Geist verstecken. Nach einmal Betrunkensein im Panoptikum und nach täglich neuen verblüffenden Plakaten, statt des albernen Mohren mit Malzextrakt. Zwar hatte mir Frau von S. aus freien Stücken 50 Mark Taschengeld zugesagt. Aber das Schweinefliegenzählen ermüdet. Und wer mag auf die Dauer immer zum Fenster hinausspringen. Und laß Birr begraben sein. Und so fing ich an, mir eine manierliche, entblüf-

fende Kündigungsrede einzustudieren. So im Sinne Noktavians ...
»Wie der Matrose sich immer wieder hinaus aufs tobende Meer
sehnt wie es der Deutsche, der einmal in Afrika gelebt hat, nimmer lange in der Heimat aushält ... wie die Zigeuner ...« – Aber
dann, eines Tages, diese Rede völlig beiseiteschiebend, bin ich ganz
plump mit den Worten herausgestolpert: »Entschuldigen Sie, morgen reise ich ab.« – Und nun umgaukeln mich wieder die Möglich-
keiten Berlins. Nur du fehlst.

9.

*Welche edeldenkende, energische
robuste Dame verhilft jungem
kriegsverarmten Manne zu einem
Paletot? Heirat nicht ausgeschlossen.
A. 16 Exped. d. Bl.*

»Aber Herr Gastein, es fängt an zu regnen.« – Doch er zeigt ihnen
Gestalten, hübsche und häßliche und die unsicheren und speziell
die komischen. Die Felsblöcke mit summenden Grotten sind ihr
bekannt aus Vaters Fabrik. Auch die Schreibstuben, darinnen es
hagelt wie Maschinengewehrfeuer bei den Liliputs. – Da! Dort!
Dieser Eckstein! Jene technische Straßenwarze! Oder hier die
Mauernische! Daran schlendert man so vorbei, aber nachts haben
diese Dinge vielleicht Bedeutung, spukhafte oder grausige Bedeutung. Nachts kichert, rauscht und knistert es allenthalben. Und im
Spuk werden dann zur Bühne alle die verwunschenen Winkel, wo
tags die Hunde hinpink ... – »Herr Gastein, es regnet!« Um so besser. Das schwemmt wieder Billiarden von Großstadtbazillen in die
Schleusen. – Wer sitzt dort unter der Litfaßsäule? Für wen halten
Sie den? Den Mann? Nun, das ist ein armer Stiefelputzer! – Ganz
bestimmt nicht, aber vielleicht ein reicher Stiefelputzer oder ein

Detektiv auf Posten. – Sie lesen dahinwandernd links und rechts Firmen. Und Fundbüro, Leihamt, Akademie, … XII. Oberrealschule, Verein für … Auf jeden Berliner kommen sechs öffentliche Einrichtungen, ohne die Bedürfnisanstalt … »Mein Kleid ist hin. Ich bin total durchnäßt.« – Blicken Sie auch mitunter nach oben. Dort ganz oben, dem lieben Gott und dem Mars viel näher als wir, wohnen unlegitime Fürsten, ohne Gewissen, ohne Ehre und ohne Würde. Denn waren es aristokratische Hausbesitzer, die neulich ihr Kommando zur Française bewunderten, so werden es andere Leute sein, die ihnen morgen mitleidig ihre Unterhose abkaufen. – »Das verstehe ich nicht: Fürsten … Unterhose?« – Nun, junge Leute sind's … sie suchen sich aus Lügen herauszulügen. Und manchen gelingt es, aus Leinewand, Kohldampf und grauen Haaren … Gold zu kochen. Kluge Leute, die wohl wissen, daß erreichtes Ziel luxuriösen Stillstand bedeutet und daß dann vergötterter Krebsgang folgt. Aber doch hetzen sie sich 24 Stunden qualvoll theaternd ab, um für einen antiken Bronzeleuchter 10 Mark zu erbetteln. Und nachts liegen nackte oder buntumhüllte Nuschas auf ihren Tischen und trinken Allasch aus Eierbechern, ebenso auf Berühmtheit gefaßt wie auf Pfändung. – Fräulein von Camphusen spricht nur mehr mit ihrer Freundin. – Gussi will versöhnen. – Dort oben zweiter Stock, zweites Fenster von links, hinter den erstklassigen Pensionsgardinen verbrennt ein gespannt lauschender Feinmechaniker Briefe, Kofferadressen, Gegenstände … Morgen will er reich sein. Gestern hat er eine Witwe erdrosselt. – »Wen? – Wieso? – Woher?« – Ich weiß es nicht aber … man ließt es doch täglich. – »Höre Gustav«, sagte Feridell, »nässer werden wir doch nicht, wollen wir nicht endlich …« – Gut. Er führt sie in dunkle, bemalte Hausflure, über halsbrecherische Stiegen, in Hinterhöfe und überraschende Durchgänge. Dort im Stockwerk fädeln und stechen junge, verkümmerte Mädchen tagaus, tagein, bis sie spitze Nasen bekommen und auf einem sauren Sparkassenbuch sterben. Die Direktrice geht nächste Woche mit einem phantastischen Hochstapler durch. – Dort sind auch Junggesellenwohnungen und Aftermieter-Boudoirs, die man einmal nachts wie ein Dieb betritt und nie wiederfinden würde. Später besinnt man sich auf einen Bärtigen, der im Schlafrock vorlas aus »Die Bienenfabel oder der Nutzen der Privatlaster für das öffentliche Wohl« … – Anna ist verstimmt. – Indem Gussi vermitteln will, bekennt sie sich restlos offen zu ihm. Das rührt ihn. – »Dein abscheuliches Berlin! Wie ganz anders, wie schön war es damals dort auf der Mole …–« – Ja Gussi, es war dort so schön, weil wir es hier ähnlichen Menschen erzählen oder verbergen würden. – Im Spaßmachen, Unsinntreiben, da hat seine rege Phantasie leichten Sieg. – Wenn man Bauchreden erlernte, könnte man sich selber Rätsel aufgeben und beantworten oder sich mit sich streiten. – So gewinnt er Annen zurück. – Ihnen rollt ein Schlachterwagen vorbei, der eine Kuh am Strick nachzieht. Sie muß Trab laufen, das Euter schwabbelt lächerlich hin und her, und sie glitscht auf dem spiegelnden Asphalt häufig aus. – Auf dem Lande drehen sich die Leute nach einem englischen Offizier um. Die Berliner wenden ihre Köpfe nach einer Kuh oder nach singenden Spaziergängern. – Anna hält die Kuh für ein abscheuliches Tier, wegen der Kruste. Worauf Gustav es für denkbar erklärt, daß eine halbtaube Frau jetzt einwerfen könnte, die Kruste sei gerade das Beste. Alle drei lachen noch in der Konzertloge. Das Parkett ist wie ein Kohlfeld mit Köpfen bedeckt. Schlüge man sie ab, sie fehlten morgen nicht im öffentlichen Gewimmel. – Gustav träumt nachts vorsätzlich von Anna. Auch wachend redet er sich Verliebtheiten vor, deutet es andern gegenüber an. Und Elfchen schenkt ihm eine neue Krawatte und ermahnt ihn, die Gelegenheit zu nützen, nicht so freie Reden zu führen, sich natürlich und bescheiden zu benehmen. – Pah! – Als er noch Matrose war, hatten ihn die Mädchen an den Küsten lieb, weil er sich anders und lustig gab und nicht berechnend, sondern nur flüchtig, vorübergehend erschien. –

Cecilie: Aber doch interessant?

Anna: Ja, wollte mit uns in einem ganz fremden Hause durch die Bodenluke aufs Dach klettern. Um uns die Berliner Alpen zu zeigen, mit Gärten auf Holzzement und Gletschern, wo manchmal wilde Jagden stattfänden, bei denen herrliche kühne Verbrecher erschossen würden.

Cecilie: So sind die Künstler …

Anna: Ja, aber manchmal so merkwürdig, fast unheimlich. – Ich glaub' er ist nicht ganz richtig. – Ich fürchte mich vor ihm.

10.

*Amtsgericht I erläßt ein Aufgebot
hinter 20 Verschollenen, deren
Todeserklärung beantragt ist.*

Nur plaudern, das kostet ja nichts. Im Gegenteil, dann möchte sie noch Bohnenkaffee und Gebäck mit ihm teilen. Die Hure Biela. Und das auszuschlagen, erfordert Überwindung von ihm, dem Hungergeschwächten. – Wie ein von Märchen Entrücktes lauscht sie seinen traurigen Gedichten, schreibt sie dankbar in ein fettiges Heft. Er sagt sie auch innig und echt her; liegt doch hinter ihm eine stundenlange bekümmerte Wanderung durch die Straßen, die er kennt, die ihn nicht kennen. – Man hat sein Drama abgelehnt. Eine halbe Minute oder die Laune eines Lektors, oder einer Gottheit weiser Beschluß zerpflückte ihm das Werk eines Jahres. – Annemarie hat sich von ihm losgesagt, einen Tag bevor seine besten Schuhe barsten. Erbärmliches Leder. – Arbeitern wich er aus, die Schokolade kauten oder Grogdünste, Geldgerüche aushauchten. Ahnt keiner von ihnen, daß das, was in Hauffs Märchen unsere Brust bedrängt und uns Güte ausweinen läßt, daß das heute unter Liftboys leben kann, vielleicht jetzt augenblicklich in der Kakadubar vor der Tafel mit den Renndepeschen zu finden wäre. – Wer nur arbeiten will, Arbeit ist genug da. Herr Purmann hat das über ihn geschüttet wie heißes Blei. Aber Purmanns wissen es nicht besser. Das Glück hängt vom Gewissen ab, aber das Gewissen vom Verstande. – Schuld, Irrtum, Glück, Zufall, Verantwortung ... Lauter durcheinandersiedende Moleküle – Noktavian hat eine Anstellung gefunden. Er besucht vornehme Kundschaft, um Beiträge zu sammeln für ein nationales Privatunternehmen. Viele honorige Stellungslose werben so für ähnliche Vereine unter hohen Protektoraten. Sie betteln erstaunliche Summen zusammen, aber doch nur so viel, daß es gerade die honorigen Spesen der Ehrenamtlichen deckt. Nun kann Noktavian wohl reisen und Beziehungen anknüpfen. – Liebenswürdige Freunde von Gustaven, begabte jüdische Kollegen der Literatur oder Kunst, wußten sich auch durch diese Zeit scharfdenkend und beharrlich höher zu schrauben; ließen hier einen überflüssigen Brocken Ehre fallen, zertraten dort unauffällig einen anständigeren Ringer. – Und denen, die Ruhm und Gold besitzen, nähert sich behaglich der Zufall und segnet sie. Und was uns vorzustellen gelingt, das sind wir auch. Brave, unverantwortliche Soldaten zerfleischen darüber brave, nur geistig anspruchsvollere Brüder. – Und die Gewinnenden? Was gewannen sie? Wer ist heute wahrhaft zufrieden? Oder doch? Oder nein? – Deutschland wurde gar zu arg geschüttelt. – Und wie's kam und wie's auch noch kommen sollte, du, bleierner Gustav, wirst immer auf dem Grunde bleiben. Die Offiziersschärpe und die Kriegsorden anlegen und dich bettelnd in der Wilhelmstraße aufstellen. Nein, das darfst du nicht. Denn du triffst hin und wieder doch anständige Kameraden und besuchst doch zuweilen den feudalen Klub, wo getreue, zum Teil kriegsverstümmelte Helden dauernd Kinder mit dem Bade ausschütten und einem eitlen, beschränkten Götzen huldigen, der sich aus dem Staube gemacht hat. Außerdem werden dir gewiß schon andere mit dieser Idee zuvorgekommen sein. – Denn Berlin ist ja so hoffnungslos abgegrast von der schlingenden niedertretenden Vielheit. – Die Bourgeois? Auch du gehörst ihnen wohl an, den tatenlosen oder den kurzsichtigen oder den steifdummen oder den heimlich zufriedenen Scheinbellern. Und die Radikalsten? Ideale erfüllen sich nie, aber unter wirren Umständen die Taschen. – Und die Verbrecher? Vergreifen sich an den Mittleren und Kleineren. Denn die Tiergartenstraße schützt der Staat, es ist seine Straße. Der Staat ist fett gemästet, ernährt sich nur mehr von jungen, zartesten Gemüsen. Wenn ich Präsident wäre, ich würde ... Geschwätz! – Woge prallt gegen Woge. Wurde mir die Seefahrt doch leid? Ich bin ein verbrauchter Süßwassermatrose, der sein Leben auf dem Lande beschließen möchte. – Die Hochsee hat ihre Wunder, aber in die Tiefe muß man tauchen, sie zu heben, und man kehrt dabei leicht nicht wieder zurück. Andere bescheiden sich, dringen an der Oberfläche rasch vorwärts. Noch ein anderer erhängt sich. Der läuft nur einen Knoten und erreicht doch am ehesten das Ziel. Das wäre etwas für dich, Gustav. Und deine paar Habseligkeiten alle testamentarisch dem einen Freunde vererben, daß die Verwandten und Mäzene wenigstens einmal stutzen würden: »An diesem Deeters muß doch etwas sein ...« – Man plaudert mit ihnen. Immer das gleiche. Unter diesen Mädchen gibt es mitunter noch Altangesessene und auch eine gewisse Kultur in Berlin. – Man weiß im voraus, was Biela antworten wird. – Wie sie sich ihre Zukunft ausmalt? Sie wird mit Ersparnissen ein Blumengeschäft gründen oder Zimmer vermieten, entweder als Kupplerin oder an anständige Herren. – Sie sind gemütlich und ehrlich, solange man an dem barschen Kontrakt nicht rüttelt. Sie bieten dir heute nervenpeitschenden Kaffee und morgen tödliches Gift. – Beiläufig, in ausgelassener Festgesellschaft antwortete Elfchen einer Frau Rat mit komischem, fast rührendem Stolz: »O, als Heinz mit mir in Paris war, damals haben wir auch oft drei Tage und drei Nächte hintereinander durchbummelt ...« Wer verdient das Leben? Alle andern sind schuldbeladen. Ich, Gustav, bin der einzige anständige Charakter. So aussichtslos ... so hoffnungslos ...

11.

– – die Nummer des Autos war nicht
beleuchtet. Die Leiche wurde dem
Schauhause zur Obduktion über-
wiesen.

Wollte jemand Gustaven bei Deeters denunzieren, sprechend: Er
hält auch vor dir Geheimnisse zurück! – Deeters würde lächelnd
abwinken. Klapp den Deckel drauf. – Zwei Stammgäste trinken
peinlich kritisch Weiße. Der alte Herr von der Filmbranche bietet
dem Herrn Schneidermeister ein Prise an. Dieser ruft dem Kellner
etwas zu in dem Dialekt der achtziger Jahre von Kölln jenseits der
Spree: »Max, juckeln Se man los mit ihren ollen Zossen …« – Ein
kleiner bärtiger Herr nimmt eilig an diesem Tische Platz. »Vergeben Sie«, kichert er, »wenn ich ehrliche Fußnote in die 22. Zeile
Ihres Vorworts einfalle. Sie sind der richtige Berliner, in Berlin die
zweite Auflage. Sowas erschien wohl anno 79 bei Hermann, aber
was bedeutet es heute? Bestenfalls reiste der Großvater zu und der
Enkel verzieht morgen.« Der Sprecher legt Geld auf den Tisch, löf-
felt die Erbsensuppe in sich hinein und entfernt sich. »Der scheint
etwas Manoli zu sein.« – Gustav aber schlendert durch die Nacht,
darin, von dunstigen Gespenstern überhuscht, Lichter hängen.
Hohe bleiche Monde, ordinäre Butterblumen, an den Stationen
aufregend rote Augen über Blutpfützen oder grüne Augen. Und
über den Straßen dahingleitend, goldstreuend, der um eine andere
Welt wissende Blaufunke. – Wie Gustav gekleidet ist, zu allem
fähig, nichts gegen ihn einzuwenden, bemerkt er zufrieden, wie
die Geheimpolizisten und andere Spione ihm ratlos nachblicken.
Er kennt sie besser, die Strengen wie die Bestechlichen. Im Keller
der Bananenliese oder unter der Falltür der grauen Frau öffnet sich
ihm, dem bescholtenen Ringkämpfer, vertraulich die Chronique
scandaleuse. Es würde aber seine wundersamen Privatstudien un-
nötig beeinträchtigen, wenn er Bielas Zuhälter anzeigte. Dagegen

kommt ihm der Ruf zustatten, den er sich erwarb, als der internationale Dreadnought Kanarienschorsch niederboxte. – Gustav
hustet grimmig ein paar seifige Zwitterjünglinge vom Bürgersteig.
Und schnackt ein wenig mit dem alten Fuchswolf, der nachts mit
einem Knüppel einen Schirmladen bewacht und nebenher gehei-
men Handel mit amerikanischen Zigaretten und Nacktphotos
treibt. Er tauscht einen Witz mit den Droschkenkutschern am Hal-
leschen Tor, läßt sich von Nora neue Anekdoten über Perverslinge
erzählen. Und schaut zum hundertsten Male zu, wie ein junges,
aber reifes, dralles Mädchen mit einem Puppenwagen den bet-
telnden Rumpf wegfährt, der allabendlich einige Stunden an der
Planke lehnt, wo die parteipolitischen Aufrufe angeschlagen werden. – Im rauchigen Keller von Lutter & Wegner mischt sich Artist
Gustav al Ratschild unter eine bezechte Gesellschaft falscher Offiziere und falscher Schauspielerinnen. Da quirlt Lustigkeit aus dem
vollen heraus. Denn es kommt den Kavalieren nicht darauf an, der
Abortfrau Lewandowsky, die aus Exkrementen russische Zustände
und noch Angenehmeres prophezeit, einen Fünfzigmarkschein zu
schenken. Und die Damen stecken dem Oberkellner noch höhere,
geheimnisglatte Gelder zu. Und jemand bietet Gustaven 200 Mark
an, wenn er nur in ein Telephon spräche: »Hier Vorsteher Günther.
Der Wagen soll am dritten Gleise warten.« – Niemand außer
Gustaven hört in dem Lärm, wie Hoffmann leise an der Wand
kratzt, an der Stelle, wo früher das historische Bild hing. Gustav
verläßt den Keller, springt drei Schritte rückwärts, weil Murr quer
über den Weg huschte. – Und drei Stunden lang für ein verschwie-
genes Honorar ist er damit beschäftigt, ein vornehmes Haus in der
X-Straße dauernd zu verlassen. Jedes Mal prallt er mit einem
Herrn im Pelz zusammen, der dann ruft: »Pardon, die Zeit macht
einen nervös.« Jedes Mal antwortet Gustav dann: »Eine Nase läßt
sich immer wieder drehen.« Und geleitet die Herren ins Parterre,
wo ein Kügelchen über schwarze und rote Felder hüpft. – Gustav,
der Chiromant, trinkt bei einer alten Hexe Whisky aus einer Napf-

kuchenform und unterhält sich flüchtig durch ein sulfurisches Sprachrohr mit Clamur, Machandel und Pipo. – Gustav hinkt. – Hinterm Reichstagsgebäude steckt er den falschen Bart in die Tasche. Ein Irrsinniger spricht ihn an. Ob der Schuß am Hundekehlensee schon gefallen sei? – Gustav nickt, wandelt tief Atem schöpfend weiter, dorthin, wo keine Laternen leuchten, unter die Bäume am Kanal. Lehnt sich übers Geländer und blickt in das tintenartige Fließen. – Als die letzten Schritte eines wankelmütigen Mädchenjägers verhallen, wird es dort unheimlich still. – Gustav summt: Es schwimmt eine Leiche im Landwehrkanal. Reich sie mir mal her, aber knutsch sie nicht so sehr. Dann lauscht er, strengt seine Augen an. – Eine Leiche treibt langsam näher. – »Es schließe sich der Ring!« – »Völlig!« antwortet eine Stimme, die Leiche bremst. Gustav stößt einen Bootshaken in ihren Leib und langt sie damit heraus. Es ist Pinkomeier. Er begleitet Gustaven trällernd, trällert das Lied vom sublunarischen Wandel. Dabei redet er Dummheiten, die morgen vergessene Weisheiten sind. Und Gustav notiert sich einige kluge Bemerkungen, um sie morgen als wirren Blödsinn zu verbrennen. – »Mehr Humor, Gustav, Ataraxie auch im Verrecken!« sagt Pinkomeier. »Du läßt dich vom ersten Eindruck erwürgen. Krieche stumm in die Dinge hinein; alle, die empörendsten, sehen innerlich ganz natürlich fleischfarben aus. Und ob in der Mühle die unterste Bohne bevorzugter sei als die oberste, die bis zuletzt den andern auf den Köpfen tanzt ? Pah, gehupft wie gesprungen! Studiere du unbekümmert weiter und glaube mir: Es ist kein so großer Unterschied zwischen der Bibel und dem Berliner Adreßbuch. – Im Morgendämmern, wie etwas ganz Sonderbares, erhebt sich Vogelgeschwätz. Die Spatzen, die Nachtigallen der Stadt. Wovon ernähren sie sich in dieser brotlosen Zeit? Wovon ernähren sich … – Ein hackender Schritt ertönt, vom Echo der andern Seite geprügelt. Arbeiter mit klappernden Kannen eilen. Dicke Bündel farbloser Röcke schleppen Gemüsekörbe zur Markthalle. Das Volk der Angestellten schwärmt aus, Sklaven. Pedanten,

die das Ende eines selbstgekauften Bleistiftes erleben. Bleich, kurz-
sichtig gewordene Mädchen. Ein gewisser, beinahe familiärer
Kommunismus des Kontorlebens bewirkt es, daß sie mit einer Art
Heimatgefühl in die kahlen Büros ziehen. – Müde, ohne ein Nachthemd einzuwechseln, sinkt Gustav in den süßen Eintagstod. Aus
der Matratze brummt Pinkomeier Gute Nacht. – Nur einmal, kurz
aus dem Schlaf erwachend, schaudert es Gustaven, als er Licht in
seiner Stube bemerkt und einen bloßen Arm gewahrt, der aus dem
Türspalt des Kleiderschrankes herausragt.

12.

*L. F. Café Josty Freitag, Adresse
wiederholen, wichtig Sporendank,
Zürich entschlossen. Vorsicht Postl. 27,
Amt 12.*

»Heh! Heh! Pst! Wiga!« – Er springt einen kühnen Satz vom
Autoomnibus. Das lernt sich hier. »Ich habe Eile, aber ein Stück
begleite ich dich.« Wie geht dir's Gustav? »Manchmal heute ... hat
Berlin einen Himmel. Ich bin dabei, meine Schulden zu bezahlen
und zu schenken. Mein Drama ist honoriert, ein guter Freund von
mir hat es ...« Du hast viele gute Freunde? – »Mehr Freundinnen.« –
Ich träumte gestern von dir, Gustav. In der Kirche. – »In welcher?
Es sind ihrer viele hier, manche so verbaut, daß man jahrelang
täglich vorbeigeht, ehe man sie hinter Plakaten, zwischen einem
Kino und einem Palast der Lebensversicherung entdeckt. Auch
richtige Gebete und zauberstarke Frömmigkeit gibt es hier.« –
Übrigens Gustav: Ich bin verheiratet. Willst du morgen bei uns
essen? Notiere unsere Telephonnummer ... –

Es ist eine andere, eine kleine, kluge Frau, die Rotweingläser auf
den sauberen Tisch zwischen den beiden parallelen Räkelpolstern

stellt. Und selbst nie sentimental, doch gut, treu, zieht sie Kösters rührsame Spieluhr auf. – Miezko, lasest du mein Manuskript? – Ja, manches verstehe ich nicht. – Muß man denn, kann man alles verstehen? – Nein, aber warum verschüttest du die Schönheiten? – Trüffeln stecken immer tief im Dreck. – Aber, Stävle, ich bin doch kein Trüffelschweinchen! – Nein, ich schreibe doch auch kein Dreckchen. Es sind Fetzen, aus Zeit und Ort herausgerissen, nicht die gute alte Zeit, nicht Gulitzsch an der Wipper .... Das Band zerrissen und du bist ... Ach, Miezko, ich bin heute so glücklich. Ich habe mich von Purmanns losgesagt. Nein, nicht jetzt, da ich für acht Tage Seligkeit bei mir habe, sondern vordem, als ich keine Kohlen und kein reines Nachthemd mehr besaß. – Aber Stävle, so, wie du mir die Leute gelobt hast, war es vielleicht doch etwas ... – Nein, Miezko, ich log dich an zu Purmanns Gunsten, als ich erkannte, daß ich mich selbst belogen hatte, und daß Purmanns mich oder sich selber belogen hatten. Und ich bedankte mich, wo sie danken mußten, und steckte beschämt ihre Vorwürfe ein, wo ihr graues Haar ... Soll ich mich um eine Erbschaft verkaufen? Ach, sprechen wir von anderem! Was erlebtest du inzwischen? – Miezko entzündet eine kleine Laterne mit Butzenscheiben und läßt die gebatikte Bühne von Weißgerber verlöschen. Vier schwache Strahlenbündel pendeln über merkwürdige Kupferstiche, über ostfriesische Möbel und keramische Niedlichkeiten. Frauenbeine schimmern durch ein warmes Violett. – »Es waren mancherlei Besucher bei mir, um ihre Sehnsucht nach München auszuschütten.« – Nach München jener Zeit. Jetzt lebt es sich stärker, gesünder und schneller in Berlin. Hier tröstet die Vielheit der Erscheinungen und Erlebnisse ... »Ja, Stävle, ich habe auch wieder Romane erlebt, seit du ...« – Man entgeht ihnen nicht. Wir erleben sie, hören sie, lesen sie aus Zeitungen, Büchern, und selbst noch in der einsamsten Zelle auf den Oktavbogen, die wir vom augenspießenden Draht abreißen. Und sie kreuzen sich und verwirren sich wie die Bindfäden in Elfchens Schubfach. – »Kehlbaum hat hier eine halbe

Flasche Cordial Medoc über Berlin verschimpft, das keine Kultur habe.« – Nein, wenig. Es ist Fremde, unübersehbare, unerschöpfliche offene See, also Weg nicht Platz. Nur nicht als Wrack dort liegen bleiben, wo es verebbt oder zerschellt. Zuweilen landen, sich träge wonnig erholen, aber dann wieder hinaus. Hindernisse überwinden, ums Leben kämpfen, alle Sinne stets wach und gespannt, denn Strudel und Strömungen locken und drohen. Hinaus, um in der massigen Einsamkeit zu leiden. Woge um Woge, Moment um Moment. (Gustav küßt die Hände seiner Freundin.) Du verstehst mich. Man muß Berlin visionär genießen. – (Sie streichelt sein Haar.) – »Ja, es ist Meer. Manche reisen herbei, um sich darin zu baden oder auch nur zu waschen. Andern gelüstet es nach abenteuerlichen Fahrten. Manche müssen untergehn.« – Prosit Miezko! Wenn der Frühling die städtischen Anlagen beehrt, dann stehl' ich mir einen Zweig, daran zarte gelbe Wollwürstchen hängen, die duften wie: Alles wird einmal wieder gut. – Und die Sonne weckt paradiesische Seligkeiten aus kahlen Kalkwänden. – Miezko will antworten. Da poltert die Tür schreckhaft, und auf der Schwelle steht ein eleganter Neger, der einen Muff und eine Handgranate

EIN JEDER LEBT'S

Novellen

DIE WILDE MISS VOM OHIO

Ich rede von einem jener gott- und menschenverlassenen Eisenbahnpunkte, wo normale Fremde den Verstand verlieren, wenn sie nicht Schlafvirtuosen sind oder ein dichterisches Verständnis für die Poesie der Öde haben. –

Als ich die Tür zur Wartehalle klinkte, flehte ich irgendeine überirdische Macht an, mich nicht in eine Gesellschaft zu lancieren, die über Bierqualitäten, Zufälle im Lotteriespiele oder innere Politik polemisierte.

Es war jedoch nur ein einziger Gast anwesend, eine stattliche Baron-Offizier-Lebemannerscheinung, die mir gleich durch eine kurze Kopfbewegung zu verstehen gab, daß ich mich zu den unsichtbaren Geistern zählen dürfe. Das war ganz nach meinem Sinn, und ich drückte mich selbst in den entferntesten Winkel, gleichfalls ein deutliches *Noli me tangere* in meine Züge legend.

Der Herr »Ober« bemühte sich, meine schlechte Stimmung auf den nervösesten Punkt zu schrauben, durch allerhand Schikanen, die ich in vier Humoresken und einer Tragödie zu verwenden gedenke. Dann allmählich schlief er am Zeitungsständer ein. Und nun war es still in der leeren Halle. Nur ein melancholischer Landregen nässelte an den Fensterscheiben.

Der Baronartige starrte regungslos auf eine Flasche Burgunder. Ich hatte das Gefühl, daß ich ohne seine Gegenwart ein stimmungsvolles Gedicht verfassen könnte. Die Hände vor die Augen pressend, um ihn nicht mehr zu sehen, gewahrte ich durch die Fingerspalten, daß er energische und eigentlich mehr zielbewußte als blasierte Gesichtslinien hatte, daß eine breite Narbe an seiner Schläfe nicht übel wirkte und daß er einen pompösen, exotischen Ring trug.

Die Einsamkeit ist die Treppe zum Gedankenkeller. Sie ist selbstverständlich wertlos für denjenigen, der unten nichts auf Lager hat. Wer aber sein Fäßchen oder gar Fässer, Tonnen dort liegen weiß – meistens die, welche oben nur wenig verzapfen – dem fällt es nicht schwer, die Stunden in dieser erfrischend kühlen Tiefe totzuschlagen.

Auch ich wollte mein Fläschchen Spiritus heraufholen, um damit den eingeborenen Zeltinger zu veredeln, den mir das Bahnhofsrestaurant zu Kriegspreisen aufgetischt hatte.

Der Baron war wirklich im Grunde ein recht sympathischer Mann. Er schien ebenfalls trübseliger Laune zu sein und saß noch immer wie ich über sein Glas gebeugt – Zigarrenrauch und Asche studierend.

Da öffnete sich die Türe. Ein älterer, wettergebräunter Dritter im Jagdkostüm blieb auf der Schwelle stehen.

Der Baron bemerkte ihm sofort durch eine kurze Kopfbewegung, daß er sich zu den unsichtbaren Geistern zählen dürfe, und ich legte ein deutliches *Noli me tangere* in meine Züge. Der Jäger aber bediente sich einer noch überlegeneren Sprache. Er sah sich weder nach dem Baron noch nach mir um, sondern plazierte sich mit geometrischer Geschicklichkeit so, daß er uns beiden gleichzeitig den Rücken zudrehte. Die schikanöse Einleitung des Kellners kürzte er dadurch ab, daß er ihn sehr bald mit Kamel anredete.

Ich fühlte mein Dichtermilieu durch einen struppigen Bart, verwegen rollende Augen und eine lokomotivierende Meerschaumpfeife erheblich gestört.

Erst als der wilde Mann mit einem Glas heißer Milch gestillt war und das dienstbare Kamel seine Journal-Ecke wieder eingenommen, trat der *status quo* ein. Dieses Verhältnis nahm mit der Zeit einen ganz friedlichen Charakter an. Es war, als hätten wir ein stilles Abkommen getroffen, einander rücksichtsvoll zu ignorieren.

Der Ofen begann wie in einer Anwandlung von Mitleid geheimnisvoll zu knistern. In tiefes Sinnen versunken, rührten wir uns nicht. Nur wenn der Kellner seine Beinstellung wechselte, hoben sich für einen Moment drei müde Häupter. Dann war alles tot.

An was denkt man in solcher Situation wohl? – – –

Das wird immer individuell sein. Ich z. B. dachte – – ach nein, das ist ganz gleichgültig.

Jedenfalls wurde die Ruhe plötzlich unterbrochen. Es war die seltsame Melodie eines mir unbekannten Liedes, halblaut durch die Zähne gesummt. Ich warf dem Jäger einen vorwurfsvollen Blick zu und beobachtete dann, wie der Baron sich verhielt.

Er hatte gleich mir den Kopf erhoben und außerdem eine Zeitung ergriffen, aber ich bemerkte, daß er hinter derselben neugierig den Jäger fixierte. Gleich darauf legte er das Blatt beiseite, leerte sein Glas mit einem nervösen Schluck, trommelte mit den Fingern auf das Tischtuch und stimmte leise pfeifend in das Lied, dasselbe Lied ein.

Nun sah auch der wilde Mann auf und schwieg. Der Baron schwieg gleichfalls. Es kam mir vor, als sei ein kleines Vorpostengefecht beendet.

Plötzlich erhob sich der Burgunderherr, trat mit ungezwungen vornehmer Haltung an den Jäger heran und sagte: »Mein Herr, erlauben Sie mir die Frage: Waren Sie je am Ohio?«

»Ja«, erwiderte der andere erstaunt.

»Und Sie kennen die wilde Miß vom Ohio?«

»*The wild Miß?* – – –« Etwas wie ein wehmütig-glückliches Lächeln fuhr über das harte Jägergesicht. Er hielt dem Frager seine kräftige Rechte hin, und dann gab's einen Handschlag, den ich im Leben nicht wieder vergessen werde. Und nun rückten die beiden zusammen, und der Kellner wurde aus seinem Presseschlummer gejagt, um Sekt und Zigarren zu bringen, und dann begannen die beiden zu fragen und zu erzählen, und dazwischen stießen sie so feurig die Gläser zusammen, daß der Kellner jedesmal zusammenfuhr.

Ich verstand kein Wort weiter von dem, was da besprochen

wurde, aber ich glaubte den Inhalt zu erraten, und das Herz ward mir dabei weit, als sei ich berauscht.

Es mußte eine köstliche, interessante Erzählung sein – aus dem Leben dieser Männer, und das Lied, woran sich beide erkannt hatten sowie die wilde Miß vom Ohio mußten irgendeine romantische Rolle darin spielen. Leidenschaftliche, gefährlich-schöne, vielleicht teilweise sehr traurige Erlebnisse.

Ich sah ein einsames Licht aus dem nachtdunklen Ufergebüsch des Ohio blinken. Die wilde Miß stand vor mir, eine herrliche, heißblütige Kreolin mit tiefschwarzen, verführerischen Augen, und ich wob einen spannenden und ergreifenden Roman um sie. – –

Die Augen der Erzähler leuchteten begeistert, ihr Sekt schäumte, und der Zigarrenrauch umlagerte sie, wie Nebelwolken, den kühlen, schwarzen Fluten des Ohio entstiegen. Ich aber saß einsam in meiner Ecke und spürte eine so gewaltige Sehnsucht danach, auch Anteil an diesen bewegten Erinnerungen zu haben und hinzugehen, um zu sagen: Meine Herren, auch ich kenne das Lied, den Ohio und die wilde Miß. Darf ich mich zu euch setzen? – –

Glückliche, beneidenswerte Weltmenschen! –

Noch nie hatte ich ein Alleinsein so bitter empfunden wie in dieser Stunde. Ich faßte den Entschluß, mir auch ohne Belege als Zuhörer einen Platz bei den beiden zu erbitten.

Da pfiff etwas. Ein Zischen – ein Rollen – – der Zug lief ein – –

Ich habe weder den Jäger noch den Baron wiedergesehen. Die Geschichte der wilden Miß vom Ohio habe ich nie erfahren, aber wenn ich mich ihres Titels erinnere, habe ich eine häßliche, drükkende Empfindung.

Es ist das Gefühl des Unbefriedigtseins. Etwa wie wenn man während einer spannenden Lektüre nach der weggelegten Zigarre greift und plötzlich merkt, daß diese auf unerklärliche Weise abhanden gekommen – –

Nein, es ist ein ganz anderes, viel tieferes, trüberes Gefühl.

DAS GUTE

Am Bahnhof ließen die Gassenbuben endlich von der Zigeunerin ab. Aber Iwan Georgewitsch warf ihr noch eine Handvoll tauschweren, schmutzigen Schnee nach, der sie an der Hüfte traf und den dünnen, blauen Kattunrock mit widerlichen Flecken durchtränkte.

Der dienstschlafende Polizist, welcher die Szene beobachtet hatte, barg sich tiefer in den Morgenschatten eines Torbogens und beschwichtigte sein russisches Gewissen, indem er behaglich brummte: »Ach, das macht der alten Krähe nichts!«

Diese Bemerkung schien gar nicht unpassend, denn der Rock der Zigeunerin war in der Tat schon übel zugerichtet, und wenn sie ihn übermäßig hoch raffte, so geschah es wohl nur, um schneller ausschreiten zu können, nicht um ihn zu schonen. Außerdem: Wie sie gebeugt, auf dürren Beinen dahinstelzte – langschrittig, um ihren Verfolgern zu entkommen, vorsichtig, damit ihre großen, nur mit dürftigem Schuhwerk bekleideten Füße nicht allzutief in Schnee und Schlamm versänken – so sah sie wirklich einem riesigen Vogel ähnlich, zumal sie den linken, gebogenen Arm, woran ein Hausierkorb hing, im Gehen flügelartig bewegte.

Garstige Flüche und Verwünschungen murmelte sie vor sich hin, gegen die Niedertracht der Menschen, gegen Letten, Russen, gegen alle Livländer und besonders gegen jene Schulbengels, die sie ihrer Meinung nach gern und mitleidslos erwürgt hätte. O, sich rächen zu dürfen!

Sie fühlte und hörte, wie das Wasser in den Schuhen bei jedem Schritt patschte, empfand auf einmal, daß ihre Sohlen eiskalt von Nässe waren, und verwischte dabei mit unsauberen Fingern die Schweißtropfen auf der Stirn. Sie berechnete, daß sie seit vierundzwanzig Stunden keinen Schlaf genossen hatte, dachte an vielerlei Ärgernisse, Enttäuschungen, die ihr in dieser Zeit begegnet waren, auch daran, daß ihr eigener törichter Übermut solches verschuldet hatte. Dann spürte sie, wie sich irgendein Band ihrer Unterkleidung löste, und ihre Hände, die den Rock und ein wollenes, vielfarbiges Kopftuch hielten, krallten sich so krampfhaft zu Fäusten, daß sie zitterten, daß der Korb am Arm mitzitterte. Ja, als sie, die Stufen zur Bahnhofshalle hinanhastend, auf den Saum ihres Unterrocks trat, so daß dieser hörbar zerriß, blieb sie einen Moment mit zusammengepreßten Augen stehen, um zwei Tränen loszuwerden, die sich nicht unterdrücken ließen. O, sich rächen zu dürfen! Übrigens: An wem?

Obwohl noch eine halbe Stunde bis zum Abgang der Strandbahn verblieb, war die Halle schon von Wartenden belebt, vornehmlich Arbeitsleuten, die in hohen, schweren Stiefeln auf den triefenden Steinfliesen hin und her trotteten und deren Schritte an den kahlen Wänden des gewölbten Saales knapp widerhallten.

Auf der einzigen Bank und neben derselben am Boden kauerten Frauen, und am Schanktisch wankte in kläglicher Betrunkenheit ein Soldat, der von Zeit zu Zeit sein Inneres und sein Äußeres mit Wodka begoß. Auch waren unter der Menge einige besser gekleidete Damen und Herren. Sie mochten die Nacht durchzecht, durchtanzt haben, von Bällen oder Maskeraden heimkehren; das war ihnen nach Anzug und Gebaren unschwer anzumerken, und jener Tag gehörte zum Februar, da man im westlichen Rußland dem Fasching ebenso opferte als in Deutschland.

Die meisten dieser Leute befanden sich in Gedanken schon oder noch im Bett und verhielten sich still und ernst. In ihren Blicken, die von der Uhr durch die Halle wieder zurück zur Uhr kreisten, in ihren Bewegungen prägte sich jene selbstsüchtige Strenge aufgezwungener und gewohnter Geduld aus.

Die Hausiererin schob sich in das dichteste Gewühl. Gleichzeitig schlang sie das breite Kopftuch eng zusammen, daß nur wenig von ihrem braunen Gesicht, dem einfach gescheitelten, tiefschwarzen Haar unbedeckt blieb. In gebückter Haltung, den Kopf zur Brust gesenkt, vermeinte sie sich hinter einer Gruppe breitrückiger Gestalten verbergen zu können; aber das gelang nicht. Denn die

Nächsten wichen vor ihr zurück; andere umringten und betrachteten sie mit neugieriger Verachtung, wie man ein wildes, abscheuliches Tier beguckt. Sie musterten dreist oder verstohlen ihren Korb, ihre Schuhe, ihre jämmerliche Physiognomie, lachten, spotteten erst verhalten, bald offener. Besonders Frauen vergnügten sich unverhohlen, als ein dicker plattnasiger Lette sich tölpelhaft zum Spaßmacher aufwarf, indem er das Leinentuch von des Weibes Korb wegzog; wobei allerdings ein komisches Durcheinander von Apfelsinen, Schuhbürsten, Kinderspielzeug, Taschenkämmen, Zwirnrollen und anderlei Sachen zum Vorschein kam. Daraufhin steuerte sich der berauschte Soldat hinzu und begann eine längere Ansprache, mit schluckenden, teils russischen, teils lettischen Worten, welche das allgemeine Ergötzen erhöhten, zumal er sie durch gewagt vertrauliche Gesten unterstützte. Das Weib hatte Mühe, sich der Aufdringlichen zu erwehren. Vorübergehende stießen sie achtlos, sogar absichtlich an. Die Uhr ward vergessen; man unterhielt sich nur noch gespannt mit dem Anblick der fremden Gestalt. Was sie wohl anfangen würde?

Die sagte nichts; sie durfte ja nicht; es hätte nur mehr peinliches Aufsehen erregt. Sie ertrug. »Hexe!« »Wahrsagerin!« rief man ihr zu, und junge Leute bestürmten sie, ihnen die Karten auszulegen; auch wollten sie ihr etwas von dem drolligen Kram abkaufen. Die Braune schüttelte nur wortkarg und abwehrend den Kopf. Doch in ihren Augen funkelte unsäglicher Haß. Sie mußte dulden, – weil sie ein Weib und eine Zigeunerin war. Das wußte sie, wie sie auch qualvoll erkannte, daß sie einem rohen, unverständigen Pöbel auf der Bühne der Langeweile ein Schauspiel gab. Man vergalt ihr mit kaum erträglichem Hohn, mit plumpen Schikanen. Bis das Rasseln eines Schlüsselbundes die Peiniger hinweg zum Schalter trieb. Der Plattnasige hielt es davonrennend noch für lustig, in den Korb mit den Apfelsinen zu spucken.

Das Fahrgeld – zwanzig. O Gott, es reichte nicht: es fehlten zwei Kopeken. Fiebernd durchhakten die knochigen Finger den Inhalt des Korbes zur Belustigung vieler Gaffer. Ein Polizist schaute mißtrauisch zu. Sie sah – vielmehr empfand es nur, und eisige Angst griff in die Schläge ihres Herzens.

Er wird mich anhalten, ausforschen, bangte sie und wühlte noch rascher, noch aufgeregter in dem krausen Tand herum. Ich habe das Geld verloren. Ach, daß mich alles treffen muß! – O allmächtiger Vater im Himmel, du kannst das ansehen! Gott, du bist schlecht, du bist – nein, Gott, du bist gut. Sei barmherzig, bitte, bitte! Hilf, daß –

Und sie entdeckte die zwei Kopeken. Keuchend langte sie vor dem Schiebefenster an, forderte zaghaft ein Billett. Der Beamte schimpfte: Ob sie das Maul nicht aufreißen könnte.

Sie hörte nichts. Indem sie zum Perron jagte, rannte sie gegen eine Säule und stieß sich das Handgelenk blutig.

Der Zug war, wie allmorgendlich, auch diesmal im Nu überfüllt. Zumal in den Wagen letzter Klasse herrschte bald ein arges Gedränge, grobes Schelten und Streiten um die Plätze, dazu heiße üble Luft. Diejenigen Fahrgäste, welche sich eine Sitzgelegenheit erhascht, förmlich erkämpft hatten, gaben deutlich zu verstehen, daß sie das Errungene unter jeder Bedingung behaupten würden. Die anderen beruhigten sich erst, als der Zug stampfend, zischend ins Rollen kam, und unter ihnen befand sich auch die Frau mit dem bunten Tuch. An einem eisernen Träger lehnte sie, kaute auf ihren Lippen und schickte bittere Blicke nach allen Seiten. Es versteht sich von selbst, daß sie ununterbrochen von ihrer Umgebung angestarrt wurde, verständnislos, anstandslos, voll Abscheu. Da saß eine Gesellschaft von Nachtschwärmern, welche vor dem Ernst des trüben Morgens ernüchtert und verstummt waren, nun aber allmählich wieder in ausgelassenere Stimmung kamen und ungeniert über die Zigeunerin zu witzeln begannen.

Der entging kein Wort. Daß dieses Witzeln sowie das jeweils folgende Gelächter so geistlos, niedrig waren, das steigerte ihre Wut zum äußersten. Wahrhaftig – so seltsam es klingen mag – der

Zigeunerin war eine sehr zarte Empfindlichkeit, ein feines Verständnis eigen. Sie erriet auch verschwiegene Gedanken bei den übrigen Passagieren: Vor dieser diebischen Landstreicherin, die sich selten wäscht und gewiß Ungeziefer an sich trägt, muß man auf der Hut sein. Wie, wo und wovon mag sie leben? Ob sie zaubern kann? Halbschuhe trägt sie im Winter, seidene Strümpfe mit großen Löchern darin! Wenn sie wüßte, wie lächerlich sich ihre zerfetzten Flitter ausnehmen!

Derartige Bemerkungen verletzten die Fremde ebenso, als wären sie ausgesprochen. Einige Muskeln des dunklen Gesichtes gerieten in flackernde Spannung, bemühten sich, Ideen und Gefühle zurückzuzwängen, die wirr und stickig gemengt aus jenem Schädel, jener Brust herausschwollen.

Ein weißhaariger Bahnarbeiter schielte beklommen nach der neben ihm stehenden rätselhaften Frau, zuckte bei jeder Berührung mit ihr erschrocken zusammen und schlug dann jedesmal heimlich ein Kreuz.

Der einzige, der unbefangen und ohne jede Feindseligkeit sie anschaute, war ein blasser, hagerer Mann, ein Maler, welcher Freude an ihrer künstlerischen Erscheinung hatte. Gewiß, sie ist schmutzig, erklärte er für sich, wird nicht mehr jung sein, aber hat sie nicht sinnvolle, geradezu edle Züge? Wie seltenartig, wie hoheitsvoll wirken die blauen Augen auf dem ruhigen braunen Grund unter dem tiefblauen Haar und dieses brennende Scharlachrot auf dem Tuch!

Die Zigeunerin selbst stellte sich vor (und ein halbes Lächeln kam und schwand ihr), daß der hagere Mann ein Künstler wäre, der Gefallen an ihr und den leuchtenden Farben ihrer Kleider fände. Denn sie kannte ihre Vorzüge recht wohl, hatte dieselben oft, noch am jüngst verflossenen Tage, rühmen hören.

Niemand schien indes die Anstrengung zu bemerken, mit der sie sich äußerlich beherrschte, niemand zu gewahren, was jetzt in ihr vorging.

Nach und nach legte sich dieser innere Kampf, schlief ein in dem erschöpften Körper, welcher sich kaum noch aufrecht zu halten vermochte. Ein Ausdruck milder Ergebenheit, versöhnlicher Müdigkeit lagerte sich in ihre Linien. An jeder Haltestelle der Eisenbahn hatte sie gehofft, daß jemand aussteigen, einen Sitz hinterlassen würde. Es ereignete sich auch zweimal; doch nahmen ihr andere Fahrgäste, klotzige, eilfertige Männer, die leeren Plätze vorweg.

Ohne Bitterkeit trat sie zurück, wartete, litt, schloß für Sekunden die Lider, reckte sich – im Begriff einzuschlafen – mit mehr Wollen als Können wieder zurecht, verträumte sich an den fernen Schlägen einer Turmuhr.

Noch drei Stationen. Noch dreiundzwanzig Minuten. Nach einer halben Stunde ist alles überwunden, werfe ich mich ins Bett, in mein warmes Bett. Sie fühlte und hörte, wie das Wasser in den Schuhen patschte, und ein Frösteln überwallte ihren Rücken. Fast noch eine halbe Stunde muß ich mich auf den Füßen halten. Gott! – Dort auf der Bank sitzen drei Personen; es könnten auch vier darauf sitzen. Wenn die Bäuerin am Fenster ihr Bündel herunternehmen würde –

In diesem Augenblick entfernte die Bäuerin tatsächlich aus eigenem Antrieb das Bündel von der Bank, wandte sich darauf an den Bahnarbeiter und bot ihm den freigewordenen Raum an.

»Ich will nicht«, gab der Alte bäuerisch zurück, »ich steige bald aus.« Die Hausiererin wagte sich mit einer flehenden Gebärde vor. Nun war doch die Reihe an ihr.

Nein: Weder die Bauersfrau noch ihre seitlichen Nachbarn verstanden das Weib. Im Gegenteil, sie machten sich breit und drehten ihre Köpfe geflissentlich hinweg. Da, als die Landstreicherin noch eingeschüchtert, unschlüssig dort stand, gab ihr auf einmal eine schwarz verschleierte Dame, welche den Vorgang aus einer Ecke gegenüber der Bäuerin verfolgt hatte, ein aufmunterndes Zeichen. Sie warf nur einen kurzen, unauffälligen Blick. Der redete:

Armes Weib, setze dich unbekümmert dorthin; ich erlaube es dir, und keiner soll's dir verbieten. Dieser weiche Blick, gewärmt und weiter wärmend, redete so viel mehr.

Behutsam ließ sich die Hausiererin neben der Bauersfrau nieder. Sie wickelte den wollenen Umhang fest um Kopf und Brust. Alle Anwesenden im Kupee starrten wie erwartungsvoll auf die Vermummte, auf das grün-weiß-scharlachrote Tuch. Daß es gelinde bebte, fiel ihnen nicht auf, und ganz weit ab davon waren sie, zu ahnen, was sich dahinter begab. Daß dort aus einem namenlosen, seligen Erfülltsein etwas Erhabenes, Gesegnetes, Wunderschönes emporwuchs.

Dann fiel das Tuch. Das braune Haupt zeigte sich ganz und hoch aufgerichtet, und die weit geöffneten blauen Augen sahen einmal lange hinüber zu der schwarzverschleierten Dame. Offenbar wollte die Zigeunerin etwas sprechen; sie überlegte nur noch, wie sie es bestens formen möchte. Schließlich neigte sie sich vor und flüsterte schlecht Russisch: »*Wui pannimeide ponimetzki?*« Das hieß etwa: Sprechen Sie Deutsch?

»Da, da – Ja, ja!« erwiderte die Gefragte erstaunt. Und jene sagte laut mit jäh veränderter, harter Stimme, jedes Wort, jede Silbe, wie aus tiefem Gefühl betonend: »Was müssen Sie für ein guter Mensch sein, der Sie eine Zigeunerin so aufnehmen!«

»Wieso«, wehrte die andere halb verlegen, halb geschmeichelt, »Zigeuner sind doch auch Menschen.« Und sie hätte gern das Gespräch mit der ungewöhnlichen Frau fortgesponnen, aber die hielt die Worte der Dame für geschwätzig, langweilig und schwieg deshalb. Überdies stoppte bald darauf der Zug, und sie verließ den Wagen, nicht ohne der Verschleierten noch einmal innig zuzunicken.

Draußen, während sie den ausgedehnten schneehellen Platz querte, dann in einen der winterstillen Prospekte einbog, welche den Strandort geradlinig durchschneiden, vermochte sie nicht mehr ihre Stimmung zu dämpfen. Etwas Begeistertes, Herausforderndes machte sich in der Art, wie sie dahinlief, wie sie mit dem Korb schlenkerte, laut mit sich selber sprach, auch in ihren Mienen geltend. Gleich werde ich daheim sein. Jetzt ist alles Schlimme vorüber, und was es mich lehrte, das bleibt mir Gewinn.

Einen ärmlich aussehenden Jungen hielt sie unterwegs an. »Da, nimm! Und sei immer ein braver Mensch; denn das ist die Hauptsache im Leben; alles andere ist –« sie bediente sich eines sehr kräftigen Vergleiches und drückte dabei dem verdutzten Kinde ihren Hausierkorb in die Hand.

Merkwürdig, fuhr sie weitereilend im Stillen für sich fort, unglaubhaft merkwürdig war das alles. Morgen will ich es Melitta erzählen. Doch nein, ich werde es ihr nicht erzählen; sie würde mich schelten oder auslachen, mindestens nicht verstehen und es womöglich gar nicht glauben. – Aber ich werde eine Novelle darüber schreiben. Ja, das will ich, und gelingt es so, wie es jetzt in mir lebt, o, so werden nach Jahren sich noch Tausende daran erbauen!

Sie lenkte ihre Schritte durch ein Gartentor, einer kleinen, hölzernen Villa zu, und über deren Stiegen durch eine offenstehende Tür in den Vorraum, wo ein mißfarbenes Frauenzimmer Messinggegenstände putzte.

Die Zigeunerin haßte diese Aufwärterin ob ihres unfreundlichen, starrköpfigen Wesens und sprach nie mehr als das unumgänglich Notwendige mit ihr. Heute begrüßte sie die Aufwärterin liebevoll heiter: »Guten Morgen, Tatjana!«

Ein paar mürrische, unverständliche Worte kamen zurück. Dennoch bewahrte die Angekommene ein frohlauniges Lächeln, und so betrat sie, wie jemand, der im eignen Heim schaltet, ein Nebenzimmer. Dort schickte sie sich an, im Schubfach eines alten Empireschreibtisches zu kramen.

»Tatjana!«

Die Aufwärterin zeigte sich zur Hälfte in der Türspalte. »Tatjana, deine Schuhe sind greulich zerrissen. Hier schenke ich dir fünf Rubel; kaufe dir neue dafür, hörst du, und schneide nicht immer

solch garstiges Gesicht. Du hast hier doch leichten Dienst und –
Tatjana – die Welt birgt soviel Schönes und Gutes!«

Unbeholfen, ohne Dank, ergriff die Aufwärterin das Geld und
entfernte sich unsicher. Hinter der geschlossenen Tür steckte sie
einmal die Zunge heraus, zog eine hämische Grimasse und knurrte
tonlos, lettisch: »Das Luder ist besoffen. Eigentlich hätte ich mich
zwar bedanken sollen.«

Nachdem sie eine Zeitlang den Samowar mit Leder und Putz-
stein bearbeitet hatte, ward ihre Neugierde wach. Vorsichtig schlich
sie zurück, öffnete die Tür und machte sich an dem Messingschloß
derselben zu schaffen.

Die Zigeunerin hatte sich, auf dem Bettrand sitzend, der Schuhe
entledigt, schleuderte diese weithin über den Fußboden und – anscheinend glaubte sie sich unbeobachtet – deklamierte: » Freunde,
überm Sternenzelt –«

Sie riß mit einem Ruck das schwarze Haar von ihrem Kopf, um
es im energischen Bogen von sich zu werfen, so daß es an der
gegenüberliegenden Wand auf einer Devrientbüste hängenblieb.

»… muß ein lieber Vater wohnen!«

Sie zerrte sich die Bluse auf und brachte ein Paar eingerollte
Strümpfe zum Vorschein.

Da konnte Tatjana nicht mehr an sich halten, sondern lachte
grell auf; und wie um das Derbe dieses Lachens wieder abzuschwä-
chen, fragte sie untertänig in ihrem gebrochenen Deutsch: »Junge
Herr haben gewiß sehr lustig gewesen auf Maskenb–«

Sie brach plötzlich blöde, erschrocken ab, denn sie sah zwei Tränen über die Wangen ihres Herrn fallen.

ZWIEBACK HAT SICH AMÜSIERT

So ein Kriegsschiff wie die »Nymphe« sieht von außen schmuck und freundlich aus. Kommt man als Besuch an Bord, so bemerkt man viel Ruß und Öl und Enge und stößt sich mehrmals empfindlich an sehr interessanten Maschinen. Gehört man im Dienste fürs Vaterland selbst zum Schiff, so lernt man erstaunlich vielseitige Arbeit, viel drückendes, eisernes Müssen kennen, lernt sich unter freiem Himmel im Winter mit kaltem Wasser den Oberkörper waschen und andres.

Bei der Marine muß man sehr gesund sein, um sich wohlzufühlen, gesund an Leib und Seele. Zwieback war nicht gerade krank. Aber die Kameraden hielten ihn für schwächlich, und er litt darunter; denn als Matrose unter Matrosen für schwächlich zu gelten, ist etwas Qualvolles.

Zwieback hieß gar nicht Zwieback. Irgendwie war er zu diesem Spitznamen gekommen.

Niemals hatte er sich krank gemeldet. Er verrichtete den Dienst, den die anderen verrichteten, nur weniger gut als diese. Nie zeichnete er sich aus. In allem blieb er zurück, in allem, und das schmerzte ihn. Er begriff schwer, war ungeschickt und zerstreut beim Exerzieren. Seine Uniformstücke wiesen immer Flecke auf und karikierten die unschönen Formen seines Körpers.

Er hatte ein merkwürdig langes Gesicht, das durchaus nicht zur Uniform paßte. Außerdem war er sehr klein, aber auch nicht der kleinste. Denn in nichts war er der Erste oder Letzte. Er wurde mit kränkender Selbstverständlichkeit übersehen von den anderen.

Und immer wieder verglich er sich mit diesen anderen. Das waren starke, wohlgebaute, frische Kerle. Sie sahen wirklich aus, wie Matrosen aussehen. Er, Zwieback, sah doch nicht aus, wie Matrosen aussehen. Und sie lebten mit so viel Leichtigkeit und Sicherheit. Es gab da Leute, die stundenlang in der schmutzigen

Takelage arbeiten konnten, ohne daß ihre weißen Anzüge fleckig wurden. Und war es nicht grausam beschämend, wenn jemand sagte: »Zwieback, Sie sehen wie ein Ferkel aus.« Es gab Leute, die gefürchtet waren, weil sie sich die Gunst strenger Vorgesetzter erschmeichelten, und solche, die höchstes Ansehen genossen, weil sie auffallend kräftig und verwegen waren.

Warum verstand nur er, Zwieback, nicht die Kunst, sich als gleichwertiges Teil im Ganzen zu behaupten?

Hatte er sich einen Knopf angenäht, dann fand er zuletzt, daß er den Faden über den Rand des Knopfes gezogen. Das kam bei den anderen nicht vor.

Diese glücklichen anderen hatten Extrauniformen, und wie stürmisch sahen sie darin aus, wenn sie zur Urlaubsmusterung antraten. Und dann kamen sie zurück von Land mit leuchtenden Augen, heiß und rot, stolz und trunken, mit dem Gefühl himmelstürmender Kraft in den Adern.

Manchmal wachte Zwieback auf von dem aufgeregten Lachen, den jugendwilden Tritten der Zurückkehrenden. »Na, gut amüsiert?« fragte eine Stimme gähnend. »O, herrlich amüsiert!« antwortete jemand. In seinem Ton lag etwas von einem Trompetenstoß oder vom Wiehern eines Füllens. Und Frage und Antwort wiederholten sich. Laute und Worte drangen an Zwiebacks Ohr, die sich vor Befriedigtsein blähten.

Aus halboffenen Augen beobachtete er die, denen er unsäglich neidisch und sehnsüchtig zuhörte.

Die hatten das Geld, um in Wirtshäusern lustig zu sein. Die hatten ihre Mädchen. Die verstanden zu tanzen, hatten Freunde in Schlägereien und wurden nicht wegen vornehmer Manieren verspottet.

O, herrlich amüsiert. – Das Wort hatte sich in Zwiebacks Gehirn eingenistet und ließ ihn unruhig träumen. – – –

Er bat nur selten um Urlaub und dann um einzukaufen oder einsam, grübelnd über abgelegene Felder zu wandern. Niemand hielt es für möglich, daß Zwieback sich betrinken oder in eine Frau verlieben könnte. – – –

Die »Nymphe« lag jetzt vor Warnemünde.

Zwieback fuhr an Land. Er wollte heute außergewöhnlich leben, lustig, richtig vergnügt sein und auf bessere Art, als die anderen es waren. Er wollte nachts auch einmal antworten können: O, herrlich amüsiert! Er wollte einmal von den anderen beneidet werden. – –

Bald stapfte er durch die beruhigenden Flächen feinen Dünensandes am Wasser entlang, an unförmigen Strandkörben, an müßigen und lebhaften Gruppen eleganter Badegäste vorbei und erwartete ein Erlebnis.

Es konnte sich ungefähr so zutragen: Zwei hübsche, verwöhnt aussehende Backfische schwärmen vorüber. Sie verlieben sich in ihn. Können zwei Backfische, ohne sich zu verlieben, an einem einzelnen Mariner vorüberschwärmen, der durch das Einerlei einer Badesaison wie ein Meteor geht? – Gut: Backfisch eins läßt den Sonnenschirm fallen. Zwieback zeigt sich galant und gewandt.

O danke vielmals. – Bitte, ich tat das mit Vergnügen. – Sie sind sehr aufmerksam. – Es folgt ein Gespräch, das mit gewollter Notwendigkeit zum Strandkorb 609, zu den Eltern, Geschwistern und Bekannten der Backfische führt. Die Gesellschaft bewundert Zwieback. Er wird im Kreis herumgezeigt wie ein Singhalese und muß tausend Fragen beantworten. Was die gekreuzten Flaggen am Oberarm bedeuteten. Ob er nie seekrank war. Was ein Walfisch wiegt und ob Tätowieren weh tut. Am Kaffeetisch auf der Veranda in der Villa »Seeschwalbe« oder »Iduna« erzählt er von gefährlichen Erlebnissen als Seemann, als rauer Marinesoldat, vielleicht von dem entsetzlichen Sturm am Kap Horn, wo er den Admiral Teerlapp vertreten mußte. – – Die Augenbrauen der verstummten Zuhörer müssen sich zusammen- und ihre Münder sich in die Breite ziehen. – Im Abendschatten einer Laube küßt Zwieback den Backfisch oder die Backfische und empfängt die Chiffre für heimlichen Briefwechsel – – Aus all dem entspringt etwas, das sich durch Zwiebacks künftige Militärzeit wie der Golfstrom durch Polarwasser zieht. – – –

Aber es kam nicht so. Niemand sprach ihn an. Man sah ihm wohl nach. Manchmal schien es, als ob man hinter ihm lachte.

Er setzte sich nieder, schlang die Arme um die eingezogenen Beine, starrte nach der »Nymphe«, aufs Meer, in den Himmel und merkte auf einmal, wie hell und warm die Luft war. –

»– kommt – – Kiel?«

Zwieback wandte scharf den Kopf und gewahrte zwei jüngere Herren in tadelloser Kleidung. Er hatte die Frage nicht verstanden und sagte das, sich erhebend.

Irgendwelche Auskunft wurde erbeten und gegeben. Die Herren waren ausgesucht höflich, und Zwieback gefiel sich darin, ebenso zu sein. Später saßen sie vor einer Flasche mit repräsentabler Etikette und hatten Namen genannt. Zwieback sprach. Er sprach von Torpedos, Granaten, Ankermanövern, Bootsmanövern, Landungs-manövern, Rettungsmanövern, Regatten, Salutschießen, Hänge-matten, Strafexerzieren, Nachtsignalen, »Klar Schiff«, wollenem Unterzeug, Matrosenkost, Funkenmimik und meteorologischen Drachen. Von sich selbst sprach er nicht. Er wollte einfach als Beispiel eines deutschen Matrosen reden und war stolz darauf, für eine vollwertige Durchschnittserscheinung zu gelten.

In dem Bemühen, den beiden Rostocker Studenten das gleiche Bild vom Marineleben beizubringen, das ihn selbst ergriffen, war er dann ganz rot geworden.

Die Herren sollten verstehen, wie hart und schön es sei, in einer heulenden Weihnacht auf landfernem Meer mit gläsernen Händen in steif beeistem Tauwerk zu hängen. Sie sollten von einem Flot-tenmanöver das aufregende Durcheinander, die durch kleine Worte beherrschte, farbige Massenverschiebung, das große Dröh-nen, das drohende, blendende Blitzen, das freiatmende, tausend-fache Wehen erfassen. An eine unvergängliche Poesie sollten sie glauben, begreifend, daß ein Scheinwerfer ein vom Dunkel verborgenes Segel plötzlich in eine weißglühende, orientalische Märchengestaltung verzaubern kann. In die Welt »Marine« sollten sie blicken, so wie Kinder eine große, brausende Maschine betrachten – –

»Fühlen Sie sich dort wohl?«

Das lange »O ja«, das Zwieback, tief Atem holend, zurückgab, klang wie nein.

Und es stand in gewissem Zusammenhang mit diesem Klange, daß eine Rose für den Matrosen gekauft wurde. – –

Zwei Dampfpinassen, mit lärmenden Blaujacken überladen, stießen unerbittlich pfeifend vom Ufer ab. Scheue Wellen bäumten sich unter den Schlägen der surrenden Schrauben und stürmten klatschend gegen das faulige, schwarzgrüne Holz des Pontons, auf dem ein lebhaftes Publikum Hüte und Tücher schwenkte.

Die in den Fahrzeugen sangen auf einmal

»Muß i denn, muß i denn –«

und junge Mädchen am Ufer warfen ihnen Blumen nach.

Zwei schaukelnde Pinassen entfernten sich rasch in der Richtung eines ruhelos glitzernden Lichtstreifens, der über die mäßig bewegte See nach der »Nymphe« führte. Zwieback saß unter den Berauschten, Lachenden, mit einer Rose in der Hand. Er sah nichts als Wasser und Licht und dachte glücklich, daß er viel getrunken habe. Darauf eilten seine Gedanken sprunghaft bald vorwärts, bald rückwärts.

Wie er ersehnt, erkundigte sich an Bord jemand: »Na, Zwieback, wie war's?«

»O«, rief er und rief es mit Siegerstimme, »fein, herrlich amüsiert!«

»Zwieback hat sich amüsiert!« klang es aus verschiedenen Richtungen, und das Wort ging herum. Leute fuhren aus halbem Schlaf empor, eilten, nur mit Unterzeug bekleidet, herbei, um zu sehen, wie Zwieback aussah, wenn er sich amüsiert hatte. Sie bestaunten ihn lächelnd, deuteten auf die Rose, die neben seiner Mütze lag, und wollten Näheres wissen.

Aber er gab nur einige stolze, raffiniert ausgedachte Andeutungen, während er sich entkleidete und seine Hängematte aufknüpfte.

Dabei schnitt er alberne, unnatürliche Grimassen, um zu verbergen, wie es ihn freute, beneidet zu werden. Liegend, die Rose nahe am Mund, schloß er die Augen. Es wurde still.

Einmal noch hörte er ganz ferne sagen: »Zwieback hat sich amüsiert.«

In seinen Gedanken wiederholte sich das Wort vielmals. Ja, es war herrlich gewesen! – Was war herrlich gewesen? – Langsam sog er den Duft der Rose ein. – Ein Mann hatte sie ihm geschenkt. Mit zwei ganz fremden Männern hatte er etwas Wein getrunken und Aufklärungen über Marineverhältnisse gegeben. – Aber waren es nicht Stunden langentbehrter, gleichfühlender Freundschaft gewesen? – Tanzende Matrosen – Mädchen mit Blicken zärtlicher, opferfähiger Treue fielen ihm ein. Er sah Kameraden mit verschlungenen Armen singend durch Straßen ziehen. – Und wiederum, was bedeutete eine Rose als Geschenk unter Männern! Ach – –!

Irgend etwas rief tonlos: »Armer Zwieback!« Und dann: »Reicher Zwieback!« Und dann wieder: »Armer Zwieback!« Und wieder: »Reicher Zwieback!« Und so immer fort, abwechselnd. – Ah –!

– – – – – – – – – – – – – – – – – – –

Zwieback schlief.

AUF DER STRASSE OHNE HÄUSER

Die Landstraße entlang lief mit äußerster, atemraubender Hast in einem Kleide aus blauem Taft ein schönes Mädchen. Das war die Tochter eines strengen, rechtschaffenen, geachteten und reichen Mannes. Sie bedachte weder den Staub noch die Hindernisse des

Weges; es kam vor, daß sie über einen Stein hinfiel und ein andermal gegen einen Pfahl rannte, die sie beide nicht gesehen hatte, obwohl sie nicht blind war. Auch empfand sie keinen Schmerz von dem Anprall und weinte doch unaufhörlich, wimmerte laut und stammelte angstverwirrte Gebete.

Ihr Ziel war ein beträchtlich entfernter Teich. Dort wollte sie sich und ein ungeborenes Menschenkind ertränken.

Es wehte kalt auf der herbstlichen, trockenen Landstraße. In vornehm gemäßigter Eile schritten zwei Damen dahin, begleitet von einem Offizier, der wohl der Gatte der einen, der Vater der anderen sein mochte.

Der kindische Ton einer Hupe bewog sie, zur Seite zu treten; und ein Gefährt überholte sie, ein graues Automobil, in dem eine graue Mumie hockte. Es raste vorüber, zwei häßliche Schweife schwelenden Rauches nachziehend, und verschwand auf der Höhe des Weges in einer Wolke wirbelnden Staubes. Einmal erklang noch das lächerliche Hupensignal, gleich darauf ein heller menschlicher Laut, etwa wie der Juchzer eines Tirolers, und öde Stille blieb zurück.

Die Fußgänger setzten ihren Weg fort unter Äußerungen des Unwillens. Dann bemühten sich die Damen, ein heiteres Gespräch aufzubringen, um den Wind nicht zu hören, der sich mit leisem Klagen durch Telegraphendrähte wand, und plötzlich rief die jüngere: »O Gott, da liegt jemand!«

Mitten auf der Straße, im Schmutze ausgestreckt, lag ein junges Mädchen im blauen Taftkleid. Ihr rechter Arm war unnatürlich verrenkt, und vom linken Backenknochen an, quer über die Stirn, war ihr der Kopf gespalten, als wäre ein Pflug darübergegangen. Aus der Furche quoll die Gallertmasse von einem ausgelaufenen Auge, mit Fetzen vom Gehirn vermengt, und schwarzrotes Blut war über das noch jugendliche Gesicht verspritzt, sickerte durch zusammengeklebtes Haar.

Ein Aufschrei aus drei Kehlen flüchtete über die Felder, vielleicht von fern auch wie der Juchzer eines Tirolers anzuhören. Die Lebenden umstanden die Tote minutenlang starr, aufrecht, mit äußerst geweiteten Augen, mit gespreizten Fingern. Nun bückte sich der Offizier, schob die Lippen des Mädchens auseinander und sagte nach einiger Zeit ergriffen: »Es hängt ein Glück an ihrem Unglück – sie ist tot. – – – Sie, heda! Kommen Sie rasch!« Das letzte, laut gerufen, galt einem hageren Manne, der gebückt, langsam des Weges kam und ein Bummler, ein Landstreicher zu sein schien. Er mußte den Zuruf verstanden, die Situation der Wartenden erkannt haben, aber er beschleunigte durchaus nicht seine Schritte.

»Ein Unfall – laufen Sie nach der Stadt! Holen Sie einen Arzt, einen Wagen, – Polizei! Wir bleiben inzwischen hier.«

Der Fremde trat schweigend an die Gruppe heran. Sein trockenes, wirres Haar bedeckte die Hälfte einer niedrigen Stirn und verlieh dem langen, gelblichen Gesicht einen Ausdruck von Trotz und Beschränktheit. Der Unterkiefer hing schlaff herab; es sah aus, als könne er ihn nicht bewegen. Der Mann stieß seine schmutzigen Hände geballt in die Rocktasche, zog die Achseln hoch und betrachtete mit fast tierischen, rücksichtslosen Blicken die beiden Damen, welche unverborgen weinten, während sie den entstellten Körper am Boden mit ihren Schals und Taschentüchern zudeckten. Mit zusammengezogenen Brauen, finster und streng, verfolgte der Offizier dabei das Benehmen des Landstreichers, wohl nach einem Zeichen von Mitleid oder Erschütterung spähend.

»So eilen Sie doch! Schnell, schnell!«

Der Mann wandte sich dem ernsten, sichtlich entrüsteten Herrn zu und lallte, wie betrunken, mit blöder Stimme: »Schenken Sie mir was.« Die Augenbrauen des anderen zogen sich noch mehr zusammen. »Ja doch, gewiß, Sie werden bezahlt. Laufen Sie nur! Haben Sie denn gar kein Herz? Laufen Sie! Marsch!« Der Bummler blieb stehen und hielt dem Sprecher die flache Hand hin. In diesem Augenblick ward ein Radfahrer sichtbar. Sofort schwenkte der

Offizier seine Mütze, zur Eile treibend, aber an seinen hochgehobenen Arm klammerte sich jetzt der Landstreicher, indem er hartnäckig, beinahe wie drohend, wiederholte: »Schenken Sie was.«

Die ältere Dame warf ihm eine Börse vor die Füße. Gleichzeitig traf ihn eine Reitgerte in hartem Schlag, daß er zurücktaumelte und aufstöhnend die Hände an den Hals preßte.

Der Radfahrer sprang indes vom Sattel. Als er sich den Mund zuhielt und mit der Zunge schnalzte, sah und hörte es sich an wie tiefes, aufrichtiges Entsetzen.

Darauf zog er in unwillkürlicher Pietät seine Mütze und wartete wortlos, mit fragenden Augen auf eine Erklärung. Und als er diese und höflich befehlende Instruktion erhalten hatte, bestieg er mit rührender Eilfertigkeit seine Maschine und fuhr dem nächsten Orte zu.

In entgegengesetzter Richtung wankte der Landstreicher davon. Er hatte die Hände überm Nacken gefaltet, und als er sie sinken ließ, entblößte er einen blutunterlaufenen Striemen am Hals. – Aber er lachte von Zeit zu Zeit leise vor sich hin. Sein Kopf war zur Brust geneigt. Der Unterkiefer hing schlaff herab, und die Augen waren bis auf einen kleinen Spalt geschlossen.

Er wankte dahin und lachte von Zeit zu Zeit leise vor sich hin. Dann betrat er den Wiesenrand, um sich vor einer Telegraphenstange niederzulassen, die er mit Armen und Beinen umschlang. So blieb er still sitzen. Man hätte meinen können, er wäre an der Stange heruntergerutscht; man hätte auch meinen können, er küßte sie wie eine Geliebte, denn er hatte den offenen Mund fest auf das tönende Holz gedrückt. So verharrte er stumm.

Es zogen ein paar Studenten vorbei, die über ihn lachten und weitergehend einander von eigenen Heldentaten erzählten, die sie im Rausche vollbracht hatten. Es kamen Leute vorüber, die sich entrüstet abwandten und von der Torheit Erwachsener sprachen. Ein Dichter blieb stehen. Dieser Mann, dachte er, hört einem Holzpfahl zu – – ein berauschter Obdachloser, der Stimme des Weltverkehrs lauschend. Das fand der Dichter schön, freute sich und wollte den Andächtigen nicht stören. Wieder andere Menschen näherten sich; die versuchten den Bummler aufzuwecken, während, er schliefe. Sie entdeckten, daß er tot war.

Männer wurden gerufen, welche feststellten, daß er einen Pfandschein aus Hamburg und ein Messer mit der Inschrift »Chicago 107« bei sich trug. Andere Männer konstatierten, daß er verhungert, daß er aus Mangel an Nahrung gestorben war, und wieder andere legten ihn in einen ganz neuen, gegen Schnee und Regen schützenden Sarg und begruben ihn.

Es blieb die Frage übrig: Wer ist der Mann? – Eine Frage, die wie etwas Spinnenartiges kaum bemerkbare Beine und Fühler weit hinaus ins Land reckte, feine Fäden verknüpfte und staubige Akten durchirrte. –

In das Haus eines strengen, rechtschaffenen, geachteten und reichen Gutsbesitzers drang derweilen tiefes Herzeleid. Die einzige Tochter, die er mit ebensoviel Fürsorge als Erfolg erzogen hatte, war das Opfer eines Unfalles geworden.

Irgendwo, anderswo, gab jemand zu dieser Zeit ein vornehmes Gastmal, ein Automobilfahrer, der einen neuen, glänzenden Rekord aufgestellt hatte. Offiziere, Sportsleute und sonstige angesehene Personen waren geladen. Ein alter Herr erhob sich an der Tafel; man wußte, daß er Großes für Kunst und Wissenschaft geleistet hatte, und er sagte unter anderem aus ehrlicher Überzeugung heraus:

»Glauben Sie nicht, daß ich, als ein Mann rein geistiger Arbeit, geringschätzig über sportliche Unternehmungen denke. Mir ist bekannt, daß eine Wettfahrt, wie die heute gefeierte, mit schwersten Gefahren verbunden ist und daß dieselbe neben Geschicklichkeit, Energie und mehr, vor allem hohen Mut erfordert. Mut trägt immer etwas Herrliches in sich, im Spiel wie im Ernst, im Frieden wie im Krieg. Ich hege ungemeine Hochachtung vor dem Mut. – –«

Der alte Herr schloß seine Rede damit, daß er ein Hoch ausbrachte und zwei Sektgläser umstieß, was die allgemeine Ausgelassenheit wesentlich förderte. –

Auf der Landstraße draußen wehte es kühl. Dort wanderten vereinzelt Menschen, rollten manchmal Wagen. – –

Als der Winter regierte, da ward die Bahn noch stiller. Nur wenige schweigsame Menschen stiefelten durch den Schnee, mit großen Schritten, um bald wieder Häuser zu erreichen. Seltener klingelte ein Schlitten daher. – –

Im Frühling hatte das Spinnenartige in einem fernen, winzigen Dörfchen gefunden, was es suchte: einen Namen, Hans Hölzerleimer, einige Zahlen und sonstige Angaben und die Bemerkung »keine Angehörigen mehr am Leben«. Damit war eine polizeiliche Angelegenheit erledigt. –

Da es Sommer geworden war, beschien die Sonne schwatzende, lachende Spaziergänger auf der Landstraße, und ein Wind bewegte lustige Bänder und Tücher.

Und doch: Draußen, auf der Straße ohne Häuser, weht immer ein eigen kalter Zug; achte einmal darauf!

VERGEBENS

»Damit ist die Vorstellung zu Ende, Liddy,« sagte in der vordersten Reihe ein hochgewachsener, bleicher Herr von studentischem Aussehen.

In die Gruppe der Nächststehenden kam eine plötzliche Bewegung ungenierter Neugier, die wissen wollte, wer Liddy sei. Man sah ein junges, unscheinbares Mädchen mit einem Mausgesicht und harten Händen, sah eine blauwollene, großmaschige Jacke und über verkümmertem Haar einen billigen Modehut. Dann – das Interesse verlierend – schloß man sich dem dichten Zuge jählings auflebender Menschen an, die zum Ausgange strömten. Die-

sen sichtlich Unzufriedenen – aus deren durcheinandersummen-
den Reden die allgemeine Meinung herausklang, man habe für
fünfzig Pfennige doch wildere Wilde, andere Samoaner erhofft –
folgten, als letztes Paar, Liddy und Walter Senath.

Nur das vertrauliche »Arm in Arm«, sonst nichts, deutete darauf, daß die Kleine innig zu dem Großen gehörte. Denn sie schritten schweigend hin. Keines wandte einmal den Kopf, um nach der
Stimmung des anderen zu forschen, wie Liebende tun. So ward er
nicht gewahr, daß die Fröhlichkeit von ihrem Gesichte verschwunden war, um derentwillen er einen ganzen Nachmittag voll trüge-
rischen Jahrmarktwirrwarr erduldet hatte, und so war es möglich,
daß der Ausdruck seines fein und scharf geschnittenen Antlitzes
ihr nicht entdeckte, wie unerträglich die aufdringliche Karussell-
musik, der stickige Bratwurstdunst und besonders die aufregende
Lichtfülle dieser tollen Zweiwochenstadt ihm erschienen. Später,
draußen auf der stillen Laternenallee, entging es ihr auch, daß der
junge Student einmal leise das Wort »Tautau« vor sich hin sprach,
wobei er die Lider sekundenlang senkte.

Walter sann, tief und rein, aus einer berauschten Seele. Seine
Gedanken reihten sich bunt aneinander und türmten sich hoch,
wie zu einer Mauer, die ein weites Stück Welt umfaßte und Liddy
ausschloß. Es sprach ihm Lob, daß er bei einem dieser Gedanken
errötete: Als er das oft bewunderte Weib in ungeübten englischen
Schulsätzen angeredet hatte, war sie mit einem wilden stolzen
Blick der Verachtung davongegangen, hatten fremde Menschen in
Gegenwart Liddys seine zaghafte Stimme belächelt. – – Liddys?

Liddy durchbrach die Mauer. – Sie fiel ihm ein, und wieder ver-
schönte ein flüchtiges Rot sein ernstes Gesicht. Sie konnte nicht
schadenfroh sein. Sie war zu harmlos, viel zu langweilig. Ärgerlich
langweilig war sie oft. Überdies: welche Faulheit im Sprechen und
Denken! Welche Scheu vor allem, was ungreifbar! – Nie einen
Wunsch. In den sechs, den sieben Monaten kaum ein Lachen,
kaum ein Weinen! Wie wunderlich, daß solch ein Geschöpf ihm

vertraut geworden! Doch nun, wie wohltuende Wärme durchdrang ihn das Bewußtsein, in redlicher Ausdauer Zeit und Besitz mit diesem treuen Kinde zu teilen, das von einer barbarischen Mutter lieblos vernachlässigt worden war. Kein Zweifel: er liebte die Kleine, – weil sie unaufgefordert ihm Hosen bügelte, das von der Waschfrau gebrachte Leinenzeug in die richtigen Schubfächer barg und alle Ungerechtigkeiten seiner nervösen Stimmungen mit sanfter Einfalt wortlos hinnahm. Sie tat noch mehr; sie kochte, sie nähte – und hatte früher in einer Fabrik um karges Geld mühselige, häßliche Arbeit verrichten müssen.

»Liddy, warum nun so trüb? Du warst doch anfangs so lustig.«

Aus trockenen Lippen quälte sich die kaum vernehmbare Antwort: »Mm – müde!«

Wieder schweigend wanderten sie weiter, in einer schwarzen Gasse, durch einen Torgang, über einen unheimlichen Hof in ein Hinterhaus, wo sie müde tappend vier Treppen erklommen. Oben erleuchteten sie die stillos, aber behaglich möblierte Wohnung, legten Hut und Überzeug ab, und Liddy verriegelte lärmend die Fenster.

In der Schlafkammer fand sie die Betten in einem Zustande, der vom Zeitvertreib einer Katze erzählte, die beim Öffnen der Türe ahnend entwichen war.

Bald darauf lehnte Walter im Nebenraum am kalten Ofen und beobachtete mit beherrschtem Vergnügen, wie seine Geliebte ein steifes weißes Linnen über den schnörkelfüßigen Ahnentisch glättete. An diesem Tisch saß sie nach dem Abendessen, rücksichtslos bequem, mit aufgestemmten Ellenbogen, die Finger überm Nacken verflochten, und las einen Dutzend-Roman.

Hinter ihr, auf einem verblaßten Diwan ausgestreckt, lag Walter. Seine weitgeöffneten Augen waren auf ein verräuchertes Stück der Decke gerichtet, wo über der Lampe matte Schattenringe spielten und er sah tanzende Samoaner. Und längst erstarrte Gedanken tauchten in seiner Seele zu brausenden Träumen, ihn fernhin zu tragen. Manchmal bewegten sich seine Lippen zu lautlosen Worten.

Schwere, schleppende Atemzüge verloren sich in der Ruhe des Zimmers. – Allmählich begann Walter seine Gedanken in hörbare Worte zu fassen, die, je länger er sprach, um so leidenschaftlicher klangen.

»Ach, die von Samoa! Liddy, wir sind erbärmliche Krüppel, suchende Blinde, verlogene Prahler, du, ich, wir Weißen alle gegen die von Samoa! Sie sind Gestalten aus heller Bronze, weitblickend und furchtlos; Krieger mit kalten Messern in schweren Fäusten, Jäger, die sich mit rauhen Knieen durch knackendes Buschwerk kühne Wege bahnen.

Sie stehen in der Sonne im Sand, und Seewind kühlt ihre bloße Brust. Sie setzen sich in engen Zelten zu trotzigen Frauen mit reifen Brüsten; Frauen, wie Tautau, mit breiten Schenkeln und lässigen Hüften. Diese Frauen stecken sich feuchte, sterbende Blüten ins dunkle, unbändige Haar. Frauen mit lüstern wiegendem Gang reichen die Kawa in Kokosnußschalen.« –

Liddy las.

»Stelle dir vor, wir wandelten nackt über lichtgrüne Matten. Du trägst um den Hals eine kühlende Kette aus roten Korallen und Zähnen des Pottwals. Papageien schaukeln sich in säuselnden Palmen, und vor uns ragen die starren Berge. Wir lauschen am Strand, wie die ewigen Wogen kommen und scheitern, bis die Nacht uns ihr Weh in die Herzen gießt, und singende Mädchen in schmalen Kanus gleiten vorüber, große, scheue, traurige Mädchen, die von den Müttern Grazie, Kraft und Anmut erbten. Nicht wahr, Liddy, diese Frauen sind herrlich?«

»Mm – dicke Beine«, klang es unwirsch vom Tisch her.

»Ach, du bist eine – – du verstehst das nicht. Du denkst nicht daran, daß sie uns betrachten, wie wir sie betrachten. Glaube mir: Die Mutter Tautau sorgt für Metita wie unsere Mütter für ihre Kinder.

Du kannst nicht verstehen, warum solche Weiber uns fremd übersehen, und du sahst es nicht, wie heiß sie blickten während der Kämpfe der Häuptlingssöhne. Du vernahmst ein Geschrei und die Schläge auf Kalbfell bei dem Gesange ›Gruß an die Heimat‹. Ich aber hörte nur schwellende Sehnsucht nach einem Eiland im Stillen Ozean. Wie groß muß ihr Heimweh sein! Denn ihre Heimat ist schön, ist unbeschreiblich schön.«

Der Sprecher hielt inne, schloß für Minuten die Augen und glich einem sanft und glücklich Gestorbenen. Aber seine ruhelosen Ideen schwebten weiter und schwangen sich höher, wie rastlose Möwen, und nun er aufs neue zu sprechen begann, mit weichen, getragenen Worten, da bebte in seiner Stimme eine schwer verhaltene Inbrunst. »Liddy, wie das klingt: Tanz der Mädchen im Sitzen! Schmetterlingstanz! und: Der hohe Häupling Tamasese! – Liddy: Stiller Ozean! Indischer Ozean! – Eiland! oder Irland! Stockt einem da nicht für Sekunden der Herzschlag!«

Die Angeredete schlug das Buch zu, schreckend heftig, und verließ mit auffallend harten Schritten die Stube.

Ärgerlich oder verwundert richtete Walter sich zum Sitzen empor, stützte die Ellbogen auf die Knie, das Kinn auf die Handballen und schaute verdrossen, mit seitwärts geneigtem Haupt, nach der Tür. Er erwartete, einem Wunsche nahe, von seiner Geliebten irgendeinen stärkeren Anlaß, um über mürrisches Wesen und Mangel an Zartgefühl gründlich zu schimpfen.

Liddy kam mit Jacke und Hut und zwei Paketen aus Zeitungspapier.

»Wo willst du denn hin?«

»Zu meiner Mutter.«

»Zu deiner Mutter?«

»Ja.«

»Jetzt?«

»Für immer.«

»Bist du des Teufels? Habe ich dich irgendwie gekränkt?«

Auf einmal zuckte das Mausgesicht in rührend komischen Grimassen. Walter nahm etwas Schimmerndes wahr, und er fragte mit einer Stimme, deren fremdartige Rauheit ihn in Verlegenheit brachte: »Ist es dir ernst? Du willst davon?«

»Du kannst dir ja eine Samoanerin nehmen!«

»Liddy, du bist doch ein albernes Ding!« Er sprang auf, trat zum Fenster und beschäftigte sich eifrig damit, einer mageren Palme die Blätter auszureißen, so, wie man Hühner rupft. Von jeher litt er an ausgesprochener Angst vor Auseinandersetzungen, auch wenn er sich keiner Schuld bewußt war. Diesmal aber fühlte er deutlich, daß mit dem naiven, vernunftlosen Trotz dieses Mädchens nicht zu streiten sei. Er stand ihren Tränen und ihrem tauben »Nein« gegenüber wie das Kaninchen der Riesenschlange.

Sein Verhalten ehrlich prüfend, vermochte er nichts zu entdecken, was Liddys Verstimmung gerechtfertigt hätte. Diese Verstimmung war Eifersucht. Der steigende Ärger, mit dem er das erkannte, ging unter in der Befürchtung, er könne seine Geliebte verlieren.

»War ich wirklich böse zu dir?« rief er in einem liebenswürdigen Tone versöhnlicher Lustigkeit und drehte sich langsam um. Aber Liddy war fort. Sie war gegangen, nicht wiederzukehren.

Und Walter kramte ein Bildnis hervor, das er in ähnlicher Weise wie zuvor die Palme behandelte, vernichtete in gewisser Pose eine gehäkelte Bürstentasche und schlief außergewöhnlich spät ein.

Im Laufe des folgenden Tages unternahm er mit aufwachender Heiterkeit mancherlei, was junge Witwer und Strohwitwer tun, und als er gen Abend seine Schritte wiederum nach dem anziehenden Samoanerdorf lenkte, trug er die Miene eines Menschen zur Schau, der nach langem Zwang wieder Freiheit genießt.

Er drängte sich, ein wenig brutal, durch das Publikum nach einem Platze, wo er Tautau im Gespräche mit einem älteren Herrn gewahrte.

Dieser, dem ein energisches Kinn, Reitstiefel und andere Merkmale das Äußere eines weitgereisten, vornehmen Mannes gaben, unterhielt sich lebhaft über die Barriere hinweg mit der üppigen Insulanerin in der Sprache ihres Landes.

Walter war dicht herangetreten. Seine Mundwinkel zogen sich in einer Bewegung des Spottes herab, während er sich den Anschein gab, als ob er den beiden verständnisvoll zuhörte. Er zog die Uhr aus der Tasche und wünschte sich ungeduldig den Anfang der Vorstellung herbei. Nicht ohne Absicht stieß er den andern unsanft an und entschuldigte sich gleichzeitig mit einem auffälligen »Pardon!«

»O bitte!« beschwichtigte dieser höflich mit einer leichten Verneigung zur Seite und sprach darauf weiter. Er sprach sehr lange, vielleicht eine Stunde oder zehn Stunden.

»Es scheint, man gibt hier eine sprachenkundliche Nebenvorstellung«, bemerkte Walter und zog die Uhr aus der Tasche. Niemand beachtete seine Worte. »Reitstiefel trägt man«, fuhr er nach einiger Zeit lauter fort, »warum bringt man nicht gleich den Gaul mit?«

In diesem Augenblicke wurde Tautau durch dumpfe Trommelschläge abgerufen. Der Weitgereiste richtete sich langsam auf und sagte mit überlegener Ruhe, bemessen leise zu seinem Nachbar: »Junger Herr, Sie sind grundlos unartig oder eifersüchtig.«

»Ich eifersüchtig?« – Walter senkte unvermutet den Kopf, biß sich auf die Lippen und flüsterte dann seltsam kleinlaut: »Ich schäme mich doch.«

Diese vorzügliche Erziehung verratende Äußerung der Zerknirschung mochte wohl das Mitgefühl des älteren Herrn erweckt haben, denn er reichte, wie kameradschaftlich, seine Rechte hin und entgegnete herzlich, als wollte er ein zu schroffes Wort wieder gutmachen: »Nun, wenn Sie so sprechen, dann wollen wir alles vergessen und uns vertragen.«

Walter ergriff aber nicht die dargebotene Hand. Er entfernte sich stumm ohne Gruß, bahnte sich hastig einen Weg durch die Zu-

SIE STEHT DOCH STILL

schauermenge und lief heimwärts, durch die stille Laternenallee, lief in etwas gebeugter Haltung und mit schlürfenden Schritten durch die schwarze Gasse nach Hause.

Wer würde ihm künftig aus Liebe Hosen bügeln?

SIE STEHT DOCH STILL

Ein großer Dampfer schiebt sich durch den Ozean. Auf dem Gitterwerk über dem Maschinenraum liegt ein kranker Mann, das schmutzige Gesicht auf die heißen Stangen gepreßt, nicht schlafend, nicht wachend. Schwüle Dämpfe steigen von unten herauf und hängen Perlen an seine Stirne. Wenn er die Augen öffnet, sieht er Räder, Kessel und Stangen. Er sieht sie jetzt auch mit geschlossenen Augen. Die Maschine stampft, schlägt, braust, dröhnt, wie sie Tag und Nacht tut. Heute hört er es. Dabei wartet er mit Angst auf ein Glockenzeichen. Es muß gleich kommen. Vergeblich versucht er zu schlafen, nichts zu denken. Er sieht Räder, Kessel, Stangen, er denkt an die Glocke und hört das Dröhnen der Maschine. »Sie steht nicht still«, flüstert er vor sich hin. Plötzlich liegt Udo neben ihm.

Udo ist schon zwei Wochen tot. Er ist verrückt geworden und über Bord gesprungen, weil – – sie nicht stillstand.

»Udo, glast es bald?« fragt der kranke Mann.

»Noch eine Minute«, gibt der andere zurück.

»Udo, – – ich kann nicht mehr.«

Udo grinst blöde und schweigt.

»Nicht wahr, sie steht nicht still?«

»Nein, sie steht nicht still.«

»Aber wenn wir alle nicht mehr wollen?«

»Alle?« – Udo lacht hart. »Ihr müßt und ihr wollt.«

»Udo, ist die Minute bald um?«

Niemand antwortet. Der kranke Heizer ist allein.

Acht Glockenschläge gellen häßlich durch den gleichmäßigen Lärm. Es klingt wie das »Hü, Hü« eines Kutschers.

Der Mann erhebt sich matt und steigt mit klappernden Holzpantoffeln die schwarze Wendeltreppe hinab. Hansen, der abgelöste Heizer, übergibt ihm eine Feile und spricht dabei etwas. Er versteht es nicht. »Sie steht nicht still«, murmelt er, ohne aufzusehen.

»Wer steht nicht still?« fragt Hansen verwundert.

»Ach – Udo hat's gesagt.«

Hansen dreht sich ärgerlich um und steigt mit einer höhnischen Bemerkung an Deck. Der Mann unten legt die Feile fort, nimmt eine Kanne und beginnt zu ölen. Der Maschinist tritt aus dem Heizraum ein. Er gibt irgendeine Anweisung. Der Heizer tritt an das große Rad, um das Ölbassin aufzufüllen. »Sie steht nicht still«, stöhnt er ganz leise und schauert dabei zusammen, als ob er fröre. Auf einmal ist der Heizer nicht mehr da. Es klingt schrecklich, wenn ein menschlicher Körper zermahlen wird, noch viel schrecklicher als das kurze Todesgekreisch eines, der verunglückt. Der Maschinist hält sich die Ohren zu und starrt zitternd, bleich, mit verzerrten Augen auf die roten Fetzen an dem rotierenden Rad. – –

Im Vorderschiff unter Deck trinkt Hansen Kaffee mit anderen Heizern. Mitten im lustigen Gespräch setzt er seine Tasse nieder und wendet horchend sein Gesicht zu Boden. Dann sagt er tiefernst: »Sie steht doch still!«

GEPOLSTERTE KUTSCHER UND RETTICHE

Gerechtigkeit, Höflichkeit, Ängstlichkeit und andere Kommandanten ordneten die Leute vor dem Postschalter zu einer Reihe.

»Sieh mal, Alice, dort steht der Alte von gestern, der so komisch war«, flüstert ein Blondinchen einer vor ihr stehenden Dame zu.

Alice antwortet über die Schulter zurück: »Jawohl – aus dem Kabarett, der die Speisekarte komponierte – Hugo Pielmann heißt er.«

Drei Glieder voraus in der Kette dreht sich darauf ein hoher, breitschultriger Herr um, mit schwarzem Schnurrbart, schwarzen dicken Brauen und weißem Haupthaar. Die Lippen und alle Muskeln in seinem Gesicht arbeiten, er will sprechen, aber es kommt nicht heraus. Zudem wird vor ihm gerade der Schalter frei. Pielmann bringt, herantretend, nur einen krächzenden Laut hervor, welcher aus Heiterkeit und Verachtung gemischt scheint. Er ringt wieder nach Worten, um eine Postanweisung zu verlangen, und ein Nachbar dolmetscht zuvorkommend, weil der Beamte nicht Deutsch versteht. Am Nebentisch füllt Pielmann die Anweisung aus. Zuerst setzt er 15 Rubel ein, dann ändert er das in 10 um, endlich streicht er die 10 aus und malt eine 14 darüber. Bei Abfassung der Adresse an ein Fräulein Tilly so und so verfährt er sehr umständlich; er schreibt sie, obwohl zitterig, doch deutlich, kürzt weder »Straße« noch »Hinterhaus« ab und fügt an die Stockwerkzahl in Klammern die Bemerkung »*vis-à-vis* dem Starkastel«. Den Abschnitt bedeckt er flüchtig mit Stichworten: »Letzter Vorschuß! Klavier: Wehe, wenn es losgelassen! Akustik: Horch! Da dringt verworrner Ton. Trotz Applaus mir gekündigt (weil ein Tag ausgesetzt, um Konzert Walter zu hören, Beeth. 9.!!! Symph.), Knopp begibt sich weiter fort. Neuen Hut gekauft. Soll ich Dir eine Troika oder einen Hermelinpelz aus Rußland mitbringen? Herzlichst, der Alte, der gestern so komisch war.«

Wohl eine Stunde lang streift Pielmann durch Straßen und Gassen, aufmerksam Schaufenster betrachtend, um etwas zu besorgen, was er Tilly mitbringen wird. An keine Troika und keinen Hermelinpelz denkt er, sondern wählt mit vorzüglichem Geschmack eine kleine, naive Schnitzerei, eine Bauernarbeit, weil sie örtliche Spezialität ist und weil sie zufällig eine sinnige Bedeutung für Tilly hat und weil sie gerade einen Rubel kostet. Der Verkäufer lächelt über Erscheinung und Sprache des Käufers. Dieser eilt, dem belebten

Stadtviertel zu entrinnen, und schimpft über die kauderwelsche Sprache und die Hieroglyphen auf den Straßenschildern, auch über ein dickes Weib, das wie ein Mehlsack gegen ihn geprellt ist, so daß er es fürder für geraten hält, die Hand vor die Tasche mit Tillys Geschenk zu breiten.

Bei den Kais in einem dunklen, verwitterten Holzverschlag steht ein Standbild des heiligen Christoph, aus Holz, über Lebensgröße. – Armer Christoph! Die Witterung hat ihm tiefe Wunden am ganzen Körper beigebracht und wenig von dem Gold und Blau seines Mantels übriggelassen. In seiner roh ausgehauenen Linken wiegt er das Christkindlein, welches wirkliche Kattunkleider trägt, doch was er einst in der Rechten schwang, erfährt man nicht, denn es ist abgebrochen. Vor dem Denkmal kniet ein Flößer, mit schmutzigem Schafpelz und hohen Stiefeln bekleidet, und küßt abwechselnd die plumpen Füße des Heiligen. Nun zieht er neues, wollenes Hemd unter dem Schafpelz hervor, entfaltet es und hängt's bedächtig dem hölzernen Christoph über.

All dem hat Pielmann zugeschaut, wobei er die Lippen ganz zusammengepreßt, mehrmals den Kopf geschüttelt und sehr tief Atem geholt hat. Als nun der Flößer, umkehrend, ihn anbettelt, ist Pielmann für Augenblicke ganz bestürzt. Er wird rot an der Stirn, sprengt, indem er seine Taschen durchwühlt, einen Westenknopf los, und er schenkt dem Kerl schließlich eine Zigarettenspitze aus Meerschaum. Der Bettelnde will ihm die Hand küssen, doch jener reißt sich los, und fortrennend krächzt er wieder laut, diesmal nur unsägliche Verachtung, keine Heiterkeit.

Diese kehrt ihm erst draußen zurück auf dem freien breiten Wege, der sich zwischen hügeligen Kiefernwäldern im weiten Bogen von der Stadt zum Badestrand hindehnt. Geschäftige Personen und müßige Spaziergänger überholen ihn oder begegnen ihm. Er hat keine Geschäfte, hat nicht auffallende Kleider zur Schau zu stellen; er spürt auch keine Neigung, Mitmenschen zu studieren. Die Sonne fühlt er behaglich; er atmet die reine Luft bewußt. Während er zwei Hunde beobachtet, die sich um den Rest eines Fisch-korbes balgen, und später, da Pielmann einem spielernsten, unifor-mierten Jungen, der vor ihm Front gemacht hat, mit militärischem Gruße dankt, überkommt ihn so ein – gutes Lächeln.

Indem er sich an dem sommerfrohen, unbedrängten Spätnach-mittag zufrieden und mit seinen Gedanken genügend beschäftigt fühlt, strebt er unwillkürlich, möglichst unbemerkt durch den re-gen Verkehr zu lenken, doch seine straff gehaltene Gestalt und das ausgeprägte Gesicht mit dem breiten, in den Winkeln eingekniffe-nen Mund fallen vielen Passanten auf. Pielmann hat einen eigen-tümlich schwankenden Gang. Es ist, als ob er nur auf den Hacken stelze; dabei wirft er die Fußspitzen stark auswärts und fuchtelt, etwa in der Bewegung des Mähens, mit den Armen. Seinen Sprach-fehler hinzugerechnet, kann man Pielmann leicht für einen Trun-kenbold ansehen, oder anders gesagt, man weiß nie, ob er be-rauscht ist oder nicht, denn sehr häufig ist er wirklich betrunken. Seine nächsten Freunde vermögen das oft nicht zu unterscheiden.

Eine seidene, parfümierte Dame, die bald vor, bald hinter, bald neben ihm herschreitet und kritische Übung besitzt, wird sich indes bald über ihn klar: Er ist ein nüchterner, lustwandelnder Herr in den hohen Fünfzigern, von ordentlicher, gediegener, wenn auch unmoderner Kleidung; er ist ja, wie sein Hut meldet, Künst-ler. Die Dame bittet ihn mit gewöhnlichen Phrasen um Angabe der Zeit, der Künstler macht eine übertriebene Verbeugung und ent-gegnet mit scharfen Betonungen und häufiger Unterbrechung: »Es t-t-tut mir leid, mein verehrtes Fräulein, meine Uhr ist beim Uhr-macher. Der ging's nämlich wie Ihnen. Bald ging sie vor, bald ging sie nach, bald blieb sie stehen, aber, wissen Sie, was bei meiner Uhr Tiktak war, d-d-das scheint bei Ihnen Taktik.« Ohne weiteres ver-läßt er damit die Dame, krächzt und freut sich, einen älteren Witz gut angebracht zu haben.

O, er hat an diesem Tage besondere Erlebnisse. Abends, am Meer, oberhalb des Abhanges, erkennt er eine Freundin, welche einst – es mag zehn Jahre zurückliegen – in München eine wechselreiche Künstlerzeit mit ihm durchgemacht hat. Sie haben niemals etwas wie Liebe füreinander empfunden, aber sind sich doch recht vertraut geworden, indem sie die gleichen Gesellschaften von Künstlern und Scheinkünstlern, die gleichen Atelierfeste, Maskeraden und Trinkhäuser besuchten, manchmal zusammen kochten und sich gegenseitig aushalfen in allerlei Nöten.

Pielmann hält den Ausdruck vergnügter Überraschung zurück, um erst einmal ruhig zu prüfen, was ein Jahrzehnt aus der übermütigen, begeisterten Malerin, aus dem braven, schwächlichen Mädel entwickelt hat. Jetzt gewahrt er eine gesunde, volle, elegante – – auch die Art, wie sie sich im Sande gelagert hat und achtlos mit dem Ärmel einer Spitzenjacke spielt, verrät Wohlbefinden. Ihr zur Seite ereifert sich ein Knabe damit, ringförmige Aufstufungen aus Sand zu bauen. Außerdem steht dort ein vernickelter Spielwagen, auf welchem ein Buch und ein Butterbrot in bedenklich enger Freundschaft beisammen sind.

»Pielmann? Piel-mann!«

»Sascha, hä, hä!«

»Wahrhaftig, Pielmann. Wie geraten denn Sie hierher? Mein Gott, leben Sie denn überhaupt noch? Ich dachte Sie wären längst gestorben.«

»Daß ich nicht wüßte.«

»Famos! Nein, welch ein Zufall! Sie in Rußland! Was tun Sie denn hier? Sind Sie denn noch am Kabarett? Und noch ganz wie früher! O, Sie müssen uns besuchen; ich bin nämlich verheiratet.«

»Piink! pink!« Pielmann singt zwei hohe Töne und steckt ein unverständliches Lächeln auf, so eine seiner merkwürdigen Angewohnheiten.

»Hm, ich bin Frau. Mein Mann ist der Baron Rostostowsky. – Ja, ja, das ist unser Junge. – Roby, du hast wieder dein Butterbrot nicht gegessen; jetzt bekommen's die Vögel, und du kriegst zur Strafe heute kein Nachtbonbon. Steh auf und gib dem Herrn die

Hand.« Das verwöhnte Kind schiebt sich trotzig heran und streckt unartig die Hand aus. Der Weißhaarige drückt diese unter einer pompösen Verneigung: »Ah, es fr-fr-freut mich, Baron St-St-St-Stofstoffstoffsky, Euer Hochwohlgeboren beim Wiederaufbau des Kollisseums anzutreffen. D-d-darf ich alte Ruine mich daneben setzen?«

Frau von X. lacht, eigentlich über Pielmanns Schuhe. Es fällt ihr ein, daß er niemals auf der Bühne stottert. »Nein, wie Sie drollig aussehen. – Haben Sie Kinder gern?«

»Ich sehe, spreche, erziehe sie gern. – Und Ihnen geht's also gut?«

»Nun ja, so, so, man hat viele Sorgen, mit den Dienstboten, und Roby ist unfolgsam, und jetzt wird unsere Wohnung tapeziert. – Und Sie? Sind Sie ein berühmter Mann geworden?«

»Dann würden Sie wohl nicht fragen. Als wir uns zuletzt sahen, war ich schon ein geschiedener Gatte und beinahe ein halb Jahrhundert alt; von solcher Höhe steigt man nicht mehr. Was macht denn Ihre Malerei?«

»Die habe ich aufgegeben, aber Sie, etwas müssen Sie doch erreicht haben?«

»Ja, ja, natürlich, selbstverständlich, zum Beispiel diesen prächtigen Filzhut. – Wohnen Sie am Strand?«

»Wir haben hier ein Sommerhaus, mein Mann wird sich ungemein freuen, Sie kennen zu lernen. Er fuhr zur Stadt um Billette für – –« und sie berichtet weiteres und fragt dazwischen mancherlei. Ihr alter Bekannter unterbricht sie nur selten, schaut sie auch nicht an, sondern starrt auf Roby, auf den Spielwagen, über das Meer und ins Gewölk. Sie weiß die strengen Falten seiner Miene gar nicht zu deuten und fragt gelegentlich: »Pielmann, trinken Sie eigentlich noch immer?«

»Ja, Lethe.«

»Das kenne ich nicht; ist das Schnaps?«

Er sagt nichts darauf.

»Haben Sie die arme kleine Tilly einmal wiedergesehen? Wie gefällt Ihnen, vor allem, meine Heimat, der Strand, diese roten Kiefern im Abendglühen, das Meer und alles, was ich Ihnen so oft schilderte; nicht wahr, das ist doch unvergleichlich?«

Keine Antwort erfolgt.

»Pielmann? – Pielmann, Sie müssen überhaupt du zu mir sagen.« Da wendet er ihr schnell sein Gesicht zu: »Sie ha-ha-ben also nicht vergessen, daß wir mitunter in armseligen Dachstuben recht lustige Kameraden gewesen sind, daß wir manchmal Rettiche als Mittag geteilt haben?«

»Wie könnte ich das vergessen! Nein, nein, die Staffeleien, die Gitarren, die Lieder – nein, ich behalte das alles, und die Feste, und die Heimgänge am Morgen nach so gleichgültig verbummelten Nächten – – ach, es war doch wunderschön!«

Nun entsteht eine Pause in dem Zwiegespräch. Bunte Leute promenieren am weich, melodisch bespülten Ufer. Von da, wo die Sonne verschwunden ist, wandeln feurig rote Wolken und Wölkchen in die matte Bläue des Himmels hinaus. –

»Hugo?« beginnt die Baronin von neuem und ganz leise. »Bemerkst du den goldenen Streifen am Horizonte, ganz unten, ganz fern? Ich denke immer, dahinter müßte noch etwas unausdenkbar Glückseliges sein – etwas, so – verstehst du mich nicht?«

Er schweigt. Unterhalb, nicht weit von ihnen, knirscht eine Equipage. Auf einmal springt Sascha auf. »Da hält ja die Fürstin; die muß ich begrüßen. Entschuld'ge mich einen Moment.« Sascha klopft eilig den Sand vom Kleid und ordnet dasselbe. »Sieh dir mal den dicken Kutscher mit den Pfauenfedern an – echt russisch! Im Winter ist er noch dicker; da polstert man ihn mit Kissen aus. Das gilt hier für vornehm; so einen haben wir auch, na, verzeihe einen Augenblick, ich bin – –.« Sascha läuft den Abhang hinunter. Sie ist eine hübsche Frau.

Auch Pielmann erhebt sich. »So, Roby, jetzt wollen wir die Vögel füttern«, krächzt er besonders scharf, aber mehr zu sich selbst als zu dem Jungen, und als dieser unbeirrt weiterschaufelt, nimmt der Alte das Butterbrot vom Spielwagen und schlendert, wie gelangweilt, etwas abseits hinter eine Fischerbude.

Und dort, ohne nach Vögeln auszuschauen, reißt er mit zwei Fingern ein Bröckchen Brot ab und wirft es auf den Boden. Dann reißt er einen großen Bissen ab und stopft ihn in den Mund und kaut sehr schnell und würgt und lauscht dabei und späht aufgeregt umher und wirft wieder ein Kleines von Brot zur Erde und stopft wieder ein Großes von Brot in den Mund. – – –

Es dauert geraume Zeit, bis die Baronin von der Fürstin an ihren Lagerplatz zurückkehrt. Pielmann ist nicht mehr dort. Sie entdeckt nahebei eine langgestreckte Inschrift mit großen Buchstaben, die er in eine glatte Sandfläche gefurcht hat. Da steht: »Vergessen Sie nicht den goldenen Streifen. Dort wird es keine gepolsterten Kutscher geben, auch keine Rettiche.« –

Roby spielt mit einem Bauernschnitzwerk und behauptet, die Vögel hätten es ihm beschert.

DURCH DAS SCHLÜSSELLOCH EINES LEBENS

Aber als das Fest müde geworden, als jene schalen Späße auftauchten, welche die Lustigkeit bis zur ärmlichsten Dünne in die Länge ziehen, als das Gelächter schon im Lallen oder Gähnen verklang und in der Dunkelheit stiller Nebenräume menschliche Atemzüge vernehmlich auf- und niederstiegen, da bestellte sich Berthold einen Wagen und entfernte sich heimlich.

Indem er draußen dem kalten Winterwind aufgerichtet und mit weitgeöffnetem Mantel entgegentrat, kam er sich wie ein kühner Feldherr vor, nicht nur, weil ihn der Kutscher des Mietwagens entsprechend behandelte.

Der Dank eines durch Trinkgeld gerührten Dieners klang ihm

nach. Der Schlag klappte beängstigend laut zu. Er vernahm ein Schnalzen, Getrappel, Gerassel und sagte mit fröhlichem Pathos: »Ich rolle.« Seinen Körper möglichst über vier Sitze verteilend, wandte er sich noch einmal nach den erleuchteten Fenstern der Villa zurück und ließ seinen Stolz in der Erinnerung baden, daß er in Gesellschaft reicher oder berühmter Leute vornehm gespeist und getrunken hatte.

Über den dick verschneiten Straßen dämmerte es bereits, und da Berthold Arbeiter, Bäcker und Milchweiber ihren frühen Geschäften nachgehen sah, ward seine gute Laune durch ein Gefühl von Beschämung gedämpft.

Irgendwo im Weichbild der Stadt ließ er halten und bezahlte den Kutscher. Die Folgegeister eines feurigen Burgunders hielten ihn wach und schürten die Lust zu der unvernünftigen Idee, mit Ballschuhen und Zylinderhut einen Morgenspaziergang über Land zu unternehmen.

Hinter den letzten Häusern sah Berthold eine weiße Wüste von Schnee vor sich und darüber einen wohltuend ruhigen, lichtgrauen Himmel. Die frische Luft klärte seinen Blick. Der noch jugendliche Mann sandte einen recht selbstbewußten Gedanken kondolierend nach dem heißen, verrauchten Saal zurück, den er als einer der ersten verlassen. Er war entschlossen, sich um einen Schlaf zu betrügen und seine kühne Stimmung in irgendein der Gelegenheit anzupassendes Erlebnis umzuschmelzen, wie man in der Neujahrsnacht heißes Blei ins Wasser gießt, um zu sehen, was daraus wird.

Die gleichmäßige Schneedecke verbarg Wege und Gräben, und nur die Krümmungen der Landstraße waren durch zwei Baumreihen mit gleichsam märchenhaft verzuckertem Gezweig gekennzeichnet. Aber Berthold stapfte quer über das verschneite Ackerland, oft tief versinkend. Wie ein schwarzes Boot durch ein weißes Meer ging er durch den weiten, weichen, blendend reinen, unberührten, jungfräulichen Schnee und genoß die Lust, ihn als erster zu durchwühlen. In dieser Lust lag etwas von der Freude des Vandalen oder von dem Vergnügen, das man empfindet, wenn man die gespreizte Hand in einen Sack voll Hafer versenkt. Und doch war ihm jemand zuvorgekommen, denn er stieß bald auf die Fußstapfen eines Menschen, der, ebenfalls Straßen verschmähend, die Felder durchquert hatte. Es waren zierliche Spuren in geringen Abständen, also wohl von einer Dame herrührend.

Ein Vogel schwang sich auf, als Berthold niederkniete, die Abdrücke zu untersuchen. »Guten Morgen, Rabe«, rief er, »ich bin Lederstrumpf – nein besser Sherlock Holmes. Wenn ich das Weib, das hier gegangen ist, erwische, dann kommst du vielleicht noch zu einem zarten Galgenfrühstück. Haha! Warte einmal – eins, zwei, drei, vier – – einundzwanzig Nägel hat sie im Absatz, jawohl!«

Der einsame Sprecher erhob sich lachend und schritt beschleunigt den Fußstapfen nach; er wünschte zu erfahren, wohin die Stiefelchen zu so früher Stunde gewandert waren.

Etwas später hob er ein blauseidenes Taschentuch auf, in welches er einen kleinen, unscheinbaren Notizkalender eingewickelt fand. Auf der Umschlagseite, mit Tinte mehr gemalt als geschrieben, stand: Lygia Valtin, Gruseliusstraße 3/IV. Die inneren Buchseiten enthielten unter fortlaufenden Daten Bleistiftnotizen. Mühsam entzifferte er:

Graf Naschauer – Perlgürtel – Puderdose Bahnhof – Eisbahn – Putzi schreiben – Schutzmann Klimmer – Kneifer – vier Uhr Kaiserplatz Kleiner Schwarzer – Rezept Hirschpastete – ein Neger mit Gazelle zagt im Regen nie – Baron von Biegemann, Frankfurt am Main, Taunusstraße 7 – zwei Meter Moiréeband – Wäsche und ähnliche Notizen.

Es geschah an einem Januar-Freitag, da Berthold das las, und für diesen Tag fand er in dem Kalender die Bemerkung: »Mutters Todestag«, »Kleiner Schwarzer zwölf Uhr Mittag«. Das war der Inhalt des Büchleins. Der junge Herr stieß einen Pfiff aus; das gesuchte Abenteuer begann. Weitereilend gewahrte er bald, daß die Fährte, der er folgte, einem kleinen, abseits gelegenen Dorffriedhof zustrebte. Eine seltsame Rührung erfaßte ihn vorübergehend. Das Bild, das er sich nach den Stiefelabdrücken, dem stark duftenden Tuch und jenen Notizen in Gedanken von Lygia Valtin angefertigt hatte, bekam eine andere Gestaltung durch die Begriffe »Mutters Todestag« und »Feldfriedhof«. Die Achtung, die er vor der Unbekannten empfand, bewog ihn, ihre Verfolgung aufzugeben. Aber sein Interesse für die Dame war gestiegen, zumal er an dem Fund zu erkennen glaubte, daß sie hübsch, jung, gewiß auch reich an Beziehungen sei. Deshalb wollte er sie in ihrer Wohnung aufsuchen; bot doch das Tuch genügend Anlaß.

Während er die Strecke über die Felder im Zurück weit schneller als im Hin durchwatete, sann er auf eine originelle Anrede, sich bei Lygia einzuführen. – Er konnte beispielsweise beginnen: Gnädigste, ich heiße Berthold Sievers und komme, um Ihnen mitzuteilen, daß Sie einundzwanzig Nägel im linken Absatz tragen. – Dann vermochte er ihr verwirrtes Erstaunen noch höher zu schrauben, indem er etwa hinzulog: Außerdem läßt Ihnen Baron von Biegemann durch mich beste Empfehlungen und die Bekanntgabe zugehen, daß er sich mit der chinesischen Prinzessin Hink Puckling verlobt und gleichzeitig eine Hutkrempenfabrik in der Taunusstraße eröffnet hat.

Das mußte eine amüsante Unterhaltung zeugen, und Berthold nahm sich vor, erst dann mit Aufklärung, Taschentuch und Notizblock herauszurücken, wenn der Grundstein zu etwas Galantem oder Zartem oder Intimem gelegt sein würde. Und ein Mädchen, das am frühen Wintermorgen aufstand, um das entfernte Grab ihrer Mutter zu besuchen, war doch nicht anders als gemütvoll und liebenswert zu denken.

Als Herr Sievers die innere Stadt erreichte, war es heller Vormittag geworden, ein lebendiger, fröhlicher Vormittag. Die Stimmen des Orchesters »Verkehr« hatten eingesetzt. Der junge Mann betrat ein Speisehaus mit der Absicht, kräftig und behaglich zu frühstücken.

– – – – – – – – – – – – – – – – – –

Die Kirchtürme läuteten Mittag, als er im vierten Stock des dritten Hauses in der Gruseliusstraße klingelte. Eine ältliche Frau öffnete scheu, deren Gestalt an den Kugelaufbau eines Schneemannes erinnerte, eine Frau, deren Gesicht und Kleidung dabei etwas so Trübseliges, Verwaschenes und Ungewaschenes hatten, daß der närrische Gedanke durch Bertholds Gehirn zuckte: so ungefähr müßte man sich die Mutter des schlechten Wetters vorstellen. Er konnte ein Lächeln nicht unterdrücken, er wollte es auch gar nicht, da seine Laune voll Lustigkeit und Selbstzufriedenheit war. Überdies hatten sich die Überreste einer Mahlzeit, ein paar Makkaroni, auf unerklärliche Weise in das struppige Haar der Dame verwikkelt, und das wirkte durchaus erheiternd.

Herr Sievers erhielt auf seine ausgesucht höfliche Frage nach Lygia Valtin die Antwort: Das Fräulein wäre ausgegangen, aber er sollte nur warten. Das wurde ihm etwas geheimnisvoll und nicht eben freundlich mitgeteilt, doch er nickte einverstanden. Darauf schob ihn die Frau, seine Ellbogen von hinten ergreifend, wie einen Kinderwagen durch einen nachtdunklen Korridor. In dem unbehaglichen Gedanken an Schrankecken oder Stufen wollte er Tastbewegungen machen, aber da wurde er auch schon in ein helles Zimmer gestoßen. Die Tür fiel hinter ihm zu. Er hörte, wie die Makkaronidame sich draußen auf Filzschuhen schlürfend entfernte.

Berthold hängte lächelnd Mantel und Hut an einen Kleiderständer zwischen eine blauseidene Matinée und eine Gitarre, dann nahm er auf einem vergoldeten Rokokostuhl Platz. Der Raum, in dem er sich befand, sah gutmütig aus. Er war durch einen Herdofen mollig gewärmt und – das bemerkte Herr Sievers sofort – er war kein Zimmer von irgendjemandem, er war eine ganze Welt für sich – für Lygia Valtin natürlich. Es standen dort moderne und alte

Möbel, Tisch, Stühle, Bett, Kleiderschrank, Bücherregal, ferner ein Diwan, auf dem eine flachsblonde Puppe mit offenen Augen schlief, ein Reisekorb, auf dem gebrauchtes Kochgeschirr unordentlich durcheinander lag – auch der Schatten unterm Bett war indiskret. An den Wänden hingen zwei Revolver, ein Florett, ein Bademantel und viele Bilder. Berthold betrachtete: Gruppenphotographien junger Leute beiderlei Geschlechts, teils im Freien, teils in Zimmern aufgenommen, die ebenso bunt verstellt waren wie Fräulein Valtins Behausung. Diese Bilder lebten auf einmal. Aus ihren Rahmen sprangen Studenten, Offiziere, Kaufleute und Damen in ärmlichen oder besseren, aber immer auffallenden Kleidern, tanzten wie trunken, lachten schmetternd und redeten komischen Blödsinn, und eine Dame, die mehrfach vertreten war, mußte Lygia sein.

»Leidenschaftlich, rassig, beinahe spanisch«, dachte Berthold, und gleichzeitig hing die Gesellschaft wieder in toter Bilderform an der Wand, »phantastisch, aber geschmackvoll, mittelgroß, ebenmäßig, schlank, dunkelhaarig – etwa 25 Jahre alt. Sieht sich gerne abgebildet«. – Er fand sie in *grande toilette* ernst und würdig an eine marmorne Brüstung gelehnt, als strampelnder Pierrot, von zwei Türken getragen und auf dem Fahrrad, fesch, kühn, mit der weltverachtenden Miene der Berufsfahrer. Sie lag träumerisch hingegossen, seitlich auf dem Diwan, die rechte Hand in das langseidige Fell eines Hundes gewühlt, der sich schlangenartig an ihrem Busen zusammengerollt hatte. Sie stand nackt, mit erhobenem Schläger, mit stolz und streng zusammengezogenen Brauen wie eine rächende Göttin vor ihrem Schrankspiegel, der hinterrücks ihre göttlichen Rundungen verriet. An einem Necessaire auf der Waschkommode, zwischen einem Verschönerungsverein von Kämmen, Bürsten, Scheren, Feilen, Parfümflaschen, Augenstiften und Schminkschachteln, lehnte ein Kopf von Lygia, in greller Beleuchtung gezeichnet, ein Kopf mit wild verzerrten Augen und wirrem, aufgelöstem Haar. Der wie zum Schrei geöffnete Mund entblößte eine Reihe makelloser Zähne. Unter dem Bild stand »Dementia«.

»Sie kann schauspielern, sie hat Raffinement«, sagte der junge Mann laut vor sich hin. Seine Worte kamen nicht so gleichgültig heraus, wie er sie auszusprechen sich unwillkürlich bemühte. »Und das ist ihre Mutter«, fuhr er noch lauter, ja fast mit einem freudigen Schrei fort, indem er sich dicht an das vergilbte Porträt einer alten Frau beugte. Ein Kranz noch feuchtfrischer Tannenzweige war über das Bild gehängt. Berthold sah nach der Uhr. Es war so ganz still in dem Zimmer. Nur ein Kanarienvogel schrie unaufhörlich Pie-eps, pie-eps. Sein Käfig stand zwischen grotesken Kakteen und kleinen, aber gut gepflegten Palmen auf dem einzigen Fenstersims. Man hatte ihm einen Berg von Futterkörnern aufgeschüttet, der für einen Monat ausreichen konnte, doch das Trinkgefäß des Vogels war leer. Die Erde in den Gewächstöpfen war hart und trocken. Berthold überzeugte sich davon, während er lange vor dem Fenster, oder wie er es taufte, vor Lygias »Garten« auf- und abschritt. »Warum kommt sie nicht!« redete er den Vogel an, und als dieser keine menschliche Antwort gab, nannte er ihn ein dummes Tier, das nichts verstände als Pie-eps zu schreien und blanke Kupferstäbe zu beschmutzen. Dann wollte er wieder auf dem Stuhl Platz nehmen, aber dieses Möbel hinkte, darum vertiefte er sich lieber in einen bequemen Klubsessel und begann seine Begrüßungsrede mit Betonung der einundzwanzig Nägel zu memorieren. Er sah wieder nach der Uhr, erhob sich wieder, ging wieder geraume Zeit auf und ab.

Lygias Bett war aufgedeckt. Wie sauber es glänzte! Berthold erinnerte sich an den Schnee. Zu Fußende war ein Spiegel und darüber ein Kruzifix angebracht, hinter dem eine Hundepeitsche steckte. Auf den mit Stickereien durchbrochenen, luftig aufgebauschten Kissen lag ein Stoß weicher Spitzenhosen. Herr Sievers hielt kurz den Atem an, verdrehte die Augen, tauchte für einen Moment das Gesicht in die Wäsche und, obgleich er sich allein wußte, trat er doch darauf schnell und verlegen zurück. –

Pie-eps, pie-eps klang es vom Fenster her. Er ging auf und ab, trat ans Bücherregal und fing an, die Bände der Reihe nach herauszuziehen; Pakete, die ihn nicht erreichten, von Jakobus Schnellpfeffer, Rabelais, Gontscharows »Oblomow«, Goethes Gedichte, Ursache und Behandlung der Maul- und Klauenseuche, Die Kindsmörderin –

»Wem gehören diese Bücher?« fragte er sich. »Es ist doch viel Gutes darunter, und der Kupferstich über dem Regal ist vorzüglich.«

Er lächelte, gähnte rücksichtslos und freute sich über die Unbefangenheit, mit der er Lygias Zimmer untersuchte. Trotzdem erkaltete sein Behagen an einem gewissen Gefühl des Fremdseins, ohne daß er sich dessen bewußt ward, und wie es ihm nicht gelang, die beobachteten Einzelheiten zu einem ganzen Gebäude zusammenzufügen, so fand er auch keinen Übergang von Lygias Häuslichkeit zu seiner eigenen.

Pie-eps, pie-eps klang es durch die Stille.

Es war spät geworden. Er sah es an der vorgerückten Dämmerung, deren Schatten das Zimmer merkwürdig entstellten. Er entzündete eine schlecht geputzte Stehlampe – mit der rotglasigen Ampel überm Bett verstand er nicht umzugehen. In spielerischen Schritten, den Kopf auf die Brust geneigt, umkreiste er mehrmals den Tisch. Später setzte er sich an den Schreibtisch, zog Schubfächer heraus und – er wußte, daß es unrecht war – begann Briefe durchzulesen.

Es waren ihrer viele, aber er las sie alle, bedächtig, langsam, mit zunehmender Spannung. Währenddem wurde sein Gesicht von einem Ausdruck des Ernstes und von einer edlen Ruhe verschönt.

Um ihn herum war alles still, auch der Vogel am Fenster schwieg jetzt. Herr Sievers saß lange Zeit vor den Briefen. Seine Gedanken errichteten Stufe für Stufe die Treppe, auf welcher Lygia Valtin geschritten – abwärtsgeschritten war. Er stellte sie sich vor, wie sie zaghaft ans Geländer geklammert, hinabgeschlichen, wie sie, als dieses aufgehört hatte, gestolpert, gefallen war, sich aufgerichtet hatte, wieder vorsichtig, dann leichtsinniger über die kalten Stufen gelaufen, zuletzt getanzt war und nun im Schwung nicht mehr einzuhalten vermochte.

»Wie verwunderlich ist das Leben«, sagte er, als ob er etwas ganz Neues aussräche, und fügte hinzu: »Wo bleibt sie nur? Und ob mich denn die Wirtin ganz vergessen hat?«

Indes mahnte ihn plötzliche Müdigkeit an eine Nachtwache. Ihn wandelte das Verlangen an, sich auf Lygias Diwan auszustrecken und einzuschlummern wie ein Märchenprinz in fremdem Garten, ohne zu wissen, wie er erwachen, wer ihn wecken würde. Wunderschön mußte es doch sein, jetzt sanft, allmählich jede Klarheit zu verlieren, hinüber zu gehen in die Träume, willenlos dem Gedanken ergeben, daß er sich Unbekannten überlasse, daß Unbekannte ihn, den Unbekannten, finden würden. Und als er sich wirklich ganz leise, behutsam, aber doch bequem neben der flachsblonden Puppe niederließ, auf dem Diwan, der gewiß schon oft das Rauschen von Seide, das Stammeln der Leidenschaft und die herben Seufzer der Einsamkeit vernommen hatte, da ging eine leise Traurigkeit über ihn.

So lag er und sann über Lygia nach. Was würde sie wohl sagen und mit welchen Bewegungen, welcher Stimme? Ob sie wohl sehr spät käme? Aber er hatte sechs Stunden gewartet, er konnte auch sieben Stunden warten. »Vielleicht kommt sie nicht allein«, überlegte er, »und sie ist kühl, verwundert, dankt trocken, und ihr Begleiter lacht. Vielleicht kommt sie doch allein, die schlanke Frau, von der ich so viel weiß. Sie kann auch böse sein oder mit der Zunge anstoßen, oder, ohne über meinen Besuch zu erstaunen, sich auf meine Knie setzen.«

Ihm fiel jenes Sprichwort ein, das mit einfältigen Worten eine hübsche Weisheit faßt: Wenn's am besten schmeckt, soll man aufhören.

Herr Sievers erhob sich hastig. Er schlüpfte in seinen Mantel, setzte den Hut auf, knüpfte das gefundene Notizbuch wieder in das Seidentuch und warf es nahe dem Kleiderständer auf den Boden. Er tat das mit einer wachsenden inneren Aufregung. Dann verließ er das Zimmer. Jedoch im Rahmen der geöffneten Tür kehrte er nochmals um, ergriff einen Meißener Waschkrug und goß mit zitternder Hand Wasser in die Gewächstöpfe und in den Trinknapf des Kanarienvogels. Nun schlich er davon und erreichte die Straße, ohne jemandem begegnet zu sein.

Und obwohl er müde, hungrig und ungewaschen heimkehrte, erfüllte ihn doch ein geheimnisvolles Behagen, wie es ein guter Mensch empfindet, der durchs Schlüsselloch etwas Ungeniertes beobachtet hat, wie etwa ein Vater, der seinen Kindern so zugesehen hat.

Ja, auch er, Berthold, hatte durch ein Schlüsselloch, durch das Schlüsselloch eines Lebens geschaut, und da er daran dachte, daß es Millionen solcher Leben gab, von denen jedes wieder seine eigene Gestaltung besaß, war es nicht nur Behagen, was ihn erfüllte, war es ein tiefes Ergriffensein vor der Unermeßlichkeit der Menschheit.

DER TÄTOWIERTE APION

Nachlässig schwenkt sie die Waffen der Reinlichkeit, Besen, Schaufel, Staubtuch. In der Schürzentasche, die wie ein Känguruhbeutel überm Magen klafft, trägt sie die Morgenpost für den gnädigen Herrn, und so betritt sie, feindselig, dessen Arbeitszimmer. Diesen scheußlichen, unangenehmen, ungemütlichen Raum, wo man nicht zwei Walzerschritte versuchen kann, ohne eine Vase, ein Bild oder solch einen dämlichen Gott zu Scherben zu bringen; Götter, die nur aus Gips und Stein bestehen, zum Teil keine Arme oder Beine mehr haben und die der Professor doch mit kindischer Zärtlichkeit verehrt, während er für die Menschen kein freundliches

Wort erübrigt; – Bilder – und Schweinereibilder darunter –, welche die schöne Plüschtapete völlig verbergen; Tonfiguren, mit Staub und Spinnweb überzogen, Bücher, Zeitungen, Papiere überall verstreut und so dicht gehäuft, daß man von den Möbeln nichts erkennt, auf denen sie ruhen. Und man soll sie abstäuben und darf sie doch nicht berühren. »Er hat wieder die Nacht durchstudiert«, bemerkt Agnes zu dem leeren Glasbassin einer kunstvollen Renaissancelampe, und sie breitet die Morgenpost wohlberechnet auf der aktuellen Stelle des Schreibtisches aus, wo immer das Neueste lagert, nicht ohne die angekommenen Karten vorher nochmals neugierig zu untersuchen.

Es ist eine darunter von der gnädigen Frau aus dem Seebad. Sie scheint sich vortrefflich zu amüsieren; wer mag es ihr verdenken.

Auf dem Schreibtisch fällt diesmal ein schwarzpolierter Kasten als noch unbekannt auf, außerdem eine Broschüre, überschrieben: An-tikes – Leben aus – grie-chi-schen – Papy-ri. Weiter quält sich das Mädchen nicht, wendet sich vielmehr ab, wie von etwas Unappetitlichem überrascht. Aber daneben schreit eine Bücherrechnung; die versteht sie.

800 Mark! Achthundert Mark wirft er für so was fort, und den neuen Zylinderputzer hat er neulich abgelehnt. Sie, Agnes, muß seit Jahren jeden Pfennig ängstlich hüten, um nur den Violinunterricht für ihren Sohn bestreiten zu können, und er, der Professor – Aber er genießt seinen Reichtum nicht. Wenn sie nur einen kleinen Teil seines Vermögens besäße, wie wüßte sie ihn fröhlich und sattsam auszukosten; und obendrein würde dann gewiß der Mann sie heiraten, der ihr das Kind gemacht hat. Das liebe Kind! Der brave, herzige Junge; er wird auch ohne das seine Straße finden, denn er ist klug. O ist er klug, und schmuck und gradaus, so daß alle ihn gern haben. Er wird erst seine drei Jahre Soldat sein und nachher weiter Musik studieren. Er wird ein berühmter Mann werden, so Gott will, noch berühmter als der Professor, ein »Geigenvitriose«.

Unter solchen zuversichtlichen Erwägungen hantiert Fräulein Mutter Agnes aus sicherlich reizvollen Tiefen ihrer Bluse einen Brief und ein schmales Porträt hervor, um beides mit Muße innig zu betrachten, das Bild sogar wiederholt zu küssen.

Wie gesteigerte Rührung sie zwingt, mit dem Nächstbesten, das heißt: mit dem Staubtuch, die Augen zu trocknen – schon daraus ergibt sich, daß der Brief ihr weit mehr bedeutet als etwa einem fremden Dritten, welcher von ihm nur ablesen würde:

»Liebe gute Mutter.
Herzliche Grüße von Bord S. S. Carola, wo wir gestern eingeschifft sind. Ich schicke Dir meine Photographie. Grüße Herrn Werk und alle Bekannte von mir. Es geht mir sehr gut. Alle sind gut zu mir und mein Violinenspiel kommt mir hier sehr zu statten. Gestern haben Paul und ich uns Glaube-Liebe-Hoffnung (ein Kreuz, ein Herz und ein Anker) in den Oberarm einstechen lassen. Das vergeht nie mehr. In der Hoffnung, daß Du gesund bist und mir bald schreibst, küßt Dich
Dein Oswald.«

Im Studierzimmer des Professors, wo das Dienstmädchen auf derartig pflichtvergessene und gemütvolle Weise ihr Reinigungsamt einleitet, geschieht plötzlich etwas, wenn auch nicht Wunderbares, so doch erschreckend Ungewöhnliches. Nämlich: zum gleichen Moment, da vom Gartensaal die zorngehobene Stimme des Hausherrn herüberschwillt, nach der im Hause nur allzu gewohnten Melodie: Gegen Dummheit kämpfen Götter selbst vergebens – zur selben Zeit löst sich in einer schlecht belichteten Ecke ganz von selber eine kleine eingerahmte Silhouette von der Wand und klirrt zu Boden.

Es vergeht eine geraume Weile, bis die Dienerin das Ereignis begreift. »Das ganze Haus zittert, wenn er den Mund öffnet«, murrt sie, »da haben wir die Bescherung: Scherben. Scherben am Morgen bringt Kummer und Sorgen. – Lieber Gott, das war sein einziger Sohn«, fügt sie, das Bildnis erkennend, in weichem Tone hinzu, »der hängt hier im dunkelsten Winkel. Über das alberne gelehrte Zeug haben sie ihn ganz vergessen, – und ist doch kaum vier Jahre her, daß er ertrank.«

Sie entfernt Splitter und Rahmen von der Pappe, und indem sie diese mitten auf den aktuellen Schreibtischplatz ans Tintenfaß stellt, folgt sie – wer weiß – einer sehr hübschen Idee. – Wieder ein Geräusch. Die Uhr neben dem großen Gipsmann, der wie der Papst aussieht, schlägt, die alte Standuhr (der Professor nennt sie schlechtweg nur »die Zeit«) mit den vielen Männchen und Türmchen und anderen Geschichtchen drum und dran. Es klingt heute so häßlich mahnend.

Besen, Schaufel, Wischtuch erwachen, huschen, kratzen, scharren, schieben. Agnes räumt auf. Sie klappert und rückt, sie reckt sich und bückt sich, und ungeachtet sie sich nach Manier der Stubenmädchen häufig unterbricht, um den Spiegel zu befragen oder ein Buch näher zu beäugeln (worin sie dann auf enttäuschende Titel stößt), drückt sich zuletzt doch in ihrer Miene die Genugtuung aus, das Erforderliche zur rechten Zeit beendet zu haben. Im Frohsinn darob und in einer Art gutmütiger Verachtung kann sie es sich nicht versagen, bevor sie die Stube verläßt, noch dem alten Gipsmann mit dem Besen ins Gesicht zu stipsen, so daß ein Büschel schmutziger Teppichfasern an der weißen Nase hängen bleibt. – – Und als die Tür zuschlägt, lächelt der alte Gipsmann – es ist eine Voltairestatue – lächelt mit seitwärts geneigtem Haupte, wie er zuvor gelächelt hat und wie er weiter lächeln wird, nach Houdons Willen, gedankenschwer, altersmild, überlegen, – ein wenig spöttisch – ein wenig falsch. – – – – – – Irgendwie erinnert der Professor an einen Marabu, als er bald darauf nachdenklich dasselbe Zimmer betritt. Dieses geistvolle, interessante Zimmer, wo tausend Gegenstände das Herz anregen, deren jeder an Kunst und Wissenschaft appelliert, von Weisheit, Schönheit und achtunggebietendem Fleiße predigt. Der kleine bejahrte Herr mit der von spärlichem, aber langem Weißhaar umpluderten Glatze weiß genau, welchen gelehrten, würdevollen Eindruck seine Stube gewährt, obschon er sie nie als Ganzes überschaut, vielmehr nur einzelne Stellen ins Auge faßt, wenn er beim Durchgehen die meist abwärts gerichteten Blicke einmal aufhebt. Aber in solchen knappen Momenten ist es, als sähen da zwanzig Augen und dächten zwanzig Köpfe dahinter.

Dort fehlt ein Band Niebuhr, entdeckt sein linkes Auge am Regal, während das rechte die Teppichfasern an Voltaires Nase gewahr wird. Schon ist die rechte Hand bestrebt, dieses Übel zu beseitigen. Dabei betastet die Linke eine auf dem Rauchtisch befindliche Silberschale, eine Kopie von jener aus dem Hildesheimer Fund, und laut sagt der Professor: »Nein, das kann unmöglich ein Steuer sein, was die Minerva in der Hand hält.«

Er schleppt verschiedene Folianten zum Schreibtisch und läßt sich dort umständlich bequem auf einem geschnitzten Stuhl nieder, mauert sich, sozusagen, dort ein, als ob er für viele Stunden nicht wieder weichen wollte, was auch wirklich seine Absicht ist. Darauf nimmt er gewohnterweise und mit sichtlichem Genuß von Wichtigkeit die eingetroffenen Briefschaften vor. Zunächst ein unverschlossenes Schreiben nebst der Photographie eines Matrosen. Nanu? – Er überfliegt beides mißmutig.

Solchen dummen Schnickschnack hat sie im Hirn und vernachlässigt ihren Dienst. O diese Barbaren, diese Kalmücken! Nichts wie Dummheiten im Schädel, kein Gefühl für Freude an Tätigkeit haben sie, nur den ordinären, animalischen Trieb, Unbequemes zu fliehen oder sobald als möglich loszuwerden. Sie vegetieren, ohne Geist, ohne Verstand, ohne Höhe und Tiefe, ohne Ernst. Nur fressen, saufen und – Der Gelehrte klingelt dringlich mit einer Glocke, deren sich – ihm fällt das jetzt sogar ein – vormals Franz Schubert bedient hat.

Eine Karte von seiner Frau. Sie grüßt ihn und erteilt einige Aufträge; er wird alles sogleich gewissenhaft erledigen und beantwor-

ten. Ihn interessiert, was sie im Auftrage *Dr.* Tiezes berichtet. Tieze-
freund erkundigt sich, ob Knobelsdorff etwas über Architektur
publiziert habe.

Keineswegs hat er das – aber man muß immerhin nachschlagen.
Erneutes Klingeln schafft Agnes herbei.

Der Professor redet, ohne aufzusehen, ziemlich hastig, unsicher
und undeutlich, und er beugt sich derweilen eifrig über einen as-
syrischen Dolch:

Ihre Nachlässigkeit gereiche zur Kulmination. Ob sie bezüglich
Voltaires nicht gefälligst etwas mehr attendieren wolle?

Sie weiß nicht, was Voltaire ist.

Heiliger Himmel! Diese Person! Sie hat nichts von Voltaire gehört! »Dort! – Der da!«

Was der Generalkontrolleur auf dem Schreibtisch zu tun habe?
Das Stubenmädchen kapiert die Frage nicht, aber, wahrhaftig, kein
anderer würde sie in diesem Falle kapieren, denn sie ist durch Zer-
streutheit völlig entstellt.

Was hat die Silhouette auf dem Schreibtisch zu tun? wollte der
Professor fragen, aber da er sich nach seiner Gewohnheit, fortwährend zu eruieren und zu etymologisieren, auf dem Wege vom Gedanken zum Wort noch mit dem französischen Generalkontrolleur Etienne de Silhouette aufgehalten hat, geschah es, daß besagte
Konfusion herauskam.

Die Dienerin rührt kein Glied.

Und sie möge doch gütigst ihre Privatkorrespondenzen etwas
separieren. Das Gesicht streng abgewendet, überreicht ihr der Professor Photographie und Brief des Matrosen, und weil ihr zer-
knirschtes weinerliches Stillschweigen ihm peinlich wird, fügt er
hinzu:

»Holen Sie mir aus dem Musikzimmer den Band Knobelsdorff
von der großen Enzyklopädie. – – Huch!« schreit er dann auf und
stampft mit den Füßen. »Sie kennt keine Enzyklopädie. Gehen Sie!
Sie sind ja ein – eine – huch!«

Verzweifelt mit der Zunge schnalzend, eilt der alte Herr selbst ins Musikzimmer. Ein Griff, und er hat das Gewünschte und kehrt zurück, mauert sich wieder am Schreibtisch ein und arbeitet.

Er liest und kritzelt, er hüstelt und blättert. Vom Park her wächst Sonnenglanz herauf, dringt das Gurren der wilden Tauben; und zwei spielende Falter wirbeln gegen das Fensterglas. Er spürt nichts davon. Nur einmal, mit der Äußerung: »Die Zeit ist wieder nicht aufgezogen«, erhebt er sich verdrossen, um die Uhr zu regulieren, vertieft sich aber gleich wieder am bisherigen Platz in die Lektüre eines Aufsatzes, den er tags zuvor begonnen hat.

Nach den Bewegungen von Haupt und Mund zu schließen, liest er durchweg rasch; auch spricht er dazwischen Worte oder ganze Sätze laut aus.

»Kaum – zweites Beispiel – wie der schon oft behandelte Brief des Apion an seinen Vater – Papyrusblatt – Berliner Museum – zu seiner Zeit – Ägypten – Provinz des römischen – Misenum am Golf von Neapel kommandiert – folgenden Brief, der im Original auf uns gekommen ist – Handgeld – Serenilla – Schiff Athenonike.« Hier stutzt der Professor.

Seine Lippen verharren für lange Sekunden so, wie das Wort Athenonike sie verzogen hat, sein Lesen wird starrer; er blättert eine Seite zurück und fängt an, den zuletzt durchgenommenen Abschnitt langsam, deutlich hörbar, mit gerechter Betonung zu repetieren:

»Apion seinem Vater und Herrn Epimachos herzlichen Gruß. Vor allem wünsche ich dir Gesundheit und alles Glück bei vollem Wohlbefinden, samt meiner Schwester, ihrer Tochter und meinem Bruder. Ich danke dem Serapis, dem Herrn, daß er mich sogleich errettet hat, als ich auf dem Meer in Gefahr geriet.« (Der Professor schielt flüchtig über den Tisch nach der Silhouette hin.) »Als ich in Misenum ankam, empfing ich vom Kaiser ein Handgeld von drei Goldstücken, und es geht mir gut. Ich bitte dich, mein Herr Vater, schreib mir ein Briefchen, erstens über dein Wohlbefinden, zweitens über das meiner Geschwister, drittens, damit ich deine Hand küssen möge, denn du hast mich gut erzogen, und daraufhin hoffe ich schnell vorwärtszukommen, wenn die Götter wollen.« (Der Lesende spielt sich nervös am Bart.) »Grüße vielmals den Kapiton, meine Geschwister, die Serenilla und meine Freunde. Ich hab dir mein Bildchen durch Euktemon geschickt. Übrigens heiße ich Antonius Maximus. Ich wünsche dir Gesundheit. Schiff Athenonike.« Der Professor schiebt das Heft fort und, was er sonst nie tut, lehnt sich im Stuhl zurück. »Das schreibt Apion vom Golfe von Neapel nach Ägypten«, sagt er leise und nickt versonnen mit dem Kopfe, »vor siebzehnhundert Jahren! – Siebzehnhundert Jahren – hm – es ist ganz dasselbe; er schickt sein Konterfei, er grüßt und erbittet Grüße, er dankt – ja, ja, es ist ganz dasselbe.« Der Gelehrte spricht jetzt nach dem Fenster zu, nach den Wolken hin. »Hm – Kreuz, Anker, Herz – sie liebt ihn, ihren Sohn, wie er sie; natürlich liebt sie ihn –«

Lautes Uhrläuten schwingt in des Alten Gedankengang. Es klingt so heiter, so gütig und groß. Ja, diese Eigenschaften, die er da heraushört, ist es nicht, als ob sie jetzt auf seinem Antlitz leuchteten, wie eine Verklärung? Sind nicht alle jene garstigen Fältchen und Schatten darin mit eins verschwunden, welche angewöhntes und anerzogenes Tun und Denken geformt hatten? Scheint nicht der Professor ein Verwandelter zu sein, da er aufspringt und einen ganz ungelehrten Vorsatz mit fast rührender inniger Stimme herausbringt?

»Ich will«, sagt er sich, »ihr hundert Mark schenken; die soll sie ihm senden; das wird ihn freuen. Und ich will«, fährt der wohlhabende Mann fort, »ich will mir das abknapsen, will mir dafür den Lope de Vega verbeißen. – Basta! Ich verzichte auf Dorotea.«

Energisch zieht er ein Schubfach heraus und schickt sich an, eine Banknote zu kuvertieren. Danach klingelt er leicht, später nochmals stärker. Währendem überlegt er in zunehmender Aufregung, wie er das Geschenk möglichst anspruchslos und unauffällig anbringen könne. Jedoch ehe er noch zu einem endgültigen Entschluß gelangt, erscheint das Stubenmädchen auf der Schwelle, wo sie etwas Herkömmliches von »befehlen« und »Herr Professor« abschnurrt und mit verweinten Augen wartet.

Er geht – wie sie ihn meist antrifft – grübelnd, mit kurzen Schritten auf und ab, eine geschweifte Linie im Teppichmuster verfolgend, und in den überm Rücken verschlungenen Händen hält er ein weißes Kuvert.

»Ja, ja, Agnes«, murmelt er wie für sich selbst, »Glaube, Liebe, Hoffnung – – er hat wohl recht – das vergeht nie.«

Das Mädchen hat nicht verstanden. »Wie befehl'n Herr – 'fessor?« fragt sie klanglos.

»Wissen Sie, häm, Agnes«, entgegnet er, zerstreut, stockend, und wünscht eine jäh aufsteigende Verlegenheit hinter nervösen Gesten zu verbergen, »ich möchte dem tätowierten Apion eine kleine – Dedikation machen – häm – Sie –«

Agnes hat recht gehört, aber nicht begriffen. »Wie befehl'n Herr –'fessor?« bringt sie schüchtern hervor.

Eine beiden fatale Pause folgt.

Huch! Dieses Blähschaf! Was befehl'n Herr –'fessor, was befehl'n Herr –'fessor. Hundertmal am Tage fragen sie das. Nichts wissen sie, nichts verstehen sie, rein gar nichts. Diese Hottentotten! Diese niederträchtigen Dummköpfe! Das Vieh ist klüger. – Und warum? Weil sie nichts lernen wollen; weil sie Mühe scheuen; weil sie –

»Es ist gut! Ich brauche Sie nicht!« schreit der Professor die Dienerin an, und als sie halb gekränkt, trotzig, halb beschämt aus dem Zimmer schleicht, mauert er sich verärgert am Schreibtisch ein, verschließt die Banknote und liest bis zum Mittag ununterbrochen in Diltheys »Einbildungskraft des Dichters.« – – – – – – – –

– Und Voltaire, der neben der Zeit steht, oder, richtiger ausgedrückt, sitzt, lächelt, gedankenschwer, altersmild, überlegen – ein wenig spöttisch – ein wenig falsch.

DAS – MIT DEM »BLINDEN PASSAGIER«

Alwine, die Blumenverkäuferin im Kurhause des Nordseebades Soldorp, pflegte in Augenblicken der Aufregung immer etwas Auffallendes zu tun. Diesmal drehte sie, während sie in Gedanken Pflicht und Vernunft gegeneinander wog, den obersten Westenknopf von Steuermann Lauken andauernd von links nach rechts, als habe sie es mit dem verkörperten Wankelmut zu tun, dem sie das Genick abdrehen wolle. Und als es so weit gelang, als Lauken halb ungeduldig, halb verwundert dem davonrollenden Knopfe nachblickte – da endlich antwortete sie ihm leicht errötend, aber mit fester Stimme: »Nein, nein, Jahn; es geht nicht. Er kann noch zurückkommen, und dann – – du weißt doch.«

»Aber es sind fast 7 Jahre, daß Henry fort ist«, wandte Jahn traurig ein, »so lange bleibt keiner bei der Fremdenlegion. Sieh mal, Wine, daß ich Steuermann bin und er nur ein Matrose – das will nichts heißen, dazu will ich gar nichts sagen, aber Henry kann tot sein; er kann irgendwo in Australien leben – mit einer anderen. Hier meine Hand, Wine, ganz ohne Eifersucht gesprochen: – treu ist Henry dir nicht. In der ganzen Welt gibt es Briefpapier und – –«

Alwine drehte sich unwillig um und sagte unterbrechend: »Nein, ich will so etwas nicht hören. Du hast ihn nicht gekannt. Der schreibt nicht, hat nicht geschrieben und wird nicht schreiben. Es wird ihm schlecht gehen bei den Franzosen. Tom Hansen hat mir erzählt, wie's dort zugeht. Und Henry wird zu stolz sein, das zu schreiben. – Er kann auch tot sein, ja – – aber wenn er noch lebt, dann ist er mir treu geblieben, wie ich ihm treu geblieben bin.«

»Und wenn er nun tot ist und du erfährst es nicht? – Ertrunken, in Afrika ermordet, verunglückt? Willst du ewig warten? Wine, willst du einmal ganz einsam sterben?«

Alwine schwieg. Sie war ans Fenster getreten und fischte mit ihrem Haarkamm Ameiseneier aus dem Goldfischglas, ohne zu wissen, was sie tat.

Der Steuermann fühlte, daß er Boden gewonnen. Eindringlicher und zärtlicher fuhr er mit der weichen Stimme eines Menschen, der keine Hintergedanken hegt, fort: »Bin ich dir nicht auch treu gewesen? Habe ich nicht in vier Jahren viermal bei dir angefragt, mich immer wieder vertrösten lassen und bin doch immer wieder gekommen? In ein paar Tagen gehen wir wieder in See. Wine – Winchen – laß uns heiraten. Du wirst es gut bei Steuermann Lauken haben, vielleicht auch bald bei Kapitän Lauken.«

Und er küßte sie sacht auf die Schulter und wischte sich vorher mit dem Handrücken den Mund ab, als könne da noch etwas von den vielen ausländischen Seemannsküssen hängengeblieben sein. Sie aber bemühte sich vergeblich, ihre Tränen zurückzuhalten, und als sie auf einmal in dicken Perlen unaufhörlich über die roten, vollen Backen rannen, da gab sie ihm eine derbe Hand und sagte: »Nur noch eine Reise, bitte, Jahn, und wenn du dann zurückkommst und keine Nachricht von Henry da ist, dann« – –

Pftzsch! – Das war so einer von Alwinens treuherzigen Küssen gewesen, die wie ein Siegel waren, dem nichts hinzuzusetzen ist. –

Jahn begab sich, innerlich heiter, äußerlich mit der erkünstelten Würde des Siegesgewissen, an Bord der »Florida«.

Ein paar Tage später ging der Dampfer auf »wilde Fahrt« in See. Liverpool – Venedig – Odessa – Nikolajew. – –

Als Monate vergangen, da lag das Schiff im Hafen von Algier, um Kohlen einzunehmen und dann die Heimfahrt über Hamburg anzutreten.

Steuermann Lauken stand auf dem Hinterdeck. Lächelnd sah er den arabischen Arbeitern zu, wie sie auf den schmalen, von einer Kohlenschute zum Dampfer führenden Laufbrettern hin und her trippelten und – je zwei Mann mit einem kleinen Korbe – unter monotonen Gesängen die Kohlen an Bord trugen.

Da lief ein weißer Mann, rothaarig, recht ärmlich gekleidet und mit zerrissenen Segeltuchschuhen an den Füßen, über den Steg. Er sprach einen Moment mit dem Posten und schritt dann, dessen Fingerzeige folgend, auf Lauken zu.

»Steuermann«, begann er, seine englische Mütze ziehend, »ich möchte mich gern nach Deutschland 'nüber arbeiten. Ich habe lange als Matrose gefahren und verstehe meine Arbeit. Ich habe kein Geld mehr.«

»Tut mir leid,« antwortete Lauken und musterte den langgewachsenen Menschen scharf, »die Besatzung des Schiffes zählt 25 Mann. Die sind vollzählig. Mehr darf ich nicht annehmen.«

Der andere sah einen Augenblick zu Boden und sagte dann: »Es ist keine Arbeit hier an Land zu finden. Auch der deutsche Konsul hat mich abgewiesen.«

Lauken zuckte mit den Achseln. Der Matrose bat beharrlich: »Vielleicht reden Sie mit dem Kapitän?«

Das war unvorsichtig gesprochen. Der Steuermann, der von dem kränklichen Kapitän unbeschränkte Vollmacht erhalten, entgegnete ein wenig gekränkt: »Der kann Ihnen auch nicht helfen. Das Schiff darf 25 Mann Besatzung, nicht einen Mann mehr, mitnehmen, nicht einmal zahlende Passagiere.«

Da der Fremde schwieg, fragte Lauken: »Wo sind Sie zu Hause?«

»In Soldorp an der Nordsee.«

Es überlief Lauken kalt. Minuten dauerte es, bis er Worte fand, und diese klangen unsicher, fast zitternd. »Wie kommen Sie denn hierher?«

»Ich bin von der Fremdenlegion desertiert. Nehmen Sie mich doch mit, Steuermann!«

Freimütig, männlich war das gesagt. Etwas wie Stolz lag dahinter, was Lauken Achtung einflößte. Er antwortete mit mehr Wärme als zuvor: »Ich würde Sie gern mitnehmen, aber ich habe keine Erlaubnis dazu, und ich habe noch immer getan, was ich dem Kapitän und der Reederei schuldig bin.«

Der Steuermann hatte wahr gesprochen, und was ihm an Gedanken durch den Kopf gegangen, war sehr edel gewesen. Er hätte eine tiefe, schöne Freude darin gefunden, den Matrosen seiner Braut zurückzubringen, gerade weil er in ihm den Nebenbuhler erkannt. Nur das reine, ehrliche Denken Laukens war es, das gleich bereit war, eine Liebe zu opfern, noch ehe er erwog, daß er eine doppelt wertvolle Freundschaft dafür eintauschen würde.

Aber es war ja unmöglich. Die Reederei erlaubte es nicht. Der strenge, in seiner Krankheit leicht reizbare Kapitän hätte es niemals zugegeben.

Lauken handelte pflichtgemäß.

Doch als Henry mit trotzigem Schweigen seine Mütze aufsetzte und dann in aufrechter Haltung, festen Schrittes von Bord ging, da fühlte der Steuermann, wie weh ihm das tat. Gern hätte er den Deserteur zurückgerufen. Als er es wirklich wollte, war es zu spät.

Lauken suchte die Arbeit auf. Er beaufsichtigte gewissenhaft seine Untergebenen, er schrieb und besorgte allerlei, noch fleißiger als sonst, um peinigende Gedanken zu betäuben.

Am nächsten Morgen um drei Uhr lief der Dampfer aus. Als er die hohe See erreicht hatte, wurde die Steuerbordwache zu Bett oder, wie es seemännisch heißt, zur Koje geschickt, während die Leute von Backbord Befehl erhielten, das Oberdeck vom Kohlenstaub zu reinigen.

Steuermann Lauken, der keinen Dienst hatte, konnte nicht Schlaf finden. Er wanderte, von wilden Gedanken bewegt, durch alle Schiffsräume.

Henry lebte. Henry war ein treuer Mensch. Henry war in Not und sehnte sich heim. Er, Lauken, sein Nebenbuhler, hatte ihm den Weg abgeschnitten, und er, Lauken, hatte doch seine Pflicht getan.

Das beschäftigte, quälte und tröstete ihn rastlos. Er lief durch den Ladungsraum, wo man in Odessa Säcke mit Getreide aufgestapelt hatte. Er irrte durch das Zwischendeck. Er kletterte hinab in den Kohlenbunker, und dort, in dem schwachen Licht, das von oben hereinströmte, sah er etwas, was ihn starr und erschüttert stehenbleiben ließ, als habe er eine gespenstige Erscheinung vor sich. Aus dem hohen Haufen schwarzen Gesteins ragte ein Kopf hervor, ein Kopf mit roten Haaren, mit drohenden, verzweifelnden Augen.

Lauken erkannte, was das war, und er wußte, was er zu tun hatte, aber sein stärkstes Mitleid siegte über sein stärkstes Pflichtgefühl.

Einige Minuten lang herrschte spannende Stille da unten. Darauf sah Lauken über den Kopf hinweg in die Finsternis des Hintergrundes hinein, dann in die Höhe ringsherum an den Schiffswänden entlang, als suche er etwas. Endlich stieg er mechanisch an Deck und schloß sich in sein Zimmer ein. –

Seitdem verließ der Steuermann während der Freizeit nicht mehr seine Kabine. Hatte er Dienst, so blieb er meist auf dem Hinterdeck und mied ängstlich die unteren Räume. Alle wunderten sich darüber, daß er auf einmal so ernst und verdrossen dreinschaute. Niemand ahnte, daß er zum erstenmal eine Pflicht als Steuermann und Stellvertreter des Kapitäns unterlassen hatte, denn noch wußte niemand von dem blinden Passagier, von dem Steuermann Lauken wußte.

*

Die spanische See ist ein böses Wasser. –

Die Notiz über die »Florida«, die durch alle Zeitungen lief, kam auch der Blumenverkäuferin im Kursaal zu Soldorp zu Gesicht. Es hieß da wörtlich:

»Der deutsche Dampfer ›Florida‹ kollidierte während eines Orkans mit der englischen Bark ›Springburn‹ auf der Höhe von Cadiz. Der Dampfer sank sofort. Die aus 25 Mann bestehende Besatzung wurde von den Matrosen der ›Springburn‹ gerettet.«

*

Einige Jahre waren seit dem Untergang der ›Florida‹ verstrichen, und gewiß hatte keiner der Fünfundzwanzig das Ereignis vergessen. Einer solchen Katastrophe gedenkt man zeitlebens, wenn man mit dabei gewesen, da die Würfel auf Tod oder Leben rollten.

Für Lauken bedeutete es noch mehr. Ihm war das Haar seitdem ergraut, und er hatte das Lachen verlernt. Nun, da seine Wünsche in Erfüllung gegangen, da Alwine sein Weib geworden und er sie als Kapitän eines Bremer Dampfers auf weiten Reisen nach England, Spanien, ja nach Brasilien mit sich nahm, nun war er ernst, wortkarg und gleichgültig gegen alles geworden, was er sah und hörte. Und auch sie war nicht anders, die früher so lebhafte, heitere Wine.

Sie waren gut zueinander, wie vielleicht einsichtsvolle Gefangene zueinander sind, aber etwas Unausgesprochenes, Trauriges bedrückte beide, was sie nicht gemeinsam trugen.

Das – mit dem »blinden Passagier« konnte er nicht verwinden. War es nicht so, als habe er ihn gemordet? Der Braut den Bräutigam gemordet?

Hätte er nur ein Wort gesprochen damals auf dem englischen Schiff, als sie alle jubelten und bejubelt wurden, die Geretteten. Hätte er damals gerufen: Es fehlt noch einer! Im Bunker bei den Kohlen oder im Kornraum ist einer eingeschlossen! – dann wäre er rein geblieben.

An Rettung war da ja nicht mehr zu denken, aber er hätte sich freigemacht von der Qual dieses Geheimnisses.

Und Wine? Hätte er zu ihr gesagt: Dein Henry ertrank. Es war nicht meine Schuld. Er hatte sich im Schiff versteckt – wie frei mußte ihm jetzt zumute sein. Aber er hatte geschwiegen, auch später, wenn sie manchmal sich seufzend gewünscht, nur zu wissen, ob er noch am Leben sei. Er, an dessen Treue sie noch immer glaubte.

Lauken tastete mitunter nach Entschuldigungen. Was hätte es genützt, die Wahrheit zu sagen? Schmerz mußte es ihr bereiten und dem, der die Botschaft brachte. Konnte er damals vor sie hintreten, um zu sagen: Henry ist tot, heirate mich!? – –

Nein, es gelang nicht, sich rein zu waschen. Es blieb nicht nur Feigheit, sondern ein erbärmlicher Betrug.

Nun hatte er doch nichts von ihr und sie wohl auch nichts von ihm. Sie achteten und schonten einander, aber sie hatten sich wenig zu sagen. Sie küßten sich mitunter und fühlten dabei, daß es geschah, weil es Brauch war. Sie saßen manchmal Hand in Hand an Deck, um über das Meer zu schauen, und vergaßen dabei einander im tiefen Sinnen. Und doch dachten beide dann an den gleichen Mann. –

Da traf einmal die gefürchtete Order ein. Das Schiff fuhr von Cardiff nach Algier.

Lauken war ein kranker Mann geworden. Wine pflegte ihn unermüdlich und ohne zu klagen. Er verbarg die Unruhe, die ihn quälte, so gut er konnte, aber sie nahm zu, je weiter sie nach Süden gelangten, und als bei St. Vincent der Kurs geändert wurde, da war sie zum heißen Fieber geworden. Er kämpfte dagegen mit aller Macht, er wollte sich nicht niederlegen. –

Es kam eine sternlichte Nacht, da die See ganz ruhig geworden. Von Backbord aus sah man ein Licht am Horizont aufblinken. Das war das Feuer von Faro.

Die Matrosen und der Steuermann waren vorn mit dem Takelwerk beschäftigt. Kapitän Lauken stand mit seiner Frau an Deck. Sie hatten sich über die Reling gelehnt und schauten ins Wasser. Es war nichts Ungewöhnliches, daß sie so fast eine Stunde schweigend beisammen verharrten.

Endlich begann Lauken, ohne den Kopf zu erheben: »Alwine, nicht wahr, du kannst Henry nicht vergessen?«

Die Frau schrak zusammen. Es war das erste Mal in ihrer Ehe, daß Jahn diesen Namen von selbst aussprach. Was bedeutete es?

Aber Jahn stieß sie nur hervor und bemerkte auf einmal, wie verstört er aussah. »Jahn, was ist dir?«

Er gab keine Antwort. Sie wußte nicht, was sie sagen sollte. Ihr Busen hob und senkte sich schnell. Sie drehte erregt ihren Trauring in der Hand, den sie unbewußt vom Finger gestreift.

Da wandte sich der Kapitän um, griff nach dem Ring und warf ihn in weitem Bogen über Bord.

»Dort – unten – liegt – Henry!« sagte er mit einer veränderten, ganz leisen, gramerfüllten Stimme.

Und als sie sich weinend an seine Brust schmiegte, so vertrauend wie nie zuvor, da erzählte er ihr, ganz langsam und mild, was niemand außer ihm wußte, – das – mit dem »blinden Passagier«. – – –

Das Feuer von Faro war längst außer Sicht. Das Schiff mußte ungefähr auf der Höhe von Cadiz sein.

DAS GRAU UND DAS ROT

Wenn man es mit dem Vergleich nicht zu genau nahm, ließ sich sagen, daß die ohne Zwischenraum aneinandergereihten Gebäude hufeisenförmig einen ungepflasterten Hof umstanden, in dessen Mitte sich aus einer ovalen Buschanlage zwei ehrwürdige breitschattende Akazien entfalteten. Massige Grundmauern, vergitterte Fensteraugen mit verschnörkelten Augenbrauen darüber, eisenbeschlagene Torflügel mit komplizierten Schlössern und pfundschweren Schlüsseln priesen eine zurückliegende, mehr kunst- als gewinneifrige Zeit. Besonders der Turm schwärmte von ihr und seufzte und heulte bisweilen, wenn ihm der Mondschein verschlafene Erinnerungen brachte. Der verwitterte, zwiebelköpfige Turm hatte ja nichts weiter zu tun, als nachzudenken und eine mit vier Gesichtern begabte Uhr zu tragen, welche tagsüber die Dorfbewohner oder vorbeiziehende Handwerksburschen um ein Beträchtliches betrog. Aber es war bei diesen Baulichkeiten nicht alles im ersten Guß geblieben. Neuere und neueste Stilarten hatten angefügt, umgeändert oder Zerstörtes ergänzt und dadurch noch mehr Abwechselung in die Konturen und Farben des Bildes geprägt. Auch war die Harmonie nicht gestört, denn die früheren Häupter des Fürstenhauses hatten Geschmack besessen, und der letzte Herr scheute wenigstens keine Kosten, um tüchtige Architekten von Ruf anzustellen. Wenn die Fenstersimse und die Brüstung der Terrasse von Rosenstöcken und hängenden Nelken illuminiert waren, oder wenn rote und gelbe Weinblätter an den Säulen, den Erkern hoch- kletterten, auch in den Monaten, da die Turmzwiebel drohende Schneeklumpen auf die Oberfenster der Veranda polterte und die entlaubten Akazien den pantomimischen Fensterverkehr zwischen Hauslehrer östliche Hufeisenfront einerseits und Küchenmädchen westliche Hufeisenfront andererseits freigaben; oder wenn sich das letzte Winterliche kläglich von den Dächern weinte, – immer bot die Reihe von Gebäuden eine malerische, stattliche Ansicht vor- nehmer Wohlhabenheit.

Die Menschen, die, in den Dienst des Fürsten tretend, als Neu- linge dorthin kamen, wurden angesichts der kunstvollen Eleganz, der unentwirrbar verschlungenen Gänge und Treppen sowie an- derer Auffälligkeiten befangen oder begeistert. Aber derartige Ein- drücke vergaßen sie bald und gewöhnten sich in ein Dasein, das zwischen Müdigkeit und Müdigkeit nur Mühe, Ärger und klein- liche Streitigkeiten wies.

So mußte es zugehen in einem umfangreichen Betriebe, an des- sen Spitze selbstsüchtiger Fleiß und höfliche Rücksichtslosigkeit peitschten.

An den westlichen Hufeisenpol war ein einzelner, viereckiger Bau angeschenkelt, der die offene Seite des Akazienplatzes schräg zur Hälfte schloß und einer riesigen steinernen Truhe nicht un- ähnlich sah. Hochangebrachte, schmale Fensterchen, plumpe Rie- gel und sonstige Kennzeichen bestätigten die Tradition, daß er vor Jahren der hochritterlichen Maltheserkommende als Pferdestall genutzt hatte. Zu anderer Bestimmung hielten jetzt seine dicken Mauern einen hohlhallenden, stickluftigen Saal warm, der an drei Seiten vom Fußboden bis zur Decke mit Regalen bekleidet war, die nur die kleinen Fensterchen freiließen und von einer rundumführenden Galerie unterbrochen wurden, zu der eine merkwürdig geschweifte, eiserne Treppe führte.

Die Fächer der Repositorien knarrten mitunter, wie eigenwillig, unter der Last wohlgeordneter Aktenbündel, deren Erkennungszettel übereinander und nebeneinander lange Reihen bildeten und schnurrig beschriebenen Grabsteinen glichen. Ein ausgedehnter Tisch und wenige Stühle standen unverrückbar inmitten des Raumes, und sonst befand sich, außer zwei stetig wandernden Klappleitern, kein anderer hervorragender Gegenstand in dieser Halle, wo Staub und Spinnweb alle Dinge zu einer garstigen ungefähr grauen Färbung ausgeglichen hatten.

In die vierte Seite der Truhe war nachträglich ein umfangreiches, gotisches Fenster eingerichtet worden, von welchem die Sage behauptete, daß es mitunter geputzt würde. Nach Sonnenuntergang, wenn zwei flackernde Halbmonde über den Gashähnen das Büro unheimlich beleuchteten, warf das gotische Fenster einen schiefen Lichtfleck in einen tiefschwarzen, verwahrlosten Winkelhof, den nur selten jemand betrat, es wäre denn ein Küchenjunge, welcher Abfälle in die Kehrichttonne schütten oder ein Huhn darüber rupfen wollte oder der taube Tschemulke, der einen ratternden Handkarren dort abstellte. Diese Leute mochten zuweilen einen langen oder zwei kürzere Schatten über den Lichtfleck huschen sehen und an den Rentmeister und seine beiden Lehrlinge erinnert werden; und Gott weiß, ob sie dabei nicht etwas wie eine Gänsehaut empfanden. Denn im Schlosse gab es keinen Menschen, der gern an diese drei gedacht hätte, geschweige denn mit ihnen zusammengetroffen wäre.

Und was war der Grund dafür? Keine Feindseligkeit. Der hagere, lederfarbige, grauhaarige Aktuar, Archivar, Rentmeister –

oder wie, zum Teufel, er sich und man ihn nennen wollte, konnte oder durfte –, der sich um nichts als um seine Arbeit kümmerte, und die zwei von dem unerschütterlichen Ernst ihres Chefs eingeschüchterten und angesteckten Lehrjungen, die so sparsam behost, so dünn angezogen waren und deren blasse Gesichter sich nur durch eine Nasenwarze bei M a x und keine Nasenwarze bei F i e d l unterschieden – diese drei Personen taten niemandem etwas zuleide und erweckten allgemein in erster Linie nur überlegen lächelndes Bedauern. Aber es war, als ob von ihnen etwas Lähmendes, Lebenswidriges, Arbeitsbitteres ausging, dem sich alle nach Möglichkeit, bewußt oder instinktiv, entzogen; so, wie man einer anwidernden aber gerechtfertigten Szene, etwa der Ausbaggerung einer Schlammgrube ausweicht. Kurz gefaßt: Dem Aktuar lebten weder Feinde noch Freunde, und man mied ihn. Man mied das graue Büro, wo ewig kreischende Federn und gekrümmte Rücken von schäbigem Tuch jede froh gedachte Rede zurückscheuchten, wo wichtig steigende oder niedergehende Tritte auf schütternden Leitern Ungestörtsein erheischten und die Aktenstöße, dumpf auf den Tisch schlagend, unzählige sichtbare Stäubchen aufjagten, die durch den Saal kreisten, wie ein Feldhühnerschwarm, um sich endlich irgendwo aufs neue niederzulassen. Das graugraue Büro, in welchem so unruhige, verwirrende Formeln ihr Wesen trieben, wie zum Beispiel: Räumung der Auenluschen – *Acta manualia* betreffend Laudemial-Grundstücke – Dienstabgeltungsrezesse – Königliche Regierungs-Rekognition über eben abgeführte Bernburger Brauurbarsgelder – Kalkulaturberichte – Unbefugtes Branntweinschenken – oder: *Acta* betreffend Einrichtung eines Glasschrankes im Rauchzimmer Seiner Durchlaucht. –

Das totgraue Büro, wo trotz mancher Geräusche doch immer ein hoffnungsloses Schweigen zu herrschen schien. Selbst der Fürst floh diese Stätte. Eine Kontrolle des Aktuars erübrigte sich, denn dieser war – wirklich, er war unfehlbar wie der liebe Gott, und was ihm der Fürst zu befehlen geruhte, das brachte er vormittags zehn Uhr an, wenn sich die höheren Beamten zur Konferenz in seinem Schlafzimmer versammelten.

Gewöhnlich war er schon wach, hatte wohl auch bereits mit dem Thema »Lärm, Schmutz und Unpünktlichkeit« einen Diener in die Unbehaglichkeit geheuchelter Zerknirschung getrieben, immerhin mit höflichen Worten, denn diese bewahrte der Fürst in allen Situationen. Während Durchlaucht sich nun böse gähnend entnachthemdete, zählte sein Sekretär eine Unmenge von Haushaltssorgen auf, und in dem Augenblick, da das über den Kopf gestreifte Schlafgewand die gefürchteten Augen verdeckte, wechselten die umstehenden Beamten einen bedeutenden Blick aus ahnungsbangem Galgenhumor. Darauf huben die Inspektoren an zu berichten, zu entschuldigen und erbaten Befehle und empfingen unverkennbar versteckte Vorwürfe, weil der Fürst bei der letzten Revisionsfahrt Mäuseflecken im Klee entdeckt oder weil er herausbekommen, daß ein galizischer Tagelöhner auf einem der Güter einen Spaten gestohlen hatte. Ob das Mittelbeet im Westpark jetzt zur Viehweide diene, wandte er sich unversehens an den Obergärmer und stieg dabei so heftig in die Unterbeinkleider, als ob er aus jedem Hosenbein ein Ungeheuer heraustreten wollte. Nachdem unterbrach er den Rapport des Oberförsters und prustete ins Waschbecken hinein: ein Hirsch sei aber eigentlich kein Kaninchen. Und erschrak selbst dermaßen über die Tonart seiner Stimme, daß ihm der Schwamm entrollte, worauf sämtliche Herren zur Erde hasteten und, statt den Schwamm einzufangen, den Wasserkrug umwarfen. – – Bei den Konferenzen ging es stets ereignisvoll und lebhaft zu.

Der lederfarbige Aktuar stand indessen kerzengerade vor seinem Vorgesetzten, dem er vor Jahren Pappsoldaten gemalt und ausgeschnitten hatte, machte stenographische Notizen auf Papiermanschetten und bekräftigte je fünf fürstliche Worte durch ein mit Ruhe und Anstand entwaffnendes »Jawohl, Durchlaucht, sehr wohl!«

»Haben Sie die Präzipualleistungen für die Pflaumenallee ausgezogen?«

»Jawohl, Durchlaucht, sehr wohl!«

»Haben Sie – – –«

»Jawohl, Durchlaucht, sehr wohl!« O, der hatte alles erledigt.
Und der Fürst erteilte ihm mit zitternden Phrasen neue Aufträge,
mehr als bisher, jedesmal mehr als bisher. Er sagte: »Es ist gut,
mein lieber Aktuar; ich danke Ihnen für heute verbindlichst.« Und
empfand dabei etwas Unerträgliches, kalt oder heiß oder erstik-
kend; das war Haß gegen seinen Angestellten, der ihm und weil er
ihm seit neunzehn Jahren untadelhaft diente und den er mit Rück-
sicht darauf, daß er auch dem fürstlichen Vater lange treu ergeben
war, niemals würde entlassen können.

Der Aktuar eilte mit hackenden, langspannigen Schritten hinunter, zur Truhe, wo Max und Fiedl ihn bereits in gedämpfter
Aufregung erwarteten und nun wie hungrige Pelikane nach den
übergebenen Papieren und Aufträgen schnappten.

Es lag mehr vor als bisher, und – sozusagen – der Aktuar heizte
den Blassen entsprechend ein, daß sie in Hitze, in Glut gerieten und
gleich Schnellzugslokomotiven zu arbeiten anfingen. Akten wurden
eingeheftet und in die numerierten Gräber der Repositorien geborgen oder aus denselben herausgezerrt, daß der alte Staub wieder
aufwirbelte und die Lungen kitzelte, bis das Hüsteln kam. Die Leitern klapperten und rückten, die Tritte auf den Sprossen schurrten
stoßweise aufwärts und abwärts. Die Federn kreischten, und un-
freundliche Worte und Zahlen durchschnitten die Halle. Das war
alles nötig, um das fürstliche Archiv und die Geldgeschäfte der
Güter, der industriellen Anlagen, Ziegel- und Spiritusbrennereien,
der Forst- und Landwirtschaft und mehr dergleichen zu verwalten.

»Max, suchen Sie die Robot und Zinsbeschwerden betreffend
die Scholtiseien zu Föhring und Hinwitz hervor!« »Fiedl, was
sollen die Hebammengebühren unter den politischen Materien?
Willst du wohl – –«

Im Zustande von Unzufriedenheit redete der Rentmeister seine Lehrlinge mit »Du« an und beim äußersten, in sanft vulkanischen Augenblicken, schlug er einen oder den andern zweimal mit dem Hornlineal auf den Hosenflick, worauf ihn meist eine Staubwolke zum Niesen zwang. Dann hauchte der Getroffene schüchtern: »Zur Gesundheit, Herr Rentmeister«, dieser brummte etwas Unverständliches, und damit war der graue Normalzustand wieder hergestellt.

Frühstücks- und Mittagspause wurden von nervöser Pünktlichkeit abgeschliffen und am Tagesende, um 7 Uhr, wünschte der Aktuar seinen Jungen »Gutenacht«, nachdem er sie noch ein Dutzendmal ermahnt hatte, alles Verschließbare, auch die Patronatssachen, auch die Lorkeschen Prozeßakten, ordentlich zu verschließen und die Gashähne ganz umzudrehen und ja noch die Schafhütungs-Gerechtigkeit des Dominii Kolbitsch einzuheften und die Briefschaften richtig in den Postkasten zu werfen und den Papierkorb noch auszuleeren und die Mausefalle aufzustellen und – –

Wie gesagt, er wünschte Gutenacht, aber erst nachdem er schon halb zur Tür hinaus war und auch nur ganz undeutlich, weil er besorgte, durch freundliche Worte an Reputation einzubüßen.

Und ging hölzern über den lichtgestreiften Akazienhof, durch ein Pförtchen, drei Stiegen hoch in sein zweizimmeriges Heim, wo er ebenso bedächtig als gründlich seiner Abendmahlzeit oblag, die ihm ein nur zu Weihnachten sichtbarer Schloßdiener dort aufgetischt hatte.

Aber der Archivar kehrte, müde, noch einmal zur Truhe zurück, überzeugte sich davon, daß M a x und F i e d l seine Befehle vollkommen ausgeführt hatten und las oder schrieb, zur Erholung, eine Stunde, später anderthalb Stunden, angestrengt für sich allein.

Wenn er dann wiederum den nächtlichen Platz querte, überraschte es ihn nicht, aus gewissen Richtungen Gelächter oder Bruchteile von Musik zu vernehmen. Die Periode, da er solchen Verlockungen gefolgt war, lag weit zurück.

Er verriegelte gewissenhaft doppelt seine Zimmertür, entzündete vorsichtig die Lampe, entkleidete sich, stieg mit einem Band Gartenlaube ins Bett, blies schnell die Lampe aus und – wahrscheinlich entschlief er sogleich, schlief bis morgens 5 Uhr 35 Minuten.

Manche Wahrnehmungen der Nachbarsleute sprachen dafür, daß er unruhig träumte und in seines Schlafes Phantasien alle die schweren Sorgen teilte, welche das fürstliche Haus wachsend bedrückten und noch mehr bedrohten, obwohl der Fürst Fleiß und einige andere löbliche Eigenschaften betätigte.

Zurückverfolgt sahen die 7075 Tage, welche der Aktuar seit dem Tode des alten im Dienste des neuen Fürsten verbracht hatte, einander trübselig ähnlich, aber wenn man Anfang und Ende dieser Zeitkette miteinander verglich, dann erwies sich hell, wieviel an Überbürdung, Enttäuschung und Bitterkeit nach und nach jenes Leben verfärbt hatte.

»Er war«, erzählte der Fürst, »das einzige Kind eines ganz armen Müllers, der mit seiner siechen Frau im Föhringer Erlenwäldchen eine halb zerfallene, strohgedeckte Mühle betrieb. Der Sohn sollte ihrem Wunsche nach eigentlich Kunstmaler werden, weil er Gänse erkennbar abzeichnen konnte. Und als die Eltern plötzlich rasch hintereinander starben und ihr Grundstück dadurch kontraktmäßig meinem Vater zufiel, nahm sich dieser der hilflosen Waise an und engagierte den damals noch sehr jungen Mann als Aktenverwalter. – – Ja – ja – Kunstmaler –«

Der Erzähler räusperte sich wie belustigt, und als das bei seinen Gästen keine sonderliche Wirkung hervorbrachte, lief er auf einmal aus dem Zimmer, angeblich um einen Schongauerschen Kupferstich zu holen, den er kürzlich erstanden hatte. Denn der Fürst war leidenschaftlicher Sammler von Kupferstichen, Vasen, Medaillen und anderem. Er war übrigens auch leidenschaftlicher Spieler und – –

Aber nun vergaß er den Kupferstich und dachte wieder über den unveränderlichen Rentmeister nach, der schier unmögliche Leistungen – quantitativ, natürlich nur quantitativ betrachtet – zustande brachte.

Aber hatte Mademoiselle im Grunde nicht doch Unrecht, wenn sie ihn einen devoten Schmeichler hieß?

Warum hätte der Aktuar schmeicheln sollen, da er seine Pflicht ganz und willig erfüllte und, ohne Zweifel, nicht den geringsten unbefriedigten Wunsch hegte. Er war auch nicht devot – nein – nur geziemend anständig, ergeben, treu, rücksichtsvoll. Ihm fehlte keineswegs Ehrgefühl; er würde auf ein beleidigendes Wort hin sofort »gegangen« sein; man mußte sich in dieser Beziehung vorsehen. Ja eigentlich – eigentlich war der Aktuar ein viel besserer – –

Da wurde der Fürst abgerufen und eilte mißgestimmt nach dem Schlafzimmer seiner ältesten Tochter, wo ihn der Arzt erwartete.

Es verhielt sich nicht so, daß dem Aktuar die wahre Gesinnung seines Fürsten entging. Auch täuschten sich alle, so die Meinung hegten, der Rentmeister wäre in seine Akten verliebt und gegen alles andere gleichgültig.

In der späten stillen Arbeitszeit nach dem Abendbrot, wenn kein zweiter zugegen war, welcher der Beobachtung bedurfte oder Beobachtung fürchten ließ, geschah es bisweilen, daß etwas im Innern des Aktuars aufstand und ganz leise, allmählich lauter, zuletzt gewaltig an die Wände einer vom Leben umhärteten, liebefremden Seele klopfte.

Der einsame Mann blätterte, zur Erholung, in den ehrwürdigen schweinsledergebundenen Akten der Malteser-Ritter, in den Journalen, Urbarien und Schöppenbüchern, freute sich oder erstaunte aufrichtig über die vorteilhafte Genauigkeit, mit der sie geführt waren, über die sauberen, ziervoll verschnörkelten Handschriften der emsigen Mönche und über das vortreffliche Lumpenpapier. Dann schüttelte er, mühsam entziffernd und in rührend ungeschickt verhehlter Halbwissenheit gelegentlich sein Haupt wegen der närrischen Orthographie oder der geschwollenen Titulaturen.

Und begrub die Papiere in das Fach *PX* Numero so und so viel und las ein anderes Heft.

Acta in Untersuchungs-Sachen wegen dem am 8. Januar 1797 im Backofen totgefundenen Hospitaliten Johann George G u e t t l e r.

Der Archivar schob das Buch hart von sich und murmelte halblaut: »Es ist kein Herz darin.«

Durch Für und Wider verdeutlichte er sich in Gedanken, wie die Mönche alles so schön, zuverlässig und übersichtlich notiert hatten, weil die Uhr sie nicht hetzte, wie aber nichts darauf hindeutete, daß sie sich einmal über eine Nachtigall oder die knorrigen Akazien gefreut hätten, daß sie etwa gern Muskatwein tranken und – wenn sie ihn getrunken hatten – sich hinaus, hinweg wünschten, zu lustigen Freunden oder um ein Mädchen singen zu hören.

Manchmal erwachte in dem Rentmeister auch jene Neigung zum Zeichnen, welche seiner Jugend so viel Kurzweil und Anerkennung verschafft hatte, jenes warme Vergnügen an unbestimmbaren Farben oder Formen. Er entdeckte, wie anmutig in ihrer einfachen unsymmetrischen Bauweise die eiserne Galerietreppe wirkte; oder seine Feder, welche Zahlen betreffend Nutz- und Schirrholz addierte, irrte plötzlich ab, aufs Löschblatt, wo sie verfallene Mühlen mit Strohdächern und Erlenbüschen zu bilden begann. Bis der Archivar es inne ward, wie ein ertappter Schuljunge zusammenzuckte und dann um so beschleunigter weiteraddierte.

Was die letzten Regungen unterdrückter Sehnsucht in ihm erstickte, was sein Leben so gleichmäßig geformt und so grau gestrichen hatte, war vornehmer Pflichteifer, anhängliche Gutmütigkeit, energieloser Pessimismus, aber gewiß noch manches andere Unerkennbare. Denn wir Menschen haben keine Schlüssel zu den tiefsten Ursachen der Dinge, höchstens unvollkommene Dietriche.

Unversehens trat etwas Neues, Revolutionäres in das Dasein des Rentmeisters. Niemand ahnte, wo und wie es sich eingeschlichen hatte. War der Fürst zum erstenmal unzufrieden gewesen? Gab ein Streit, ein Brief oder ein belauschtes Gespräch dem Rentmeister zu denken? Jedenfalls hatte sich dieser einen neuen Federhalter angeschafft und bekam eines Tages, mitten in der Bürozeit Nasenbluten. Andermal fand der unsichtbare Schloßdiener morgens in der Schlafstube des Rentmeisters eine leere Muskatweinflasche und was des Ungewöhnlichen mehr war. Solche Anzeichen einer Veränderung wurden jedoch nur der nächsten Umgebung erkennbar.

Weniger bedurfte es, um zu bemerken, was außerhalb der Truhe im Schlosse vor sich ging.

Und es stand schlimm.

Wer das noch nicht wußte oder sah, der hörte es auf Korridoren, in den Dienerstuben, im Dorfe oder nachts bei geheimer Liebschaft, und wem so die Augen geöffnet waren, der lieferte die Geschichte, um ein Geringes vermehrt, baldmöglichst weiter, denn man traf sich dabei wie zu einem angenehm fesselnden Theaterstück.

Und während die Postmeistersfrau sich im Dunkeln auf der Kellertreppe eine Rippe zerbrach, als sie den Kellermeister schnellstens benachrichtigen wollte, daß der Hauslehrer nun wohl die Küchengertrud heiraten müßte, saß der Archivar, in der Gasbeleuchtung an Farbe wie eine Leiche, lesend über ein Buch gebeugt, dessen Seiten vergilbt und stockfleckig, jedoch durch unverkennbares Alter geadelt waren.

Des Hoch Ritterlichen Ambtes der Commenda Geldt Bier Undt Brandtwein Haubt Rayttungk; über Einnahme Undt Außgaab Auff Ein Jahr. Undt zwar, Vom Ersten Mayus 1717 bis lezten Aprilis Ao 1718. – –

Es folgten trockene Worte und Ziffern über verschiedene –

»Da!« – Der Archivar legte die Hände an die Wangen und etwas Starres trat in seinen Blick. Da, auf Pagina 117 leuchtete ein roter Klecks, mehr denn die Hälfte der Seite einnehmend. –

Rote Tinte oder Blut? erwog ein Zweifel im Gehirn des Rentmeisters. Der erregte Mann war sich nicht klar darüber; er verstand sich nicht darauf; er roch auch nichts. Aber er fieberte, indem er vielmals die Gedanken Blut und Tinte wechselte.

Vielleicht war es Blut. Vielleicht war hier einmal ein Zeichen von innerem Leben, von außerberuflichem Gefühl, von Weichheit. Vielleicht war das Kundschaft von einem Menschen, der gelitten hatte wie er, der Archivar, und mehr Entschlossenheit besaß als er, der fürstliche Aktuar.

Mönchsblut. Gewißlich war es Malteserblut.

Der Fleck hatte nahezu die Gestalt eines Herzens; nur der linke Bogen fehlte, und der Rentmeister ergänzte das Fehlende durch eine unsichtbare Linie mit der Fingerspitze.

Dann schlug die Turmuhr zwölf schwermütige Schläge; also war es elf Uhr.

»Es liegt etwas in der Luft«, sagte der Koch, die Tomatensuppe quirlend, und andere Leute im Schlosse sprachen das gleiche aus. Max und Fiedl, die niemals zu äußern wagten, dachten nichtsdestoweniger ebenso; und alle hatten ein wenig recht.

Den Rentmeister mußte wohl etwas Närrisches überkommen sein; denn da er die Truhe mit dem üblichen Gutenachtgebrumm verlassen und den Akazienplatz bereits halb durchquert hatte, drehte er sich plötzlich in komisch kühner Schwenkung auf dem Absatz herum und lenkte seine gigantischen Schritte nach dem Winkelhof, wo er sich in den Lichtfleck stellte, ein griesgrämiges Gesicht gegen die verschmutzte Scheibe des Bürofensters drückte und – von Überraschung in unbewegte Haltung gebannt – längere Zeit überschaute, was die Lehrlinge trieben.

Max und Fiedl, die beiden blassen Jungen, standen, nein, tanzten mitten auf dem Tisch. Sie sangen, sie lachten; der Rentmeister hörte es nicht, aber er sah es. Sie hatten rote Wangen, leuchtende Augen, und sie tanzten, sie tanzten auf dem Tisch über die annullierte Grenzregulierung und den neuen Appellationsbericht hinweg. Und begannen nun aus unzähligen Taschen ihrer kümmerlichen Kleider unzählige Paketchen herauszufischen und die Paketchen zu entwickeln – knitterte es nicht? – worauf Gurken, Leberwurst, Brot, Butter, Schokoladenstangen und Zigaretten zum Vorschein kamen. Und dann aßen, fraßen die Jungen drauflos, kauten mit vollen Backen – –.

»Ach, lieber Gott!«

Der Archivar entfernte sich zögernd vom Fenster. Er sah derweilen höchst bemitleidenswert aus, ungefähr so wie ein Bettler, der einen schmerzhaften Schlag erhalten hat.

F i e d l und M a x erschraken nicht wenig, als er dann unverhofft im grauen Büro erschien. Wie war das Rot auf ihren Wangen, das Leuchten in den Augen mit eins verschwunden. Aber hinterher priesen sich die Schuldigen noch sehr zufrieden, weil sich nicht mehr ereignet hatte als pro Mann einen gelinden Klaps mit dem Hornlineal auf den Hosenflick, und daß der Herr Rentmeister an jenem Abend kein einziges Wörtchen gesprochen hatte, auch in der Folge niemals auf jenes Vergehen zurückkam. –

Alles ging im gewohnten Geleise, teils abwärts, teils eben dahin.

Der Archivar hatte wieder seine ernste Beherrschung gefunden, und wenn er auch zwischen Akten, Tinte und Pflichten sich häufig in beharrliche Grübeleien verirrte, die den roten Fleck, die Lehrlinge und eine zerfallene Mühle umfaßten, so hatte er doch, wie gesagt, seine ernste Beherrschung gefunden.

Ein Tag passierte, da aus irgendwelchen Ursachen die Zehnuhrkonferenz besonders stürmisch verlief und an welchem im Schlosse, wo immer es war, Begegnende einander bedeutungsvoll zuwinkten: »Hu, ganz verwünschte Laune heute!«

Fürwahr, es ging widerwärtig in der Welt zu. Draußen rieselte unaufhörlicher Regen. Und der zweite Diener trug beim Servieren eine unglaublich schmierige Weste. Und es war logisch, wenn auch nicht juristisch offenbar, daß der Knecht H a d a m u s die Klinksdorfer Scheune angezündet hatte. Und die Fürstin schien von dem Besuch bei Mademoiselle Wind bekommen zu haben. Und die

Klagen über den Koch Meßberger nahmen kein Ende. O die Welt war eitel Niedertracht.

Die Kerze, welche neben dem fürstlichen Diwan auf einem Journalständer brannte, hob flackernd bald »noch immer unbeantwortete« Briefe, bald schreckende Zahlen, bald wieder unausstehliche Porträts großzügiger, edler, gütiger Menschen hervor. Der Fürst löschte die Kerze; es half nichts. Lärmend schlug der Regen auf das Fensterblech. – –

Was nützte es, ihm noch mehr aufzuhalsen Jawohl, Durchlaucht, sehr wohl. –

Und er, nur er, wäre vielleicht noch imstande gewesen, den verfahrenen Karren aus dem Dreck zu ziehen. O ho! Sollte sich der Fürst vor einem Müllersohne beugen? Nein, ihn fassen, ertappen, beschämen! Denn er war doch ein Heuchler, ein Duckmäuser, ein Schmeichler.

Kurze Zeit nachdem stand der Fürst – er war ungesehen auf selten betretenen Schlupfwegen dorthin gelangt – in dem Lichtfleck auf dem Winkelhof unterm strömenden Regen, lehnte ein scheußlich frohlockendes Gesicht gegen die kalte Fensterscheibe und sah in Unbeweglichkeit gebannt, was der Rentmeister trieb.

Der Rentmeister, der selbstbewußte, bitterstrenge Herr, trieb Allotria, trieb kindische Spielereien, während alle im Schlosse glaubten, er arbeite noch so spät. Haha! Der Aktuar kniete auf dem Fußboden und amüsierte sich damit, seine linke Hand mittels eines Bindfadens an das Tischbein zu binden. Zweimal ums Handgelenk und zweimal ums Tischbein herum und dann nochmals so.

Daneben, auf der Diele, lag ein aufgeschlagenes Aktenheft, und den scharfen Blicken des Beobachters entging nicht, daß es gröblich mit Tinte besudelt war.

Schämte sich der grauhaarige Kerl denn gar nicht ob solcher Torheiten? Nein, er kicherte fortgesetzt vor sich hin – man hörte es nicht, aber man sah es. Er verknotete den Bindfaden über der Fesselung und ergriff mit der Rechten ein Radiermesser, um die über den Knoten hinausragenden Enden der Schnur pedantisch abzuschneiden und kicherte und redete dabei; vielleicht war der Aktuar betrunken. Um Himmels willen, was tat er denn jetzt! –

Der Fürst sprang zurück, lief rasch aus dem Winkelhof hinaus und um die Ecke herum.

Als er in die Truhe stürzte, war der Aktuar vornübergefallen, hing mit dem linken Arm am Tischfuß, und dieser Arm war über und über mit Blut beflossen.

Der Archivar rollte in weit aufgerissenen Augen ein Paar gräßlich stierende Pupillen, und die bluttriefenden Finger seiner rechten Hand kratzten mit unbegreiflicher Anstrengung an einem roten Klecks in dem Aktenbuch, welches ihm zur Seite lag.

»Den linken Bogen –« stammelte er einmal und nochmals mit entsetzlicher, fremder, gleichsam weit entfernt klingender Stimme.

Was Seine Durchlaucht der Fürst auch anstellte, er brachte nicht mehr aus dem Sterbenden heraus.

PHANTASIE

1

»Aber sie ist doch ein achtjähriges Kind«, wagte die Stadträtin vorzuhalten.

Ihr Mann warf die heiße Zigarre auf das Sofa. »Alberne Entschuldigung,« grollte er und rettete mit vulkanischer Ruhe den roten Plüsch so langsam als möglich. »Das ist genau so, als wenn du über Kopfschmerzen klagtest und ich würde dazu bemerken: Aber die Stachelbeeren sind noch nicht reif. Ein nichtsnutziges, erzfaules, kalbsdummes Geschöpf ist das Mädchen!«

Onkel Fußball, welcher spreizbeinig daneben stand, beide Hände fidel in die Taschen vergraben, meckerte den Streitenden rücksichtslos ins Gesicht. Wie ein Metzgergeselle sieht er jetzt aus, dachte der Stadtrat von ihm und äußerte laut: »Vielleicht hast du die Güte, dein Amüsement über meine Sorgen ein wenig zu verbergen. Das wäre sonst genau so, als wenn ich mich feindselig in deine Angelegenheiten mischen und beispielsweise dich verhöhnen wollte, wenn dir auf dem Sportplatz ein Schienbein zertrümmert wird. Daja«, der Stadtrat sprach jetzt zur Lampe, äugelte aber zuweilen nach seiner Frau hinüber, »Daja wird leider unverantwortlich von uns verwöhnt, und sie wird mich dafür in die Grube ärgern. Schlagen müßte man sie«, der Stadtrat wandte sich mit unväterlichen Fäusten dem Fenster zu, wo Mademoiselle ekstatisch Beifall nickte, »schlagen müßte man sie, daß ihr die Knochen aus dem Halse hängen.«

Als alle im Zimmer über diesen ungewöhnlichen Vergleich teils entrüstet, teils belustigt nachdachten, wurde Herr Scholz sanfter, fing an, seinen gutmütigen Bauch zu streicheln, und redete zu diesem fort: »Warum klagt Herr Andex denn niemals über Chile oder über Peter? Warum sind denn die fleißig und folgsam? Nicht wahr, Herr Andex, ist dem nicht so?«

Der Hauslehrer, welcher insgeheim ein Gesuch betreffend Salärerhöhung plante, nahm sich zusammen, raffte seine überlangen Gehrockschöße hinterm Rücken, trat zwei Schritte vor und setzte mit gehobenem Ernst ein: »Ich wäre ja zufrieden, wenn Daja etwas wie guten Willen, Wollen, etwas Streben, etwas Vorsatz, Ansatz, Anlauf, etwas, etwas – zeigte. Aber nein, sie ignoriert meine Vorhaltungen, Vorstellungen; geistesabwesend und störrisch. Sie huldigt Spielereien und will sonst nichts beachten. Entweder zeichnet sie unter der Bank Schwäne in die Schulbücher«, Mademoiselle nickte so gewaltig, daß unter dem rotblonden Haarsaum ihres Hinterkopfes ein grauer Haarsaum hervortrat, »oder sie lungert stundenlang heimlich mit dem Forstgehilfen im Walde herum, während ich mir die Augen nach ihr wund suche.« Frau Scholz lächelte ironisch. »Oder sie schwänzt die Schulstunden, um Blumenhochzeit und ähnliche Kindereien im herzoglichen Park zu spielen.«

»O, ik liebe der Kind so sehr«, rief die Französin stürmisch, »aber sie ist eine zu garstige – «

Frau Stadtrat erhob sich geräuschvoll: »Das Kind hat allerdings reiche Phantasie.«

»Phantasie ist Quatsch!« brüllte Herr Scholz. »Und ich will ihr den schon austreiben. Heute bekommt Daja kein Essen, und sie wird zwei Stunden in die Lampenkammer gesperrt. Das wäre ja sonst genau so, als wenn – – «

»Jawohl, Herr Stadtrat«, unterbrach der Hauslehrer, »man muß – – «

»Man muß ihr fragen«, unterbrach Mademoiselle, »ob sik – – «

»Am Ende wäre doch – «, unterbrach die Stadträtin.

»Wozu denn solche – « lachte Onkel dazwischen.

Da alsdann gleichzeitig jedes der Anwesenden zu der Meinung kam, der einsichtsvollste, vornehm überlegende Teil zu sein, gingen die Zankenden plötzlich auseinander. Herr Stadtrat zog indessen noch Herrn Andex beiseite und empfahl ihm, strenger mit Daja zu verfahren. Danach bat die Stadträtin Herrn Andex beiseite und riet ihm, es einmal in Güte mit Daja zu probieren. Danach lud Onkel Fußball Herrn Andex zu einer Partie Billard ins Café Kürzel.

2

»Gu-Gu-Guten Tag, Leu-Leute. Oberkellner, bringen sie mir eine Pa-Pastete, *à la reine,* und Schampus für mich! Für die übrigen Gäste hier Bier oder Kaffee, Schnaps, wa-was sie haben wollen. Ich bin kein Filz, der seinen Wochenlohn in die Sumpfstrocke – Strumpfsocke bindet, wie Heine Klevers.«

Da der Kellner jedoch nur ein frostiges Kopfschütteln mit ausweisenden Blicken servierte, ereiferte sich der also Bediente – anscheinend ein Kohlenarbeiter, der, nach seiner Färbung zu urteilen, direkt, oder noch glaubhafter, auf dem Umwege nach einer Schnapsdestille von der Arbeit kam – in einer weitschweifigen Rede, welche, wenn man sie für pure Wahrheit nahm, bewies, daß der Kohlenmensch Jahre zuvor einmal Historie studiert hatte, oder zumindest bei einem Historiker in Stellung gewesen war, ferner daß und wie drastisch er damals seinem intimen Freunde, dem Prinzen Ferdinand, die Meinung gesagt hatte und dergleichen Bewundernswertes mehr.

Trotzdem ward der Vortragende, ein noch junger Mensch, dessen linkes Auge erblindet schien, mit Worten, Gesten und Püffen an die Außenluft genähert. Doch die hinter ihm ins Schloß fallende Tür vermochte nicht seine inzwischen an Kraft geschwollene Stimme zu unterdrücken, welche noch beteuerte: er ginge von selbst aus der verdammten Spielhölle, und er danke für Pastete, Lamettrie sei an Trüffelpastete gestorben usw. usw.

Diese Szene war es, die den Onkel Fußball im Lachen schüttelte, als er mit Andex das Café verließ. Wenn sein Begleiter nur gezwungen beilächelte, so lag das daran, daß ihn der Anblick des Einäugigen entsetzt hatte. Herr Andex murmelte unterwegs schaudernd mehrmals vor sich hin: »Sie haben es ihm ausgeschaufelt.« Auch war eine Goldplombe im Gebisse jenes Trunkenboldes aufgefallen, die den Hauslehrer an qualvolle Lehrjahre bei einem Zahntechniker erinnerte und an eine Erfindung, für die er damals viel Arbeit, Zeit und Hoffnung vergeudet hatte. Seine Idee war ein künstlicher Zahnschmelz gewesen, welcher viel Heil, Ruhm und Geld bringen sollte.

3

Mademoiselles Antlitz wurde mild. Sie war eingeschlummert und träumte nun, daß sie als Gemahlin des blonden Husarengenerals von St. Honoré, zudem als Mutter von drei Kindern mit ihrer Familie und etlichen geladenen Gästen in einem – ihrem – entzückenden goldweißen Speisesaal soupierte. Auch der Stadtrat nebst Frau waren geladen.

»Nein, was besitzt Exzellenz« – Mademoiselle war gemeint – »für bildhübsche und artige Kinder!« äußerte jemand; und Herr und Frau Scholz erröteten. Ihre Exzellenz erwiderte sehr vernehmlich: »Artig sind sie freilich, und es kommt davon, daß wir uns nie in die Erziehungsmethode unseres Hauslehrers, beziehungsweise unserer Mademoiselle einmischen.«

Herr und Frau Scholz er-violetteten.

»Aber so langen Sie doch bitte zu, Frau Stadträtin«, ermunterte Ihre Exzellenz und winkte einer Livree, den letzten Gang, gefüllten Kapaun, nochmals zu präsentieren. »Bei uns darf niemand hungrig von Tisch aufstehen, n'est-ce pas mon cher?«

Seine Exzellenz küßte die weiße, brillantüberfunkelte Hand von Ihrer Exzellenz. Ihre Exzellenz bog ihren anmutigen Nacken so, daß sie just noch das Ehepaar Scholz im Auge behielt und scherzte leichthin: »Ja, bei uns geht es immer friedlich zu, wir streiten uns nie.«

Beifällige Meinungen umflüsterten die Tafel. Einiges, wie »anmutiger Nacken«, »liebenswürdige Gesinnung«, »General, welch aristokratische –« wurde verständlich.

Stadtrat und Stadträtin wollten sich grimmig auf Ihre Exzellenz stürzen, um sie zu erwürgen, wurden aber von den Livreen gepackt und lautlos aus dem Saal geführt.

Und alles verurteilte aufgebracht die ordinären Störenfriede, welche Frau Generalin hochherzig als Leute entschuldigte, denen krankhafte Phantasie die Köpfe verwirrt hätte. Und alles pries enthusiastisch Ihre und Seine Exzellenz. –

Als Mademoiselle noch träumte, ward der Papagei munter, reckte sich, plusterte und begann zu gröhlen: »Caro As – Lausbub – Lausbub – Lausbu-« Als der Vogel den elften Lausbub ausrief, ward Mademoiselle munter.

Ob ich am Ende das alles nur träumte? dachte sie. Ja! Nein! ... Doch! ... Nein! ... Ja! Der General ist ja schon elf Jahre tot. Oder nicht? Nein! ... Ja! ... Nein! ... Ja!

Sie trieb sich in Stößen aus dem Bette, gähnte grauenhaft und nahm sich während des Ankleidens vor, Daja wegen einer lüderlichen Übersetzung zu züchtigen.

4

»Verschwelt, schmutzig waren die Wände, die Tische und Bänke, die niedrige Decke in dem Lokal und alles schmucklos, aus plumpem Material, um der rücksichtslosen Behandlung einer beschränkten und verdächtigen Menge standzuhalten. Und diese Menge umgab mich dicht, bunt und in mehrerlei Sprachen durcheinander zankend. Es gab ein Bild, wie es bäuerische Obstmärkte ähnlich bieten. Doch jene Trinkstube war mit Menschen verschiedener Rassen, tiefstehenden, harten, gefühlsarmen Wesen vollgestopft, Männern und Weibern, die nur das Recht persönlicher Stärke fürchteten oder nutzten. Schwarze, Weiße, Gelbe, Braune, Cowboys – stellen Sie sich diese Cowboys vor: Riesenhafte, muskulöse, urschöne Kerle, mit langen Haaren von flutendem Taubenblau, mit verwegenen, stolztrotzigen spiegelnden Augen, mit gleichsam metallenen Gesichtern. Derbfriedlich, rohfeindlich: Man sagt, bei ihnen käme auf zwei Worte ein ›God dam‹, auf fünf Worte ein ›shake hands‹ und auf zehn Worte ein Messerstich oder Revolverschuß. Das sind die Kuhjungen.

Sie tragen die Taschen voll zerknitterter Banknoten, die sie mit der Faust auf den Tisch dröhnen, wenn sie fordern und dann unmäßig für sich oder wohlfeile Freunde fordern. Denn so gewichtig der Lohn ist, den ihre rauhe Arbeit in den Ställen und Steppen bringt, sie wissen ihn ansehnlich und wüst zu verschlemmen!«

Die drei Zuhörer suchten ihre Aufmerksamkeit durch periodisches Kopfnicken und verschiedene So und Ja zu legitimieren, aber ihre Andacht war offenbar nur obligatorisch. Denn der Bergdirektor widmete einen Teil seiner Sehkraft den Neuesten Nachrichten, was mit Schwierigkeit verknüpft war, da die Zeitung in den Händen eines Knaben zitterte und sich zudem nur überkopf präsentierte; der Besitzer des Hotels schaute auf den Zeitungsjungen selbst, seinen Angestellten, weil dieser sich unterfing, in respektloser Nähe und ungebührlicher Haltung ebenfalls der Erzählung zu lauschen; und der Verlagsbuchhändler zog auffällig oft seine Uhr hervor.

»Ich trank«, fuhr der Sprecher ahnungslos fort, »W h i s k y mit diesen Leuten. Ich mischte meinen Pfeifenqualm zu dem ihren, spuckte wie sie in die Stube, deren Fußboden für solchen Sport mit Sägemehl bestreut war, und sprach ein gemeines Matrosenenglisch. Aber ich blieb trotzdem über ihnen, nicht hochmütig, sondern lernend, forschend, angeregt und gefesselt, wie ein Maler, der sich an Effekten freut, wie Harun al Raschid, wenn er verkleidet das Volk belauschte; wie ein Knabe, der sich in ein Märchen aus Tausend und eine Nacht hineinlebt, vielleicht auch wie ein beobachtend schwelgender Dichter. Ich kostete große Welt im kleinen Raume und wußte, daß, wenn ich die zerschrammte Kneipentür öffnete, mir die tropische Nacht kühl entgegenhauchen und das Raunen des Meeres meine Gedanken weit, weit entführen würde.«

Herr Andex schwieg plötzlich, entgoß sein Glas in die Kehle und sprach, nachdem er eine nervöse Verlegenheit durch ein Taschentuchmanöver bemeistert hatte, in abfallender, nüchterner Tonart weiter: »Ich werde mich so knapp fassen, wie die Eile es zumißt: Also, während ich in jener Kneipe wie ein Pinseltupf in einem farbigen Gemälde sitze, schiebt sich auf einmal – –« Fritz, der Zeitungsjunge, hatte wirklich vergessen, was und wo er war, daß er jemandem die Neuesten Nachrichten bringen sollte und daß nicht fern von ihm sein Chef saß. Fritzens begeisterter Geist war in die Tropen entflogen und nur der leere Körper blieb mit offenklaffendem Munde zurück. Es war umsonst, daß der Hotelwirt böse Blicke schoß und seitwärts, unter Tischhöhe, dauernd mit der Faust signalisierte. Auch der Bergdirektor und der Verlagsbuchhändler interessierten sich jetzt für den Bengel und verfolgten sein unbewußtes Mienenspiel mit zunehmendem Vergnügen.

»– schiebt sich auf einmal ein alter zerlumpter Neger durch das Gedränge zum Schanktisch und will auf die Platte ein rotes, beutelartig gefaltetes und merklich schweres Schnupftuch heben, aber ein Zipfel desselben entgleitet seiner Hand, worauf eine Menge blanker Goldstücke zu Boden klimpert und nach allen Seiten unter die trunkene lärmende Gesellschaft verrollt.

Ich weiß nicht, ob der Niger Auftrag hatte, das Geld umzuwechseln, oder ob es ihm selbst gehörte. Kurzum, nun geschah etwas Eigenartiges: –«

Fritz bog sich nach Möglichkeit vornüber; seine Augenbrauen verzogen sich zu gotischen Bogen, seine Hände zerdrückten grausam die Neuesten Nachrichten.

»Im nächsten Augenblicke stürzten sämtliche Anwesende mit geradezu tierischer Gier zu Boden, um von dem Gelde aufzuraffen, und im übernächsten Moment sprang einer von diesen ungeschlachten Cowboys auf einen Stuhl, zog mit jeder Hand einen Revolver aus der Hosentasche und schrie, die Waffen gespannt vorstreckend: ›hands up.‹ Und da alle, auch ich, im Nu die Hände hochwarfen – denn wir wußten, da galt kein Spaßen – hieß der Cowboy den Wirt Schaufel und Besen holen und hielt uns andere so lange in Schach, bis die verlaufenen Münzen zusammengefegt und wohlgezählt ihrem Eigentümer zurückgegeben waren.

Dieser Zug bei einem Kuhjungen –«

»Dieser Eselsjunge!« schrie der Hotelwirt außer sich und sprang auf den Zeitungsträger zu. Dieser fuhr zusammen und entfloh dann durch die nächstbeste Tür.

In der Damentoilette fand ein weithin vernehmbares Renkontre männlichen Geschlechtes statt.

»Das geschieht ihm ganz recht«, sagte der Verlagsbuchhändler herzlich lachend und rüstete zum Aufbruch.

»Jawohl, durchaus!« pflichtete der Bergmann bei und erhob sich gleichfalls. »Allerseits gute Nacht!«

»Gute Nacht!«

»G't Nacht!«

»Gute Nacht!«

»G't Nacht!«

Herr Andex verlangte barsch Berechnung vom Kellner und zahlte ungewöhnlich kleines Trinkgeld. Um einen reuevollen Ärger zu verwinden, blätterte er noch eine Weile im Weinkatalog.

Vorübereilend wünschte ihm auch der Hotelwirt eine »geruhsame« und bemerkte verbindlichst, die Erzählung sei wirklich sehr lustig gewesen. Herr Andex knurrte spitzig darwieder: »Aber die Stachelbeeren sind noch nicht reif.« Schob sodann den Weinkatalog beiseite und winkte den verschämt zurückkehrenden Zeitungsboy heran.

Von dessen Backen, die an einen Spielball erinnerten, war die rechte besonders gerötet, und Herr Andex drückte begütigend nun mehrmals auf die linke, als wollte er dadurch, wie man bei Gummibällen tut, auf der anderen Seite etwas konkav Gewordenes wieder konvex machen.

Endlich, indem er das Hotel verließ, steckte er noch dem Eselsjungen einen Taler zu.

5

Der Hauslehrer Andex hatte, einen ernsten Vorsatz umstoßend, wieder einmal eine Geschichte aus seinem Leben, diesmal dem Pfarrer, dem Doktor und dem Oberlehrer vorgetragen, und obwohl sie bei diesen aufmerksamen Zuhörern eine lebhafte Behaglichkeit erwärmt hatte und ungeachtet der rundkörperliche Geistliche noch ein artiges Weinchen in Aussicht stellte, erhob sich doch der Hauslehrer und nahm großen Abschied, derart, wie man ihn nimmt, wenn man ein Nimmerwiedersehen für möglich hält. Dann schlug er einen ausgiebigen Weg durch das besonnte Städtchen ein, besuchte Frau Konditor Kürzel, Hans Dannenberg, den Bibliothekar Huckebein, auch dessen Eichhörnchen und andere angewöhnte Persönlichkeiten. Und weil ihm die Menschen überall mit kleinleutlicher Umständlichkeit etwas Langes einredeten, was die kurze oder vielleicht ebenfalls lange Bedeutung barg: Wir haben dich liebgewonnen; weil auch die Giebel und die durchdenkbaren Fenstergardinen der Häuser oder Häuschen, die Gassenkinder, die Linden und einige wedelnde Hundeschwänzchen dasselbe kundzugeben schienen, geriet Andex bald in die heiterste Laune. So behielt er gutmütige Geduld, überall von neuem des längeren und breiteren Auskunft zu erteilen über Ursachen und Stunde seines Scheidens, ferner über seine Pläne in bezug auf die Spessartmühle, die er so unerwartet von dem kaum bekannten Onkel geerbt hatte, und über Sonstiges. Schließlich lenkte er die Schritte – und sang dabei seine vorzügliche Stimmung in einem mehrmals wiederholten, sinnlos fragmentarischen Refrain heraus – nach dem herzoglichen Forsthaus, wo er sich, da der Oberförster nicht zugegen war, ein Gewehr borgte, ein letztes Mal im oftbeschrittenen Revier zu pirschen.

Aber ziellos, kreuz und quer den Wald durchstreifend, dessen Bäume, Wege, Lichtungen und Futterschober liebe Bekannte waren, verlor Michel Andex wohl seine Absicht; denn es geschah nur ein einziges Mal, daß er die Büchse anlegte, auf eine sitzende Eule, welche sich verführerisch von der spätmatten Himmelsbläue abhob. Doch er schoß nicht; er brachte es an diesem Tage nicht übers Herz, etwas zu töten. Unerwägt, wie weit die mancherlei schmackhaften Getränke mitwirkten, welche er bei den vorangegangenen Visiten nicht hatte abschlagen können, so durchströmte ihn nun eine weiche Begeisterung, die ihn mit vornehmen und weitspannenden Gedanken beschäftigte. Auch eine Wenigkeit von Wehmut färbte seine Betrachtungen, als er sich bei Sonnenuntergang ermüdet am Wiesenhang lagerte und mit halber Aufmerksamkeit verfolgte, wie der Widerschein fernwandelnder Wölkchen den Lauf seiner Flinte rot überzog. – Herr Andex befand sich in der Meinung, daß eine Mühle, deren Gesamtwert von einem Großbäkker nach bezahlter Besichtigung auf 40 000 Mark taxiert war, eben dasselbe wie 40 000 Mark Barvermögen bedeute. Indem er neben anderem seine Unfähigkeit zur Führung eines Mühlenbetriebes unterschätzte, dünkte er sich auf einmal vom armen, wie man sagt, aus der Hand in den Mund lebenden, zum wohlhabenden Manne geworden.

Und nun ein Strahl seines Blickes die grüne Wiese mit dem rührenden Volke der kleinen rotbetüpften Gänseblümchen überlief, während von weither die Armutslieder einer Ziehharmonika herüberbrandeten, öffnete sich dieses Mannes grundgütige Seele, und er begann sich mit groß ausholenden und tief eindringenden Ideen zu beschäftigen: Wie er hinfort mit seinem Reichtum, seiner Macht gar viel vergelten und erfreuen wollte.

Neben ihm schrillte eine schneidende Kinderstimme auf: »Herr Andex, ich habe ein Kaninchen!«

Daja, blühend in Glückseligkeit, kauerte sich neben ihrem Hauslehrer nieder. Bedachtsam hielt sie ihr Röckchen im Schoße zusammengefaltet, wodurch die weißen Höschen über den nackten prallen Beinchen sichtbar wurden, und ihr Blondhaar hing lose vornüber. Dem Hauslehrer, obwohl er nur flüchtig hinschaute, entging nicht, wie niedlich sie aussah. Er vergaß darüber, zu fragen, wo sie herkäme, oder zu schelten, weil sie Mademoiselles Klavierunterricht entlaufen sei; er vergaß überhaupt zu sprechen. Das Bild dieser prallen Kinderwaden mit dem Spitzensaum von Hosen darüber hielt er fest, vervielfältigte es, führte es fort, mit einem verhältnismäßig unbedeutenden Teil von 40 000 Mark in der Tasche, fort in einem heißen, ratternden Wagen durch Nacht an Laternen vorbei, die in regenpoliertem Pflaster widerblitzten und dann auf Teppichen zu rhythmischer Musik, Duft und geheimnisvoller Abgeschlossenheit. Und genoß schrankenlos, gehorchte, kniete nieder, küßte Fleisch und fühlte tief erniedrigende Schläge mit Birken – –

»Herr Andex, wann gehst du fort?«

Die Antwort ließ lange auf sich warten und klang unfreundlich: »Morgen, übermorgen.«

»Ist es wahr, daß du Abenteuer machst?« Daja sah völlig naiv aus. Diesem rührenden Blicke konnte man nicht böse sein. Der Lehrer lächelte bitter.

»Abenteuer? Wieso denn?« Und in einer Art Schamgefühl bezwang er sich, um Dajas weiche Ärmchen jetzt nicht zu streicheln, die vorsichtig das weiche lebendige Spielzeug bedeckten. »Wieso, Daja?«

»Mutti hat's gesagt.«

Der Geist des Herrn Andex wiederholte mehrere Male: Ja ja, Abenteuer, ja ja, Abenteuer. Und mit dem Sinne dieser Worte beleuchtete er, was wie kinematographisch und grammophonisch in sechsunddreißigjähriger Länge nun vorüberraste, vorüberlautete.

Es war sein gewesenes Ich, es war der Geometer Andex, der im Boote stand, von braunen Kerlen nilabwärts gerudert.

Die dicke Tante Gerold gab ihm mit Blicken voll betrübter Nachgiebigkeit die Hand, da er Abschied nahm von ihr, die ihm seine Verwaisung entschädigt hatte.

Und er saß im Kupee des Hamburger Zuges mit phantastischen,

unzerstörbaren Hoffnungen aufgeblasen neben dem redseligen Koch aus Halle und lachte innerlich in himmelhoher Überlegenheit, weil besagter Reisebekannter von »Bereuen« gesprochen hatte.

Er, Andex, ward hin und her gerollt, und das rote, rote, heiße Loch, in das er schweißtriefend schwarzes Futter schaufelte, schwankte hin und her, daß die heißen Kohlen darin sprühend durcheinanderrüttelten. In die furchtbare Musik schurrenden Eisenbleches, zusammenfallender Kohlenhaufen und vieler einander durchbrechenden Stimmen von Meer und Sturm schrak von oben das aufregende Kommando herein: »Forcierte Kraft!« und dann schrie jemand so gräßlich, so gräßlich Andex sah unbeirrt, geschäftlich auf das blutige Zahnfleisch. Er spürte kein Mitleid angesichts dieser vorübergehenden heilsamen Schmerzen, sondern drückte den Unterkiefer des Schreienden fest und gleichgültig nieder wie eine Türklinke. Aber er litt unter den quäkenden, quälenden Worten des neben ihm stehenden Chefs: Hörr Andöx, göfälligst dö Zungö runtördrücken. Hörr Andöx göfälligst dö drittö Feilö. Oh, sind Sö ungöschickt! Andörö Zangö! – Dieser schiefköpfige Zahntechniker, dieser bodenlos eitle, erbärmliche Wurm.

Da war es, als schritte, mit schöner hoher Stirn, ganz langsam, sanft und schweigsam die Mutter vorüber, und Michel, der in Erinnerung an die Sprechweise des Herrn Kästner noch unwillkürlich die Lippen komisch häßlich verzogen hielt, ward jählings von peinlicher Sehnsucht nach der früh Verstorbenen übermannt. Auch ein kleines Aquarellbild über einem orangefarbenen, spitzenbehangenen Sofa tauchte auf und wies das Porträt eines schwermütigen Mannes. Und als Tante Gerold darauf hindeutete und seufzend sagte: Dein guter, schlichter Vater; sein letzter, besorgter Wunsch galt dir, Michel. Da rief der Geist des Herrn Andex vor Mitgefühl überschäumend: Vater, sei unbekümmert; ich blieb immer ehrlich, so hart mir's oft ging, und nun bin ich ja glücklich. Ich habe eine Mühle geerbt, die 40 000 Mark wert ist – und Tante

Gerold trug die Lilabluse, darüber den prächtigen Granatschmuck von Kaiser Wilhelm. – Nun trug sie das schwarze Kleid: armer Michel, dein Vater ist heute nacht zum Allervater hinübergeholt.

Darauf bog sich Herr Andex laut unverhohlen schluchzend über das Geländer der Neckarbrücke und warf eine dreifarbige Mütze, ein begeistertes, kostspieliges Studium und seine innigsten Wünsche in den Strom.

»Rudys Frettchen hat es aus dem Bau gejagt und Treff hat es gefangen. Soll ich es in den Stall zu den Ponys tun? Denkst du, daß es leben bleibt?«

Wo – wer sprach da? Ach, Daja war es, Daja, die an seiner Seite spielte.

»Ja«, erwiderte der Hauslehrer spät und kehrte sogleich in sein Sinnen zurück zu den Bildern und Gestalten seiner Vergangenheit, die ihm auf einmal überwältigend viel zu umfassen schien. Er traf sich in der brasilianischen Farm, wie er dem Mestizen das Messer entwand und dort zum ersten Mal Lepupa erblickte mit ihren vollkommenen Elfenbeinzähnen – seine Zahnerfindung –

»Was soll ich ihm denn zu fressen geben?«

»Ja«, sagte der Hauslehrer.

– Brotlos, frierend, verschämt in einem Wartehäuschen des Bremer Hafens übernachtend und damals, als Erlösung, die Hauslehrerstelle bei Stadtrats. Herr Stadtrat, Frau Stadträtin – macht Abenteuer, ja, ja, macht Abenteuer. Aber es war doch immer ein gnädiger Gott nahe gewesen, wenn die Not am höchsten – und nun schenkte er gar die Mühle, das Geld, mit der Freiheit, der Selbständigkeit. Er war es diesem Gotte schuldig, jetzt denen ebenso gnädig zu verzeihen, und er wollte und konnte. Und »nicht wahr«, setzte Daja ein, »morgen taufen wir es?«

Ihr Lehrer hatte wohl überhört. Flüsternd, aber deutlich sprach er ein Verschen vor sich hin:

»Ihr glücklichen Augen,
Was je ihr gesehn,
Es sei, was es wolle,
Es war doch so schön.«

Die achtjährige Schülerin, welche diese Poesie nicht ganz verstand
und sie auf das Kaninchen bezog, lächelte mit allerliebstem ge-
schmeichelten Besitzerstolz, indem ihre Fingerchen gelinde über
die verschrockenen Rollaugen und das appetitliche Schnäuzchen
des zitternden Tierchens strichen.

Nun trugen die Schwingen der Gedanken den bleichen Mann
mit dem schlotternden Gehrock hoch in das goldene Futur, wo un-
absehbare, jugendlang und jugendheiß erhoffte Wonnen winkten.
Und doch war oben Michels erster Blick wieder rückwärts, abwärts
gerichtet, wo das unumgrenzbare, ungreifbare, unglaubliche Vorbei sich in wirren Rätseln verlor. Jetzt geschah es, daß der Hauslehrer von einem friedesamen, milden Schwindel ergriffen wurde.

Zauberhaft! dachte er. Märchenseltsam! Aber es liegt noch etwas
namenlos darüber, was so wehmütig stimmt, etwas so – ein –

»Herr Andex, wie soll ich es denn taufen?«

– ein unnennbares, eine, so eine – er suchte und suchte nach
einem wörtlichen Ausdruck für das Gedachte und endlich sprach
er ihn laut aus: »Verstorbenheit.«

»Ver-stor-ben-heit?« wiederholte Daja fragend, und ihre Ver-
wunderung dehnte das Wort.

»Ja«, nickte Andex traumtrunken, »Verstorbenheit.«

Und plötzlich erhob er sich energisch mit dem Ruf: »Aber Daja,
was treibst du? Wir müssen nach Hause, marsch! Mutti wird schelten.«

6

Daja sprang, und es glückte. Unten betrachtete sie, was es gekostet hatte, mit einer Miene, die Trotz und banges Gewissen schillerte. Da war der Daumen vom Blech der Dachrinne geritzt. »Ph!« meinten die Lippen gleichmütig und dann wuschen sie dem Finger das Blut ab. Ernster dagegen mahnten die Flecken in dem roten Batistkleid, welche gar zu ausführlich eine Rutschpartie über Teerpappe beschrieben. Flüchtig betastete Daja die braunen stark riechenden Kleckse mit einer rührend schmutzigen Patschhand, drehte sich alsdann freiheitsleicht auf dem Absatz herum und wanderte. Wanderte unverkennbar absichtlich eine durchaus ungerade und unbequeme Linie, welche anfangs breite Pfützen teilte, wo jeder Schritt einen vergnüglichen fächerartigen Wasserschwall verspritzte. In der Nähe des Schulneubaues überbuckelte die Linie einen Sandhaufen; und das rote Batistkleid besaß eine geräumige, weißgesäumte Tasche; so war es natürlich, daß etwas von dem feinrieselnden Sand in die Tasche gelangte, was später in einer anderen Gasse von der kleinen Patschhand mit regelmäßigen Bewegungen und dem möglichst rauh wiederholten Rufe »Vorsehn! Bitte, vorsehn!« wieder weithin ausgestreut wurde. Wie denn gewisse Männer in München ein halb Jahr zuvor auf glattbeeisten Straßen ähnliches getan hatten, damals, als Daja die Tante Walli besuchte. »Vorsehn! Bitte, vorsehn!« Nun zeigte sich freilich kein Glatteis. Denn Daja zog jetzt durch den Frühling. Der Sonnenschein war mit Vogelgeschwätz gefüllt, und ein gesunder Wind regte das Hängeschild der Konditorei Kürzel in knarrenden Angeln. Unter dem Plakat vor der Haustür lauerte der Feind namens Bäckertrude. Der verlachte die Sandstreuende, und als diese mit einer herausgeblökten Zunge entgegnete und Bäckertrude darauf zum Angriff überging, entschlüpfte Daja mauseschnell linksab durch einen Torbogen, lapp, lapp über einen gebirgig bepflasterten Hof, husch, husch durch die Bresche eines wackeligen Zaunes, von Stein zu Stein über einen

Bach und auf schräger Ebene zwischen Hecke und Graben bis zu der strohbedeckten Hütte Faserkinns. Eduard Faserkinn, vom Hauslehrer Andex so getauft, war ein vierbeiniger Esel, welcher mit der Stadtratstochter in geheimnisvoll vertraulichem Verkehr stand. Daja, die daheim allen gegenüber – die alte Kinderfrau Murmel ausgenommen – störrisch und wortkarg blieb, wurde bei Eduard Faserkinn zutraulich und offenherzig und plapperte selbstgenüge ohne Einhalt mit Freund Asin, den sie vorn an seinen müden Bebberlippen liebkoste und hinten an dem abgewetzten traurigen Schwanzstücke quälte. Daja nötigte ihm Riesenbissen von Heu auf, die er unglücklich hinunterwürgte, wenn er, in die Ecke gedrängt, nicht entweichen konnte. Daja schleppte einen Eimer voll Wasser herbei, der schwerer wog als sie selbst, und Daja hämmerte stumm, doch dringlich an die blinden Scheiben des tauben Schuhmachers Pinzwürmel.

»Hoho«, krähte Pinzwürmel und schob das Fenster hoch, »bist du da, Rackerchen? Hast du den Grauen gefüttert, hoho? Brav, Rackerchen! Da hast du was.« Und lohnte die gute berechnete Tat mit einem Griff blanker Kirschen, die in der weißgesäumten Tasche versackten.

Nach und nach, auf der Weiterreise nistete sich noch anderes in diese Tasche ein. Tannenzapfen, ein Fasanenei, eine Nachtigallfeder, auch kleine Steinchen.

Blätterrauschen und Duft streichelten durch das Erlenwäldchen.

Dort, wo Daja über Moos und Wurzeln vorwärtsholperte, knackten die Büsche, und dann tauchte der rote Batist auf, noch ehe die freien Kaninchen entschlüpfen konnten, noch ehe die wilden Tauben sich liebetrennend emporgeschwungen hatten. Einmal wurde das Dämchen Scholz von einem dreisten Ast ruckweis am Röckchen zurückgerissen und mußte sich unbillig mit einem Kleiderriß loskaufen. Und es fand sich ein anderer, höchst lustiger Ast, der nicht zu passieren war, ohne daß man ihn springend erhaschte und ein-, zweimal daran wippte. Es wartete an bewußter

Stelle eine von Försterrudy aufgestellte Raubtierfalle, und des Stadtrats Töchterlein entdeckte wichtig, daß keine Katze sich gefangen hatte. Es kam eine staubige Landstraße, wo die zierlichen Ärmchen zu Pleuelstangen wurden und das Mädchen unwillkürlich pfeifend und zischend in Rhythmus geriet. Und Vogelnester und Blumen: Margariten, Jasmin, Heckenrosen, Kornblumen; blaue, gelbe, weiße, lila Blüten. Bald vermochten die jungen Fingerchen kaum noch die Stengelbündel zu umklammern, einen Kranz wollte sich Daja flechten und auf den Kopf setzen und die übrigen Pflanzen allmählich vor sich hinstreuen und ganz langsam und ganz feierlich darüberwandeln, welches Spiel sie Blumehochzeit nannte. Üppiger Mohn, der frivol in den Kornfeldern frohlockte, brachte ihr zudem einen neuen vielverheißenden Einfall: Sie würde mit den roten Blüten die Schwäne auf dem Schloßteich bewerfen; das mußte sich ausnehmen wie Blut; und dann würde sie Begräbnis spielen. O wie wundervoll war die Welt außerhalb der Lampenkammer, wie grenzenlos weit!

Trotzdem hätte Daja beinahe den braunberockten Parkwächter umgelaufen, der in den Buchengängen, auf den taxusgesäumten Kieswegen und geschorenen Rasenflächen wie ein Maikäfer herumtorkelte, um nach Unbefugten auszuspähen. Dieser Schafskopf, der noch gefürchteter als Bäckertrude war, schimpfte schauderhaft, wollte der davonrennenden flatterblonden Sünderin nachsetzen, erinnerte sich an sein Holzbein, blieb stehen, spuckte viermal und trank fünf Schlucke aus einer dunklen Flasche.

Nicht lange danach am Schloßteich überzeugte sich Daja schmerzlich, daß die Schwäne – es waren ihrer vier, nein fünf – vom Ufer nicht erreichbar auf der Wasserfläche ruhten und weder von lockenden Lauten noch von drohenden Steinwürfen sonderlich Notiz nahmen. Aber ein schmaler Bootssteg mochte Daja den Tieren näher bringen. Sie legte die Blumen beiseite, behielt nur den Buschen Mohn in Händen und kroch auf allen Vieren ängstlich aber mutig das Brett entlang.

Ja, sie rückte den schaurig schönen weißen Vögeln näher, immer näher – – – noch näher – – o weh! Nicht ganz – vielleicht – –

Die Schwäne, hundert Schwäne, entfalteten sich brausend, schlugen mit gewaltigen Fittichen nach dem Kinde, peitschten das Wasser zu haushohen Wogen, wollten Daja totbeißen, schrien laut, entsetzlich, schrien. Aber da kam gerade der Herzog des Wegs, im Frack, mit der Brille, und heute trug er auch die goldene Krone auf dem Haupte.

Er verjagte die Schwäne mit einem Schwerte, welches funkelte wie ein Sternenhimmel, weil es über und über mit Diamanten verziert war.

Nun fühlte sich Daja mit eins wieder so froh, so selig und so dankesvoll für ihren Retter, nur wußte sie nicht recht, wie sie es ausdrücken möchte. Nach langem Entschließen reichte sie endlich dem Herzog das Mohnbukett. Das nahm er, bedankte sich und verehrte ihr dafür seine Brille, und Stadtrats Tochter wiederum grub die Kirschen aus dem weißgesäumten Schacht, wischte sie mit dem Ärmel ab, weil etwas Gelbes von dem Fasanenei, auch etwas von Sand und Nachtigallfeder daran klebte, und gab sie dem Herzog. Darüber war dieser dermaßen entzückt, daß er bat, sie möchte zum Lohn sich etwas wünschen.

Sie wünschte, wünschte, wünschte, wünschte: Herr Herzog möge sie heiraten. Aber es müßten Blumen gestreut werden und – –

»Und«, fiel der Herzog ein, »nun tue auch einen Wunsch für deine Eltern.«

»Vati und Mutti«, entschied Daja rasch, »mußt du hunderttausend Taler schenken.«

»Gut! Und Onkel Fußball?«

»Auch hunderttausend Taler.«

»Und Murmel?«

»Hundertmal hunderttausend Taler!« jubelte Daja und hob sich auf die Zehenspitzen, während ihr Körperchen in Begeisterung bebte.

»Und Mademoiselle?«

Die Kleine stockte. »Mademoiselle nur einen Taler«, bestimmte sie und zog ein bitterstrenges Mademoisellegesicht.

Unzählige Diener und Dienerinnen in blausilbernen Uniformen schwärmten herbei und streuten Rosen aus; und Daja als Herzogin wandelte Arm in Arm mit dem Herzog durch den Park an dem braunen Parkwächter vorbei, welcher sich demütig verneigte und um Verzeihung bat; und in der Ferne leuchtete

7

Über kaltes Rindfleisch und trockenen Kartoffelsalat schoß unwirsch, verärgert und herrisch der Befehl: »Murmel soll nach dem Park laufen und das Balg herbeischleppen!«

Über Kartoffelsalat und Rindfleisch sandte die Stadträtin unwirsch, verärgert aber streitbeharrlich die Auskunft zurück: »Murmel ist schon lange dieserhalb unterwegs.«

Gabeln, Messer, Teller und Tassen tönten in Bewegung. Alle Speisenden lauschten diesem Geräusch.

»Unerhörte Ferkelei«, fuhr Herr Scholz jäh von neuem auf, indem er seine Tasse klirrend niedersetzte, »da schwimmen Fliegen und ekelhaftes Wurmzeug im Tee.«

Der Diener überstürzte sich, erklärte aber dann zu Onkel Fußballs Freude völlig ruhig: »Das ist kein Wurmzeug, gnädiger Herr; das sind Teeblätter.«

Vielleicht ohne Absicht zerbrach der gnädige Herr die besprochene Tasse. »Das ist mir gleich, ob Wurmblätter oder Teezeug. Jedenfalls will –«

Vergeblich versuchte seine Frau noch einmal zu besänftigen: »Rege dich doch nicht so auf wegen des Kindes.«

»Ich mich nicht aufregen wegen diesem Galgending, diesem Sargnagel, diesem faulsten, dümmsten und unverschämtesten von meinen Kindern? Nicht aufregen? Ha, ha, nicht aufregen! Das ist genau so, als wenn das Bett unter mir in Flammen aufloderte und du würdest zu mir sagen: Laß dich nicht stören.«

»Nun ist's genug!« brauste Frau Scholz, und sie wuchs gleichsam dabei. »Daja ist heimlich zum Fenster hinausgeklettert, gut«

»Nicht gut!« überschrie Herr Scholz.

»Also nicht gut«, überbot Frau Scholz. »Daja hat gefehlt, und ich werde sie nach Gebühr bestrafen, aber wir anderen wünschen ihr Vergehen nicht zu entgelten.«

Mademoiselle rückte mit dem Stuhl und flötete: »Ich möchte mik doch lieber nach der Kind umsehen; wer weiß, wo sie sik hertreibt.« »Bleiben Sie nur, liebste Ma'selle, Murmel wird sie schon finden.«

»O der süße leichtsinnige Kind! Sie konnte sik totschlagen. Und sie muß über das Teerdach von der Remise gegleitet sein, wie wird das rote Röckchen aussehen! oh, oh!«

Onkel Fußball hatte tüchtig und wohl gespeist und mischte sich nun behaglich in das Gespräch: »Die Remise ist mit Ruberoid gedeckt; das enthält kein Teer«, berichtigte er provozierend. Da fand endlich auch Herr Rommel, der neue Hauslehrer, Gelegenheit, etwas in die Konversation einzuschieben, nachdem er bisher schweigsam eine Maschine aus Messerbänkchen, Serviettenring und Löffel konstruiert und eingehend beobachtet hatte. »Verzeihung«, knietschte er, »die Remise trägt doch Dachpappe.«

Chile und Peter verhielten sich angestrengt manierlich und warteten halb furchtsam, halb schadenfroh auf ihrer Schwester Erscheinen.

»Zu unartig, ihre armen Eltern so zu kränken«, barmte Mademoiselle und schüttelte erstaunlich viel rotblonde Locken, auch ein vorwitziges graues Löckchen.

»Vati«, hub Peter an, ungewiß in bezug auf die Wirkung, »Daja hat auch die Glasscheibe vom Spielkasten zerschlagen.«

»Wetten wir, daß ihr Kleid keinen einzigen Teerfleck aufweist?« proponierte Onkel Fußball dem Hauslehrer. »Es gilt eine Schachtel Apis.«

»Verklagt euch nicht immer gegenseitig«, schalt Frau Scholz ihrem Sohne zu.

»Ja, nimm du sie nur noch in Schutz«, zischte der Stadtrat, »aber ich werde sie zum Krüppel zermalmen, mit dem Rohrstock hauen, bis –«

»Und ich verlange Ruhe in meinem Hause.«

Onkel Fußball wieherte amüsiert. »Unterlaß diesen Hohn, bitte«, bellte ihn der Stadtrat an.

»Na, du wirst wohl erlauben, daß ich –«

Die Tür öffnete sich aufschreckend, und die alte, in der Haltung fast rechtwinklige Murmel mit ihrem farbenschwachen Haar, farbenschwachen Gesicht und farbenschwachen Kleide präsentierte sich. Sie schluckte ein paarmal – »Luftgurken«, wie Onkel Fußball es bezeichnete – und preßte dabei die gefalteten Hände auf den Magen, wie sie immer tat, wenn sie etwas von Wichtigkeit vorzubringen hatte. Die am Tische kicherten. Nur der Stadtrat rief zornschäumend vom Stuhl aufspringend der Kinderfrau entgegen: »Vor allen Dingen bring mir den Rohrstock herein, den Rohrstock!«

»Den braucht's nicht, Herr Stadtrat«, sagte Murmel schwer und bitter mit einer Stimme, die alle lähmte, »unser Herrgott hat's Dajerle fortgeführt. Daja« – auf einmal schluchzte die Alte gräßlich auf – »Da-da-aja ist ertrunken.«

8

Wir werden mißachtet, so lang wir getrennt sind, wir, die Sekunden, und sind entschwunden, bevor ihr uns kennt. Wir tropfen zusammen zur Geltung Minute: Sechzig Geschwister von einem Blute.

*

Zwanzigmal drei. Wir, die Familien, wir, die Minuten, spielen vorbei, tippen am Zeiger der Uhr, nippen vom Schlechten und Guten, nippen nur. – – Hörst du dein Herze schlagen? Bangst du? Leidest du Qual? Ho, wir können es tragen.
Und quellen zu Tal, zum ernsteren Bunde, zur Stunde.

* *

Zeigerrunden fristen wir Stunden. Glocke und Wächter grüßen und künden namhafte Geschlechter mit Ruf und Schlag. – Bewahr uns ein Lächeln; auch magst du uns hassen. Wir bächeln, wir bächeln unhaltbar, gelassen hinab zur Gemeinde, zum Tag.

* * *

Aber uns Tage nenne Gewichte in der Schale Geschichte. – Bringt unser Schicksal dir Plage, leiht es dir trügerisch Ruh, – denke: auch wir fließen weiter, dem Stamme der Woche zu.

* * * *

Wir silbern euch Haare, wir mürben euch Knochen; ihr merkt es nicht. – Feste feiern wir Wochen, begeisterungsbare Feste, die nie zu vergessen. Sonne der Nacht zeigt wohl indessen achtmal uns neues Gesicht.

Strömen wir langsam zu Hauf. Monat, glückliches Volk, nimm uns auf!

* * * * *

Zwölf an der Zahl und gleichen einander nie. – Lausche, ehe wir weichen, mahnender Melodie. Redet vom Schmelzen, vom Welken, redet von dem, was wahr. – Lausche! – Wir münden ins Jahr.

* * * * * *

Wir Jahre lichten die Schädel. Wir männern die Knaben. Wir weibern die Mädel. Wir lassen gebären, denn Kinder wollen wir haben, sich wachsend zu freuen am Frühling, an Ähren, am bunten Laub und am großen Schnee. – Wir brausen dahin, eine starke Armee. Wir sind das mächtige Heer der Zeit auf der maßlosen Straße von Ewigkeit zu Ewigkeit.

9

»Frieren Sie?« Vor dem harten, geschäftsmäßigen Klange dieser Frage blieb eine abgemagerte, schieläugige Gestalt, die von einer rostbraunen Hemdbluse und ebensolcher Hose umschlottert wurde, im übrigen nur noch mit Sandalen bekleidet war, einen Moment furchtsam stehen. Jedoch mit eins fing sie an zu kichern, sprach dann undeutlich und sehr schnell und trippelte hastig kreiswärts weiter. »Nein, ich friere nicht; sie haben mir zu gut eingeheizt. Ich danke Ihnen, Herr Sonnenkranz, Sie haben mir die Hölle hübsch heiß gemacht. Sie und Ihre respektablen Herren Kompagnons.« Herr Sonnenkranz verbeugte sich verbindlich und stellte bei der Gelegenheit vorsichtig seinen Zylinderhut zur Erde.

»Ja wirklich, ich danke Ihnen, Herr Stadt – Herr Sonnenkranz. Es brennt etwa für dreißigtausend Mark Papier, abgesehen von den vielen Balken. Das langt für drei Kessel; ich schätze, es bringt uns tausend Seemeilen vorwärts. Hallo, Jungens von Madeira! Hallo, Mister Sonnetal! An Bord! Wir dampfen durch den Spessart. Südost durchs Mittelländische in den Nil. Ich habe einen Kanal dort entdeckt.«

»Es wird nicht reichen«, meinte Sonnenkranz achselzuckend. Der Rostbraune lachte: »Dann passen Sie mal auf, ich verstehe mich aufs Feuern. Unsere Glatze mag ein wenig frieren, aber es bringt uns vorwärts. Jedes Hundselend hat Ausgänge. Wählen wir den letzten.« Bei diesen Worten stieß er Sonnenkranzens Zylinderhut mit einem Fußtritt in die Weißgluthöhle des Ofens. Ein Heizer lud ein Schaufelmaß Kohlen obendrein. »Wie ein Totengräber, der einer Mutter den Abschied nachpoltert. So, nun werden wir Lepupa besuchen. Es soll königlich werden, Herr Sonnenkranz. Sie lacht Elfenbein; wirklich, wirklich, sie hat meine Erfindung im Munde. *Full steam, firemen!* Sie werden doch keine Angst haben? Zum Henker mit all dem! Wir schlucken uns durch zehn Faden Atlantic zum Himmel, oder zur Hölle, Herr Sonnenkranz, oder wir erleben Dinge, von denen Sie nichts ahnen, Sie Stinktier.«

Der Rotbraune sang:

»Denn was der Seemann heimlich schaut,
Erzählt er nur einer Eintagsbraut.
Die wird als Hure sterben gehn;
Doch beide haben die Welt gesehn.«

Fire up! Der Sänger puffte den Heizer an die Rippen, fuhr aber zusammen, als dieser ihm langsam ein einäugiges Gesicht zudrehte.

»Mein Gott, sie haben ihm das andere ausgeschaufelt, merken Sie wohl, Herr Sonnenkranz?«

Herr Sonnenkranz gab keine Antwort, und der Rostbraune ließ

sich kläglich mutlos auf die orangefarbene, spitzenbehangene Bank nieder.

»Lepupa! Le-pupa! Lepu-pa!« wimmerte er in verschiedenen Tongestalten des Schmerzes vor sich hin.

Es war, als hätte sie vernommen, denn gleich darauf erschien sie, nackt, nur mit dem prächtigen Granatschmuck von Kaiser Wilhelm angetan, erinnerungsgetreu, traumwahr in ihrer bezwingenden Schönheit; den gewaltigen bräunlichen Körper, die vollen matt-glänzenden Frauenbrüste mit mißachtender Lässigkeit wiegend. Sie blickte ihn wollustschürend, streng an, und irgendwo in dem Perlmutterweiß ihrer Augen gestand sich die allbereite Liebe, die schrankenlose Willfährigkeit ein.

Aber Lepupa entschwand wieder, bevor der Rostbraune sich aufgerichtet hatte. »Ach, Lepupa, geh nicht davon! Lepupa, bleibe! Lepupa, du Vieh! Ich kann ja nicht zu dir kommen; sie haben mir die goldenen Räder gestohlen.«

Es schien, als kehrte sie zurück. Doch nein, eine andere nahte, ganz langsam, sanft, eine alte ehrwürdige Dame mit schöner hoher Stirn. »Michel, ich bin es, deine Mutter. Du hast böses Geld ver-loren; was liegt daran. Du bist krank, arm, du leidest; ich weiß alles; schäme dich nicht. Du hast bewahrt, was ich dir mitgab, und damit halte aus.«

Er aber weinte lange, umklammerte ihre Hände; und nun er-kannte er, daß es doch Lepupa war, die er festhielt. Anna Lewise kam, Daja kam, die bucklige Ägypterin von Fayum und Tante Gerold kamen, dazu Sonnenkranz mit seinen Kompagnons und andere Herren, sämtlich in schwarzen Anzügen, mit schwarzen Handschuhen und gewichsten Zylinderhüten, und Herr Kästner sagte: »Wir wollön seinö und ihrö Knochön verteilön.« Dabei griff er Lepupa ins Gesicht und riß ihr mit spitzen Fingernägeln die Augen heraus, daß sie nur noch an blutigen Fleischbändern hin-gen, tief niederhingen. »Gott, Gott! Mutter! Erbarmen!« Der Rost-braune wich zurück, Lepupa mitreißend. Die Männer folgten mit furchtbar ausgestreckten Armen, wie riesige scheußliche Krebse, Schritt für Schritt. Seine Zähne schlugen klappernd auf- und auseinander. Er fror, und seine Augen zwinkerten unter rinnendem Schweiß. Er hörte keinen Laut, fühlte nur, wie die blutigen Fleischbänder mit Lepupas Augen an seinen Körper anpendelten, wich weiter zurück, wandte den Kopf und erblickte hinter sich das glühende Feuerloch. Dann, unmenschlich aufkreischend, packte er den Wasserkrug und schlug um sich. –

»Nummero 16 doppelte Seitenfessel!« befahl der Direktor einem Wärter und schloß die Beobachtungsklappe.

10

Von oben gleist grasgrüner Ampelschein herab auf eine graue, ovale Bürste und ein Straußenei, auf den Mahagonitisch, welcher ein Schachbrett, ein Glas und eine Flasche Tokayer trägt, außerdem die gewichtigen Oberkörper von zwei greisen Männern stützt; auf einiges mehr. Wunderliche Schatten blinzeln allenthalben, und auf dem olivenfarbigen Teppich blitzt eine verlorene Stecknadel. Rund um den Lichtbann herum, der noch knapp die beiden Sammetstühle schneidet, träumt grundloses Dunkel, aus dem nur wenige Gegenstände hervordämmern, sich manchmal um ein Geringes zu bewegen scheinen. Hie und da klappert eine Figur auf dem Brett. Auf einmal setzt ein kleines, anhaltendes Geräusch ein.

Das Straußenei hebt sich; es ist der Schädel des Siebzigjährigen. Er neigt sich seitwärts, um zu lauschen. Ebenso lauscht Onkel Fußball – die graue Bürste – und sagt nach einer Weile mit hohler Stimme das eine Wort: »Holzwurm.«

Der Stadtrat nickt, so oft, als vermöge er nimmer einzuhalten, und aus seinem froschartig schnappenden Munde ringt sich eine schwache dünne Sprache: »Es wird Zeit, mit den Würmern in Konnex zu treten. Gardez!«

Onkel Fußball zieht die Dame zurück. Der andere rochiert. Schweigsam, tristlaunig, gemächlich überlegend, spielen die gleichstarken Gegner friedlichen Krieg.

Der Holzwurm, nicht mehr beobachtet, bohrt emsig weiter. Eine gestorbene Motte fällt von der Ampel herab, gerade in die Mündung der Flasche; niemand bemerkt es.

Endlich macht der Grauhaarige einen Ansatz, etwas Frohsinn in die bange Stille zu reden: »Ja, ja, der olle Rollemann«, brummt er, mühsam grinsend und kramt damit ein längst vergangenes Gespräch wieder hervor, »er war kein anständiger Mensch, aber ein spaßhafter Kauz – Schach!«

Der Stadtrat, ohne etwas zu erwidern, schiebt einen Bauer vor und gerät abermals ins Kopfnicken. »Schach!«

Die Bürste entwickelt einen glücklichen Trick und – »Schach!« – fährt fort zu plaudern: »Wenn ich nicht irre, lebte damals noch Daja – Schach und Gardez! Nein, der ist vom Springer gedeckt. Sie war solch ein liebes Mädel.«

»Oh«, bricht des Stadtrats hohe Stimme ein, »das Bravste, das Klügste, das Beste von meinen Kindern, das einzige, das mir mit Freude vergalt.«

Onkel Fußball merkt wohl, wie sein Partner mit dem Finger über die stumpfen Augen wischt. »Und drollig in ihren Einfällen. Schach! Gib die Partie auf: es bleiben dir höchstens drei Züge. Ich besinne mich noch, sie hatte ein Kaninchen, das sie Verstorbenheit nannte. – Ein närrisches Mädel.«

Müde, stöhnend, gähnend legt sich der Stadtrat im Sessel zurück. Onkel Fußball gießt zitternd Tokayer ins Glas, leert es, schluckt die tote Motte mit hinunter. »Der Teufel mag wissen, was hinter dem Goal steckt.« Nochmals füllt er das Glas, »Prosit Alter«, klingt es an die Flasche.

Und in die späte Stunde hinein hallt ungewürdigt ein schluchzender, gedehnter Laut, wie ihn die Zither mitunter gebiert, wie ihn die Nachtigall weint.

11

Es war ein altes Weib, das sich mit Betteln ernährte, das von Krankheit entstellt und obwohl der Sprache des Landes, in dem sie lebte, mächtig, doch eine Fremde dort war. Denn sie stammte aus Frankreich, und die Leute, die das wußten, nannten sie deshalb und ob ihrer Unsauberkeit »Madame Schmütz«.

Madame Schmütz war unredlich und schlau, und wenn sie bettelte, log sie den Leuten allerlei anschaulich vor, gab an, daß sie neun hungernde Kinder habe, daß sie die Gattin eines Husarengenerals gewesen und dann schuldlos ins Unglück geraten wäre, und anderes mehr, was die Leute zur Mildtätigkeit bewegte. Ja, es kam vor, daß die Bettelnde sich anstellte wie eine Blinde, die sie doch nicht war; und auf solche Weise erwarb sie sich das, was sie brauchte, um Brot zu kaufen, ein kleines Stübchen mit Bett und Heizung zu bezahlen und um Schnaps trinken zu können.

Über Madame Schmütz wohnte Maletimmi, ein seelensgutes Mädchen, eine kluge, fleißige, aber ebenfalls sehr arme Künstlerin. Sie hatte die Alte lange beobachtet, auch wohl erkannt, wie garstig und nichtswürdig sie bei allem Elend war, aber gerade deswegen fühlte die Künstlerin doppeltes Mitleid mit ihr. So ersann sie in schöner Liebherzigkeit einen Plan und lief straßhin und straßher, treppauf und treppab zu vielen wohlhabenden befreundeten oder fremden Menschen, um Helfer für das alte Bettelweib zu werben.

Mancherorts ward ihr übel begegnet, aber nach geduldigen Mühen fand sie eine Frau, welche versprach, Madame Schmütz als Magd anzustellen, eine andere, die Kleider schenkte, und wieder andere Leute, die Schuhe und Geld für den edlen Zweck hergaben.

Und eines Tages begab sich Maletimmi frohen Gemütes hinunter zu der Bettlerin, um ihren Plan zu eröffnen. Diese war betteln gegangen. Sie hatte sich dazu nach dem wohlhabenden Stadtviertel jenseits des Flusses gewandt, der dick, braun und schaumig wie abgestandener Kaffee und träge dahinfloß, war über die breite Holzbrücke und ein, zwei Straßen entlang Almosen erflehend von Wohnung zu Wohnung gewandert und betrat nun die Vorhalle eines stattlichen Hauses. Dort standen mit goldenen Buchstaben an der ersten Tür zwei Worte, vor welchen Madame Schmütz überrascht stehen blieb. Sie nannten den Namen eines Mannes, den sie genau kannte, da sie zu glücklicheren Zeiten mit ihm in ein und demselben Hause einen ähnlichen Posten wie er bekleidet hatte. Nun las sie erbebend mehrmals hintereinander die Worte Michel Andex.

Der wird mir helfen, jauchzte sie leise, und ihre Augen blitzten.

Aber dann jagte ein häßliches Grinsen über ihr blatternarbiges Runzelgesicht. Nein, er kennt mich nicht; sie sind alle gleich, alle, alle, alle. Ich hatte ihn nie besonders gern, und er haßte mich. Er war ein Laffe, ein eingebildetes Huhn. Aber das Haus ist gut. Die Tür ist fein; das Schild ist polierter Stahl; er wurde reich und er wird Erbarmen haben. Es muß ihn ja ergreifen.

Langsam, geräuschlos stieg sie drei Stufen empor, trat an die Tür, legte die Hand um den Klingelknopf, zog aber nicht, sondern wartete sinnend.

So ihn Wiedersehen – es hörte sich an wie Stöhnen – so vor ihn hintreten. Nein!

Sie schlich die drei Stufen wieder hinab und verharrte wieder regungslos.

Aber Not lehrt alles – flüsterte sie – und stieg von neuem die Stufen hoch, zögerte abermals zu läuten. Und läutete nicht.

Scheu, erregt, wund im Herzen kehrte sie um und eilte hinweg. So blieb es ihr verborgen, daß Michel Andex schon längst nicht mehr hinter dem polierten Stahlschild wohnte.

Und niemals erfuhr sie, daß daheim die gütige Maletimmi mit froher Botschaft auf sie gewartet hatte.

Denn an jenem Tage stürzte die breite Holzbrücke zusammen und riß mit anderen vermutlich auch Madame Schmütz in das kaffeebraune, schaumige Wasser.

12

Der Spruch der Kartenfrau, welche sich jedes Wort mit fünfzig Pfennigen bezahlen ließ, hatte gelautet: »Deine Bahn ist grau, glatt und führt dich zu Kränzen.« Wer konnte nun sagen, daß das prophetische Wahrheit, wer sagen, daß es für fünf Mark Lüge war?

Signor Pero Fortezza glaubte halbwegs an Wahrheit. Die Geldausgabe würde ihn keinesfalls gereuen, obschon sie empfindlich in sein Budget einschlug. Dicht vor einer für ihn bedeutungsvollen Entscheidung wollte er alles versuchen, was Hilfe versprach, und versuchte alles. Am Morgen des sehnlich erhofften und bang erwarteten Tages wie am Abend zuvor hatte er seit langer Zeit wieder einmal gebetet, ungefähr so: Lieber Gott, wenn du mir beistehst und mich diesmal siegen läßt, will ich fromm werden und Gutes tun und in die Kirche gehen. Dem war ein sehr ungeläufig herausgebrachtes Vaterunser gefolgt, und die Stelle »Vergib uns unsere Schuld, wie wir vergeben unseren Schuldigern« hatte den Betenden in Zweifel verstrickt. Er gestand sich, manchem seiner Schuldiger nicht ganz vergeben zu haben.

Wohl hege ich – sprach er zu sich selbst – keinen Groll gegen meinen Vater, der mich verstieß. Der handelte so streng, klein und ehrlich, wie er wandelte. Auf dem schattenlosen Felde seines Gewissens wuchs kein Kräutlein, um eine Entschuldigung für Diebstahl zu brauen.

– nicht mehr vor Augen, bis du etwas Tüchtiges ehrlich geworden bist, was immer es sei.

O du braver, gekränkter Vater! Deine liebste Tochter starb, da ihre Locken kinderblond beglückten, der anderen hat Dünkel das Herz erfroren; und ein verschollener Dieb und ein ver- verlaufenes Weib. Das ist deine Familie, für welche du stets das Beste wolltest. Nicht anders als mit heißem Mitleid in Reue und Liebe kann ich deiner gedenken. Aber niemals – meinte Pero – niemals würde er die bitteren, herzlosen Worte der Mutter verwinden, denn sie, die später Mann und Kinder nur – ja nur um einer sinnlichen Neigung willen verlassen hatte, war nicht mehr wert als er, der einmal im Leben einen Mißgriff getan, den er in der Härte aufrechten Broterkämpfens gebüßt hatte. Und seiner Schwester Chile, der gräflichen Geliebten, der überlegenen Künstlerin, ein bettelndes Wort zu geben, die ihn nicht mehr kannte, seitdem ein Hochgeborener sich ihrer erbarmt hatte, das ging nicht an; das wäre ihm nimmer von Herzen gekommen. Nein, diese Schwester mußte er weiter offen hassen und verachten.

Sollte nun Gott dem Pero Fortezza so vergeben, wie dieser anderen Menschen vergab, so hieß das: er sollte ihm gar nicht oder doch nur unvollkommen vergeben. Oder barg jene Stelle im Paternoster anderen Sinn? Oder dies oder das? Am Ende war solches Wortedeuten nur ein nutzloses Spiel von Wahn. Gab es wirklich einen Gott, der aus seiner Allmacht heraus so viel Anteil nahm an dem winzigen Treiben winziger Wesen? Immerhin trat der Signor auf dem Wege zum Kampfplatz in eine Kirche ein, eine katholische Kirche, obwohl er Protestant war, betete vor dem Heiland kniend zum drittenmal und vergaß nicht ein mitgebrachtes, vertrocknetes Zweiglein Immergrün in das Weihwasser am Portal einzutauchen. Als er weitereilend später ein gelbes Sandsteingebäude passierte und eins von dessen Erkerfenstern in der Dauer des Vorübers innig betrachtete, glitzerten seine Augen im Taue der Rührung.

Dort oben sitzt der alte vergrämte Stadtrat Scholz einsam allmorgendlich vor seiner Zeitung. Was wird er empfinden, wenn er die Nachricht liest?

– bis du etwas Tüchtiges ehrlich geworden bist, was immer es sei.

Was immer es sei! Und es war ein Beruf ehrlich wie irgendeiner, nicht so ansehnlich, so glänzend wie der seiner gräflich besonnten Schwester. Nein, seine Bahn war grau und glatt, aber –

Und Fortezza durchging wie ein tüchtiger Architekt noch einmal, am einzelnen prüfend, den einfachen, etwas sentimentalen, aber durchaus gewissenhaften Bau seiner Weltanschauung und fand alles sicher und wohlgefügt bis auf das Dach, das Höchste. Das war übel, planlos und lückenhaft errichtet.

Über die Begriffe Gut und Schlecht, Gott, Teufel, Zufall kam Pero nicht mit sich ins Reine und wollte es doch, gerade an jenem Tage. Immer tiefer quälte er sich ins Unentwirrbare. So kam es, daß er, an der Stätte der Entscheidung angelangt, von einer Unruhe befallen ward, welche die Sicherheit zu vernichten drohte, die er sich durch monatelanges Üben erworben hatte.

Was ihn äußerlich auf dem freien geschmückten Platze umgab, dieses große, festliche Sammeln, das Tausendgeschwätz, das Wehen und Winken, es beeinflußte ihn kaum; daran war er gewöhnt.

»Pero Fortezza«, raunten kenntnisstolze Stimmen bei seinem Erscheinen am Start. Andere fügten hinzu: »Der Italiener.«

Er ward von einem Komitee begrüßt und grüßte wieder, sprach mit Berufsgenossen Formelles, Sachliches, Fachliches; wechselte in einer notdürftigen Garderobe seine Kleidung, ließ sich eine Tasse Kaffee reichen und warf ein Minimum Arsenik hinein; reihte sich grell kostümierten, meist namensbekannten Männern an, traf unter Beistand eines feiertäglich geputzten Schlossers mancherlei Anstalten zur Fahrt um viel. Und vollzog das wie unbewußt, mechanisch, gewohnheitsmäßig; denn während er unauffällig mit dem Daumen kreuzweis über seine Brust fuhr, wo sich unter dem purpurroten Trikot ein geweihtes Zweiglein Immergrün verbarg, dachte er an sein früh verstorbenes Schwesterlein, von deren Sarg er das Immergrün vor Jahren gebrochen hatte, und flehte insgeheim: Lieber Gott, gewähre du. Ich will an dich glauben. Ich muß heute gewinnen: Einen Lorbeerkranz, ein großes Stück Gold und das alte Vertrauen eines entfremdeten Vaters.

Würde der überirdisch gewaltige, unüberragbare Gott ihn erhören, er, der alles mit unbegreiflich höchster Weisheit lenkte? Würde er auf die weltliche Angelegenheit eines Stäubchens so eingehen, er, zu dessen Thron jede Minute unzählige solcher naiven Wünsche trug?

Vielleicht war es zuverlässiger, in derlei Dingen zum Teufel zu halten. Denn die so taten, waren im Leben die glücklicheren. Und nach dem Tode? Bis dahin blieb Zeit.

Werde ich Erster, so will ich an dich, Gott, glauben! – Es war Fortezza, als ob er ein riesiges umlocktes Zeusgesicht lächeln sähe. Er wandte den Blick ab und auf ein silbernes Kettchen, das seinen Arm kokett umspannte. Eine Münze hing daran, der letzte Groschen von einer gestohlenen Geldsumme.

Teufel, Böser, ich weiß nicht, ob du bist. Aber erringe ich heute den ersten Preis durch deine Hilfe, so gehöre ich dir.

Jedoch schließlich hängt alles an Menschenkraft und Menschenwitz und Zufall. Pero lachte ängstlich und griff unter den Sattel, wo ein rostiges Stück Hufeisen angebunden war; und Peros Finger zitterten ein wenig. Dann erfolgte ein Schuß. Musik und ein breiter Menschenmassenschrei zerrissen wie Donner die Luft, alles rückte, kreiste, verschwamm; und Pero hatte seine Ruhe zurück.

Er arbeitete in klarer Anstrengung aufgesparter, gepflegter und gemessener Kraft. Vor ihm Grünweiß, neben ihm Schwarzgelb, hinter ihm Blau. Zur Linken wuchs die grüne Fläche vorbei: Wiese. Rechts wogte die schwarze Mauer: Menschen. Er gewahrte aber wohl nur ein Stückchen Gummi, von Geschwindigkeit gleichmäßig grau gefärbt, darunter einen Streifen ebenso grauen, entgegenrasenden Asphalts, zwei Fäuste um eine Stange Eisen geballt, etwas vom Purpurrot und etwas von der Fleischhelle seiner eigenen Erscheinung, dazu manchmal sekundenlang vorüberschwindend einen Pfahl, einen Arm, ein Tuch, eine Fahne oder aber das Kolorit eines Mitbewerbers.

Schwarzgelb fiel ab.

Gott hilf! Teufelsmünze hilf! Hufeisen.

Grünweiß blieb zurück.

Peros Ohren füllten sich mit dem stoßweisen Keuchen des Atems, dem Schnurren der Maschine und Bruchstücken von berauschendem Konzert. Zerrissenes verworrenes Stimmengebrause schwoll ihm von der schwarzen Mauer her zu, aus dem er mitunter einen einzelnen Ruf des Beifalls oder Tadels begriff.

»Bravooo Robl!« vernahm er; es galt den Farben grünweiß. Wieder tauchte Grünweiß an seiner rechten Schulter auf. Jähe Verzweiflung schien den lechzenden Pero rückwärts zu reißen, Wut der Eifersucht ihn vorwärts zu stoßen.

Er erzwang noch ein Mehr, das Äußerste an Energie. Und hörte ein heißer gepfiffenes »Ihh, Ihh«; das kam aus der Lunge.

Bahn ist grau, glatt, führt zu Kränzen. Lorbeerkränze! Ein Lorbeerkranz rollte vor dem Eifertollen her.

Aber Grünweiß hielt sich zur Seite. »Bravooo Robl!«

Lorbeerkränze rollten. Auf der Brust stach schmerzlich das Immergrün. Ein Kranz Immergrün rollte zwischen die Lorbeerkränze, ein Totenkranz von Schwesterleins Sarg. Lorbeerkränze. Totenkränze.

»Bravooo Robl!«

›Wenn ich jetzt die Kurve ansteige‹, dachte Pero, ›schneide ich ihm den Weg ab‹, und er schoß rechts empor. Das war nach Fachbegriffen nicht anständig.

»Pfui, Italiener!« gröhlte der Pöbel. »Ihh, Ihh« pfiff die Lunge. Lorbeerkränze räderten. Totenkränze, Ruhmeskränze rollten. Immergrün. Räder schnurrten, Atem schnaufte, Musik schmetterte, und dann kollidierte der Italiener Fortezza mit dem hiesigen Rennfahrer Robl. Letzterer kam mit leichten Hautabschürfungen davon, während Fortezza besinnungslos ins Hospital transportiert wurde, wo er, von Fieberphantasien gequält, hoffnungslos darniederliegt. (Wie verlautet, soll es sich gar nicht um einen Italiener, sondern um einen Deutschen namens Peter Scholz handeln.)

Die Zeitung, welche die Notiz kundgab, wurde auch dem Stadtrat Scholz in das Erkerstübchen getragen. Er las sie nicht, sondern zerfaltete sie, um Schiffchen und Soldatenmützen zu formen, ungefähr zur selben Stunde, da man, viele Meilen davon entfernt, der von Wonne umflorten Chile Scholz einen Myrtenkranz ins Haar flocht, welcher sie zur Gräfin krönte.

13

Vornehm gemeisterte Musik, welche, tausend Stimmungen aufwüh-lend, gleichsam etwas Langzeitiges, es mochte sein ein Leben, wie-dergab, in notenfremd gereihten Tönen, Akkorden und Melodien, strömte reich durch ein formen- und farbenschön eingerichtetes Zimmer. Es geschah, daß der Spielende Beethovens Seele berührte und unwillkürlich dahin geriet, jene Stelle des ersten Finale aus Fidelio kindisch wie mit der Naivität eines Unbeobachteten mitzu-summen.

O welche Lust, in freier Luft den Atem leicht zu heben.

Gräfin Chile hatte sich launig, leise vor ihrem Kanarienvogel am Fußboden auf ein Pantherfell ausgestreckt. Sie blies feinduftenden Zigarettenrauch in des Vogels silbernen Käfig, dessen Tür sie spie-lerisch mit einem Rosenstengel aufhakte.

Alsbald huschte das gelbe Hänschen aus dem Bauer durchs Zim-mer und in der Bahn eines noch kühlen Frühlingsluftzuges zu einem geöffneten Fenster hinaus.

Der Graf senkte die Hände auf die Tasten und sagte traurig und vorwurfsvoll: »Der ist nun fort, kommt nimmer zurück.«

Aber die Gattin entgegnete lächelnd: »Wohl ihm!«

14

Es sei genug mit dem, was ich gegeben. Ein jeder lebt's, aber nicht vielen ist's bekannt, und deshalb mochte ich einiges für einige deu-ten.

Leser, willst du noch vernehmen, was aus dem entflogenen Vögelchen ward?

Als es über das endlose kalte Steingebirge der Stadt flatterte, bald ermattet von der ungewohnten Flügelanstrengung, erschien ihm wohl ein Kirchhof wie eine grüne Insel.

Denn dort ließ es sich nieder. Und Spatzen kamen, die zerhackten den gelben Fremdling.

Ich habe ihn tot zerstört liegen sehen am Fuße eines schlichten, verfallenen Grabsteines. Auf dem stand unter einer Jahreszahl:

Hier liege ich und muß verwesen.
Was ihr noch seid, bin ich gewesen.
Was ich nun bin, das werdet ihr.
Geht nicht vorüber, betet mir.
Anna Murmel Benjamin.

Ja, das stand irgendwo dort, auf der grünen Insel Friedhof.

Bibliografische Information der Deutschen Nationalbibliothek
Die Deutsche Nationalbibliothek verzeichnet diese Publikation in der Deutschen
Nationalbibliografie; detaillierte bibliografische Daten sind im Internet über
http://dnb.d-nb.de abrufbar.

© by marixverlag in der Verlagshaus Römerweg GmbH, Wiesbaden 2016
Covergestaltung: Karina Bertagnolli, Wiesbaden
Bildnachweis: Gustav Tolle (1902 – 1987), Joachim Ringelnatz,
Öl auf Leinwand, 1926. Leihgabe von Andreas Binder an das
Joachim-Ringelnatz-Museum, Cuxhaven.
Satz und Bearbeitung: Fotosatz Amann, Memmingen
Der Titel wurde in der Minion Pro gesetzt.
Gesamtherstellung: CPI books GmbH, Leck – Germany

ISBN: 978-3-7374-1030-4

www.verlagshaus-roemerweg.de